KB000986

새벽에 홀로 깨어 나를 만나는

명상 인문학

지은이
초운(草雲) 김승호

주역학자이자 작가. 1949년 서울에서 출생했다. 지난 50여 년간 '과학으로서의 주역'을 연구해 '주역과학'이라는 새로운 개념과 체계를 정립했다. 주역과학은 초운 선생이 동양의 유불선(儒佛仙)을 두루 섭렵하는 한편 수학·물리학·생물학·화학·심리학 등 인문·자연·사회과학이 거둔 첨단 이론을 주역과 융합시켜 집대성한 결과물이다.

1985년 미국 프린스턴 대학의 물리학자와 의사에게 주역을 강의하기도 했으며, 맨해튼 응용지성연구원의 상임연구원과 명륜당(미국 유교 본부) 수석강사를 역임했다. 운문학회를 통해 직장인 대상으로 특강을 진행하는 한편 사단법인 동양과학아카데미를 운영하며 한의사를 비롯해 물리학자, 심리학자, 수학자 등 다양한 전문가들에게 주역과학을 강의해왔다.

저서로는 『그곳에 좋은 기운이 모인다』, 『돈보다 운을 벌어라』, 『새벽에 혼자 읽는 주역인문학』(전2권), 『운명 수업』을 비롯해, 『주역원론』(전6권), 『주역과 몸』(공저), 『자기 탐험』(전2권), 『싸움』, 『소설 팔괘』(전3권), 『소설 주역』(전10권) 외 다수가 있다. 2003년에는 일본 쇼가쿠칸(小學館) 출판사에서 『소설 가이아』가 번역 출간되기도 했다.

새벽에 홀로 깨어 나를 만나는

명상 인문학

김승호 지음

다산초당

머리말

명상은 고도의 중용이다

오래전부터 명상(瞑想, meditation)은 도인이나 스님, 요가수행자 들만이 할 수 있는 전문 수련으로 취급되었다. 그러던 것이 오늘날에는 전 세계 수많은 일반인이 뛰어들어 하나의 문화 현상이 될 정도로 관심을 모으고 있다. 그만큼 명상이 위대한 가치를 드러내고 있기 때문일 것이다.

그리하여 지금은 일반인에게도 명상이 정신의 평화, 안정을 찾는 행위 등으로 알려져 있다. 명상이 정신을 안정시킴으로써 육체의 건강을 현저히 좋게 한다는 것도 이미 의학적으로 입증되어 있다.

나는 명상을 수련한 지가 60년쯤 된다. 처음 시작할 당시 나는 고작 여덟 살이었는데 그때는 내가 하고 있는 것이 명상인 줄도 몰랐다. 그저 우연한 계기로 인지하게 된 영혼의 존재를 확인하기 위해, 눈을 감고 나 자신이 어떻게 존재하는지 궁리했을 뿐이었다. 그러던 중 내 안에 영혼이 존재한다는 것을 확인할 수 있었다. 그래서 이를 더욱 확실히 하고 가능하다면 영혼의 능력을 키우고자 했다.

그러나 철없는 어린 나이에 수준 높은 수련을 할 수는 없었기에 '어떻게 해야 명상을 제대로 할 수 있는가'는 내게 중요한 화두였다. 당시는 일반인에게 명상이란 그저 눈을 감고 앉아서 마음의 평정을 유지하는 정도로 알려져 있을 때였다. 이렇게 얕은 정보로 우리가 명상에 대하여 얼마나 잘 알 수 있겠는가? 그러다보니 제대로 된 방법을 찾아헤매던 나는 곧 '명상이란 도대체 무엇인가', '명상은 어떻게 해야 제대로 할 수 있는가'의 문제에 봉착했다.

나는 이 책에서 명상이란 정확히 무엇이고, 어떻게 해야 하는지를 설명하고자 한다. 한마디로 정의내리기란 어려운 일이지만 굳이 말하자면 명상은 '영혼을 수련하는 것'이다. 설령 명상에 대한 정의가 내려졌다 해도 문제가 남아 있다. 명상의 뜻과 방법을 제대로 설명하자니, 언어의 태생적인 한계 때문에 말하는 사람과 듣는 사람이 이해하는 것에 차이가 생긴다. 그렇기 때문에 내로라하는 명상 수련자들도 자기가 어떻게 수련하는지 남에게 전달할 수 없었다.

명상은 스포츠처럼 실행이 중요하다. 단 몇 분이라도 제대로 된 명상에 진입할 수 있다면 정신뿐 아니라 신체와 인생에도 확연한 변화를 불러일으킨다. 하지만 이는 제대로 된 이론이 확립된 후에나 가능한 일이다. 어떻게 하는지가 알려져 있지 않다면 명상을 한답시고 눈을 감은 사람의 내면에서 무슨 일이 일어나고 있는지 누가 알 수 있겠는가?

이렇듯 명상을 설명하기 위해서는 정신의 영역에서 일어나는 일을 정확히 표현하고 제대로 된 원리를 규명할 수 있어야 하지만, 정신 속에 일어나는 일을 말로 표현하기란 몹시 어렵다. 그래서 절대적이고 객관적인 언어가 필요하다. 그것이 바로 주역(周易)이다.

다행히 나는 아주 어릴 적부터 명상을 해왔기에 명상을 하면서 생겨나는 의문과 어려움이 무엇인지 직접 겪었다. 또 50년간 주역을 연구하였기에 주역으로 명상의 실체를 잘 표현할 수 있다는 것을 깨달았다. 생각해보면 주역 연구가 나의 명상 수련에 길잡이가 되어준 셈이다. 이렇듯 『명상 인문학』은 수많은 시행착오와 의문들, 그리고 오랜 시간 연구해온 주역을 바탕으로 탄생한 책이다.

나는 누구나 일생에 한 번쯤은 제대로 된 명상을 경험해보기를 권한다. 명상은 맑은 거울(깨달음을 얻은 영혼)로 세상을 보는 것이다. 하루에 단 몇 분도 온전히 자기 자신을 대면할 수 없다면 그 하루는 엄밀히 말해 자신의 것이 아니다. 내 몸이, 내 감정이, 내 생각이, 내 마음이 어떤 상태인지조차 모르면서 세상이 바뀌기만 기다린다면 그는 결코 원하는 세상을 만나지 못할 것이다. 온전한 자기 자신의 삶을 산다는 것의 가치는 헤아릴 수 없는 것이다.

또한 명상은 고도의 중용(中庸)이다. 음양의 조화를 활용해 인간이 태어날 당시의 이상적인 평형 상태를 찾아가는 것이 바로 명상인즉, 명상에서 깨달음을 얻었다면 당연히 자신의 삶에도 적용할 수 있다. 명상이 이만큼 각광을 받는 까닭이 바로 여기에 있다. 인류가 생겨난 이래로 지금처럼 시간을 쪼개어 살았던 세대가 없었을 것이다. 바쁜 사람들을 붙잡아 자리에 앉히는 힘이란 직접 체험한 효과가 아니고서는 불가능하다.

이 책은 전문가나 초보자 모두가 읽을 수 있는 내용으로 채워져 있다. 따라서 독자들은 읽는 방법을 요령껏 하면 된다. 이 책은 다독(多讀)을 하듯 쉽게 읽어치울 내용은 아니다. 한 대목마다 반드시 생각하며 읽어나가는 것이 좋다. 그러니 하루에 한 꼭지씩 읽어나가면 좋겠다. 모쪼록 독자 여러분이 이 책을 통해 일상에서 가장 중요한 명상의 세계를 경험하고, 또한 수련할 수 있기를 기원한다.

2017년 봄

천진도관에서 초운 김승호

차 례

제 2 부 명상은 어떻게 하는가

명상의 준비와 방법, 원리에 대하여 … 86

제 3 부 일상으로의 확장

◦ 제 4 부 ◦ 깊은 곳으로 나아가라

새 떼는 높이 날아가버리고

외로운 구름 한 조각만이 흘러가는 한가함.

오직 나와 마주봄을 싫어하지 않는

경정산만 남았구나.

제 1 부

왜 명상을 하는가?

명상을 하기 전에 읽어야 할 이야기

01

나와 명상

학자들 중 일부는 고독을 심하게 느끼는 것을 병으로 치부하기도 한다. 그러나 고독은 병이 아니라 인생의 특성일 뿐이다. 이는 영혼 자체가 고독하기 때문이다. 인간은 누구나 혼자라는 것, 이것이 무섭고 외로운 것이다. 인생을 보라. 순간을 볼 때는 '불안'이고 길게 보면 '고독', 이것이 바로 생의 맛이 아니겠는가.

불현듯 시작된 명상

나는 어려서부터 유독 고독을 많이 느꼈다. 누구나 고독을 느끼겠지만 나는 항상 사람이 북적이는 곳에 살면서도 고독을 느꼈다. 이것은 십 대 후반까지 계속되었다. 당연한 일이다. 고독이란 평생 동안 계속되는 것인바, 십 대 후반까지 계속된다는 것이 무슨 문제이겠는가? 하지만 나이가 차면서부터 나는 고독을 느낀다는 사실이 몹시 부끄럽고 자존심마저 상했다.

자존심? 이런 일에 자존심을 느끼다니! 치기어린 우월감 때문이었겠지만 그때는 남들이 "너도 외롭지?"라고 물으면 화가 났다. 심지어 아이들과 함께 어울리는 일조차 부끄러웠다.

"너도 별 수 없어. 고독하면 우리들하고 어울리든지."

이런 비웃음이 들리는 것만 같았고, 내가 아무것도 아니라는 것을 들킨 것만 같아서 고독해하는 모습을 남에게 보이지 않으려 했다. 하지만 나 역시 혼자 있으면 불안하고 고독한, 약하고 불완전한 인간이었다. 날이 갈수록 내가 못났다는 것이 분명해져갔다. 그렇게 나는 어린 시절부터 스스로를 작게 여겼다.

당시 이런 고민을 안고 있었던 나는, 이 고독을 극복하거나 혹은 실험을 하기 위해 홀로 여행을 떠나곤 했다. 말하자면 구도여행(求道旅行)이었는데, 누구를 만나든 어떤 계기가 생기든 여행을 통해 깨달음을 얻고자 함이었다. 물론 이때에도 명상을 열심히 수련했다. 때로는 깊은 산 속을 헤매고 때로는 탁 트인 바닷가를 찾아가 망망한 수평선을 바라보면서.

衆鳥高飛盡 중조고비진
孤雲獨去閑 고운독거한。
相看兩不厭 상간양불염
只有敬亭山 지유경정산。

새 떼는 높이 날아가버리고
외로운 구름 한 조각만이 흘러가는 한가함.
오직 나와 마주봄을 싫어하지 않는
경정산만 남았구나.

—이백(李白), 〈독좌경정산(獨坐敬亭山)〉

그러나 나는 정작 여행을 떠나면 몰려오는 고독부터 떼어내야 했다. 도인이나 성인들은 혼자가 되는 것이 결코 어렵지 않았으리라. 나도 그들처럼 되기를 간절히 원했다. 할 수만 있다면 산 속이든 무인도이든 아무도 살지 않는 곳에서 영원히(일생을) 명상하는 수련자가 되고 싶었다. 하지만 여기서 문제는 도무지 고독을 이길 수 없다는 것이었다. 길든 짧든 명상을 끝내고 평상심으로 돌아오면 헛헛한 마음이 파도처럼 몰려왔다. 이웃이 그리워졌다. 누군가에게 내 이야기를 하고 싶었고, 또 그들의 이야기를 듣고 싶었다.

이같은 어려움은 초기 수련 과정에 있는 사람들이 공통적으로 겪는다. 고독을 이기지 못하면 수도생활은 있을 수 없다. 명상 수련을 하려면 가장 먼저 고독을 이겨내야 한다. 명상은 '혼자'인 자신을 대면하는 시간이기 때문이다. 소속도 이웃도 없이 나 홀로 존재하는 곳에서, 나는 무엇이어야 할까? 나를 누구라고 설명할 수 있을까?

고독 앞에서 마주친 질문

이렇게 뒤떨어진 인생을 만회하려는 나의 노력은 '나는 무엇인가'를 궁금해하는 방향으로 흘러갔다. 우리는 세상에 태어난 이후 쉽 없이 열심히 살아가고 있다. 그러나 내가 무엇인지조차 모르고 살아간다면 나의 삶은 도대체 누가 살고 있는 것인가? 이 질문의 답을 찾으려 수많은 책을 읽고 여러 스승을 찾아다녔다.

인생의 고독은 쉽게 떨쳐낼 수 없다. 그러나 우리의 삶은 영원하지 않다. 언젠가는 끝나게 되어 있으며, 그때는 모든 것을 놓고 떠날 수밖에 없으니 인생의 문제들에 과도하게 집착할 필요가 없다. 주어진 대로 살면 되는 것이다. 물론 세상을 자기 마음에 들도록 고쳐가는 노력은 필요하지만, 노력해도 안 된다면 순순히 받아들여야 하는 것이 아닌가? 나 역시 고독을 해결하려던 것을 체념하고 눈을 돌리자 더 근본적인 것들이 보이기 시작했다. 명상 수련의 과정도 이와 다르지 않다.

좌절이란 체념의 용기가 없는 사람에게만 해당되는 병이다. 사람이 좌절하는 것은 안 될 일을 끝까지 되게 하려고 고집을 피우기 때문이다. 공자께서도 "하다 안 되면 그만두라"고 말한 바 있다.[1] 어린

아이들은 뜻대로 안 될 때 울며불며 떼를 쓰다 기운이 다 빠져버린다. 철든 사람이 그래서는 안 된다. 인생의 한계를 인정하고 수용하는 체념을 경험하면 새로운 길이 열린다. 체념의 기술을 익히면 좌절은 사라지고 또 다른 기운이 생기는 법이다.

세상을 아는 것은 물론 중요하다. 하지만 인간, 더 나아가 나 자신을 안다는 것은 그보다 훨씬 더 중요하다. 나를 안다는 것, 이는 내가 우주를 아는 것보다 뜻이 깊을 것이다. 나조차 알지 못하면서 내가 아는 것만을 따진다면 근본을 비켜간 것이 아니겠는가?

02

나는 무엇인가

발가락 하나가 없다고 하자. 이는 내가 없는 것이 아니라 발가락이 없는 것이다. 끔찍한 가정이지만 자신의 목이 잘렸다고 가정해보자. 이때는 몸이 떨어져나간 것인가, 아니면 머리가 잘려나간 것인가? 과연 어떤 답이 맞을까? 큰 덩어리(몸)에서 작은 덩어리(머리)가 떨어져나갔다고 말하면 될까? 하지만 대개 자신의 몸과 머리가 분리되면 몸이 떨어져나갔다고 생각한다. '나(자아)'가 신체 중 어디에 머물겠느냐고 물어보면 손이나 발에 있다고 말하는 사람은 거의 없고 대체로 머리에 있다고 대답한다.

우리에게는 시각(눈), 후각(코), 미각(혀), 청각(귀), 촉각(피부)의 다

섯 가지 감각기관이 있다. 배가 고플 때를 잘 생각해보면 '내가' 고픈 것이 아니라 '배가' 고픈 것임을 알 수 있다. 통증을 느낄 때는 얼굴의 아픔이 발의 아픔보다 가깝게 느껴진다. 실제로 그렇긴 하지만 아무리 가까워도 발이나 머리는 내 '소유'일 뿐 '나'는 아니다.

뇌는 감각을 느끼고 생각이나 감정을 다루기 때문에 사람들은 흔히 이것을 '나'라고 생각한다. 그러나 뇌가 기능하지 못한다고 해서 자아마저 없어지는 것은 아니므로 뇌를 '나'라고 볼 수 없다. 그렇다면 '나'는 무엇이며 또 나의 본질은 무엇인가?

사람의 경우는 영혼이 위치한 곳으로부터 따져야 할 것이다. 실제로 우리 자신과 자신의 몸을 구분할 수 있는가? 몸이 나이고 내가 몸처럼 느껴질 것이다. 이 때문에 몸이 아프면 내가 아프다. 어디 그뿐인가? 우리의 기분은 완전히 나 자신처럼 느껴진다. 우울할 때를 생각해보라. 우리는 그 기분에 완전히 빠져들어 있다. 회사에서 강제퇴직했을 때나 시험에 떨어졌을 때, 또는 실연했을 때 우리는 떼어낼 수 없는 기분, 즉 감정(感情)에 사로잡힌다.

누구나 감정과 자신을 구분하지 못한다

사람은 누구나 감정에 푹 빠져 있어 자신과 감정을 둘로 구분할 수가 없다. 이는 영혼의 속성 때문이다. 영혼은 감정에 빠져들면 완전히 자유를 상실하게 된다. 이는 감옥에 들어가 있는 것과 같은데, 실은 그보다 훨씬 더 구속받고 있는 것이다. 우리가 흔히 나라고 하는 것은 바로 우리의 감정에 다름 아니다. 삶의 맛을 느끼는 것이 바로 감정이며, 또한 이것이 나 자체로 느껴지는 것이다.

여기서 감정의 실체를 생각해보자. 우리는 흔히 감정을 정신의 어떤 상태로 간주한다. 곧 감정은 정신에 있다고 여긴다. 하지만 우리의 감정은 정신에 속하는 그 무엇이 아니다. 인간의 감정은 몸과 별개가 아니다. 말하자면 감정은 영혼이 인간의 몸을 통해 인생의 맛을 보는 것이다. 또는 우리의 영혼이 우리의 몸을 옷처럼 입고 있는 상태에서 그 옷(몸)을 느끼는 것에 불과하다.

그 사람의 기분은 그 사람의 몸에 속해 있다. 로봇과 사람의 차이가 바로 이것이다. 로봇은 감정이랄 것이 없기 때문에 오로지 감지하는 것뿐이다. 소위 센서 기능이다. 하지만 영혼이 우리 몸으로부터 느끼는 맛은 로봇의 센서로 감지하는 것과는 완전히 다르다. 로봇에게는 삶이 있을 수 없다. 자동차가 살고 있는가? 그것은 작동할 뿐이다. 로봇도 자동차보다는 수준이 다소 높지만 영혼에 비할 바가 아니다. 다른 말로 로봇은 감정을 느낄 영혼이 없는 것이다.

영혼은 그 특성상 몸을 만나면 완전히 밀착되어 그것과 하나가 될 수 있다. 이때 영혼은 마치 우리가 옷을 입을 때 팔, 다리, 머리를 끼워넣는 것 같다. 인간의 몸을 손, 발, 눈, 귀, 코, 혀, 뇌 등으로 크게 나눌 수 있지만 좀 더 세분하면 수천만 개의 공간이 된다. 몸의 곳곳으로 영혼의 가지가 갈라져 있는 것이다. 따라서 몸과 영혼을 구분할 수 없을 정도로 심하게 밀착된다.

자동차가 고장 났을 때 수리비를 걱정할지언정 고장의 순간 내가 아픔을 느끼지는 않는다. 하지만 몸이 고장나면 영혼은 그것을 예민하게 감지하고 완전히 합치된 감정을 갖게 된다. 이처럼 인간의 몸은 실로 세밀하게 만들어져 있으며, 영혼의 감지능력 또한 뛰어나다. 하지만 이 때문에 영혼은 더욱 몸에서 빠져나올 수 없다.

이와 비슷한 상황은 연애에서 찾아볼 수가 있다. 사랑에 빠지면 혼이 완전히 빠져들어 행복도 느끼지만 고통도 느끼게 된다. 사랑의 전개에 따라 감정이 밀착되어 있기 때문이다. 우리의 영혼은 누군가를 사랑할 때처럼, 자기 몸에 밀착되는 데 그치지 않고 자신의 몸을 초월해서 상대에 대해서도 민감하게 느낄 수 있다.

영혼은 참으로 위대한 존재가 아닐 수 없다. 그러나 우리는 영혼의 그 위대함 때문에 일어나는 병폐(病弊)를 알아야 한다. 영혼은 어디든지 가고, 머물고, 그것을 자기화한다. 특히 우리 몸 자체에 대해서는 감정이란 것을 느끼면서 시간이 갈수록 점점 더 깊이 빠져들어 심지어는 감정에 매몰되기까지 한다.

'나'를 '영혼'으로 놓기

이제 감정과 감각, 영혼을 떼어서 생각하기로 하자. 하지만 감정과 영혼을 분리할 줄 알게 되었다고 해도, '나'를 '영혼'이라고 달리 부르는 방식을 발견했을 뿐이다. 명상에는 큰 전제가 있는데, 만약 영혼(나)이 없다면 세상은 없는 것이나 마찬가지라는 것이다. 명상의 세계에서는 세상에 모든 영혼이 다 없어지면 우주도 사라지고 만다.

이를 다르게 표현하면 "세상이 존재하기에 내가 있는 것이 아니라 내가 존재하기에 세상이 있는 것이다"라고 할 수 있다. 마치 선문답(禪問答) 같지만 과학 이론 중에도 발상이 비슷한 것이 있다. 소위 인간중심원리(人間中心原理, anthropic principle)[2]라는 것인데, 이는 우주의 존재 자체를 인간의 있고 없음으로 가른다는 말에 다름 아니다. 어쩌면 내가 우주이고 우주가 바로 내가 아닐까?

우리가 명상을 제대로 알기 위해 관심 가져야 할 문제는 '어떻게 영혼이 출현하게 되었느냐'이다. 이는 "나는 어떻게 내가 되었나?" 하는 질문과 같다. 이유를 묻는 것이 아니라 원리를 묻는 것이다. 자, 여기서 생각해보자. 영혼이 아직 지나온 역사가 없다고 하자. 그야말로 백지상태인 것이다. 이때는 모든 영혼이 똑같아서 구별할 수가 없다. 이놈이 그놈이고 그놈이 이놈이다. 이것과 저것을 구별하기 위해서는 서로 다른 무엇이 있어야 할 텐데, 모든 것이 다 똑같다면 그는 누구라고 말할 수 없는 것이다.

어느 종교에서는 우리의 영혼이 태어나는 순간 만들어진다고 한다. 참으로 우스운 얘기이다. 태어남이라는 물질의 작용이 어떻게 영혼을 만들어낸단 말인가? 영혼은 물질이 아니다. 물질을 가져다 물질 아닌 것을 만들어낼 수는 없는 법이다. 영혼은 몸의 주인일 뿐이지 함께 만들어진 것이 절대 아니다. 따라서 몸이 없어져도 영혼은 그대로일 뿐이다.

영혼은 어디에 있을까

그전에 짚고 넘어갈 것이 있다. '나의 영혼', 즉 '나'라는 것은 신체 중 어디에 머물까? 인간을 인간답게 하는 뇌의 기능을 살펴본다면, 영혼이 하는 일은 뇌의 거울신경세포(mirror neurons)[3]의 기능과 많이 닮아 있다. 거울신경세포에 영혼이 머물면서 뇌를 구석구석 관장하고 있다고 가정해보자. 이는 마치 우리가 자동차의 운전석에 앉아 여러 상황을 파악하고 있는 것과 같다. 우리는 계기판 속에 있지도 않고 룸미러에 들어가 있지도 않고 네비게이션 속에도 없지만 그 모든 것을 파악하고 있는 상태이다.

이때 운전석 부근은 자동차를 운전하기 위해 상황 파악이 쉽도록 집중되어 있을 뿐이지 그 자체가 운전자는 아니다. 우리의 뇌 속에서도 상황이 완전히 같은 것이다. 영혼은 뇌를 소유하고 있는 주인공이다. 즉 뇌는 나의 중요한 소유물이지 나 자신이 아니라는 뜻이다. 우리가 나라고 말하는 것은 바로 영혼이다. '나의 영혼'이라는 말은 실은 뜻이 없다. 내가 영혼이고 영혼이 바로 나이기 때문이다.

앞서 우리는 영혼이 몸을 차지할 때 마치 자동차의 운전석에 사람이 앉는 것과 같다고 묘사한 바 있다. 하지만 영혼은 이와 다른 면이 있다. 영혼이 뇌에 깃드는 것은 분명하지만, 이는 몸을 지배하기 편리한 장소라는 것뿐, 실제로는 자동차 운전석처럼 쉽게 올라타고 내릴 수 없다. 만일 그것이 가능하다면 이는 상당히 큰일이다. 걸핏하면 영혼이 뇌를 떠나지 않겠는가? 예를 들어 화가 났다거나 기분이 안 좋다거나 불행하다고 느껴지면 뇌를 버리고 얼마든지 도망갈 수 있다. 이렇게 되면 생명체가 안정되게 살아갈 수가 없다.

그보다 더 심각한 문제는 우리가 영혼을 알아채지 못한다는 것이다. 우리의 영혼은 세상 모든 것을 다 바라보면서도 정작 영혼 자신을 남에게 보이지 않는다. 참으로 난감한 일이다. 도대체 영혼이란 무엇이란 말인가?

영혼을 아는 것이 모든 의문의 열쇠

그것은 각자의 주인공으로 저마다 다르게 생겼다. 우리 엄마의 영혼과 도적놈의 영혼은 분명 다르지 않은가? 이처럼 영혼은 본래 다른 영혼과 구별할 수 있는 구조로 되어 있다. 하지만 아직 그것까지 거론할 수는 없다. 우리는 이제 겨우 영혼이란 이름 정도만 알고 있기 때문이다.

대신 이와 비슷한 상황을 자연과학에서도 찾아볼 수 있다. 잠깐 살펴보자. 물질은 원자로 이루어져 있는바, 원자를 쪼개 보면 전자란 것이 나온다. 이것은 아주 작은 존재로, 먼지는 이에 비하면 태산과 같다. 이 전자는 온 우주에 무수히 많다. 하지만 이 전자와 저 전자를 구분할 방법이 없다. 만약 전자 여러 개를 섞어놓았다가 그놈들이 어느 곳에서 채집된 것인지 알고자 한다면 방법이 없다. 모두 완전히 똑같기 때문이다.

과학자들이 처음 이것을 알고 심히 당황했지만 전자를 해석하는 좋은 방법을 내놓았다. 전자는 우주에 오로지 한 개만 존재하며, 그것이 모든 곳에 무한한 속도로 돌아다니고 있다고 가정하는 것이다. 속도가 무한이면 여러 곳에 동시에 존재할 수 있는 법이다. 전자가 과연 우주에 한 개 있다고 정확히 규정할 길은 없지만 이렇게 가정했을 때 전자가 하나이면서도 동시에 여러 곳에 존재한다는 생각은 아주 그럴듯하다.

질문을 바꾸어보자. 세상은 나의 세상인가, 아니면 내가 세상의 나인가? 두 질문이 같다는 느낌이 드는가? 너무 깊이 생각하지는 말자. 그저 '나'라는 문제가 모든 것을 풀 열쇠가 된다는 것을 말하고 있는 것이다.

03

인간은 왜 불안한가

우리가 이 세상에 태어날 때, 우선은 엄마의 몸에 머물게 된다. 태중(胎中)에서 출산을 기다리는 시간 동안 우리의 영혼은 어떤 상태인가? 일단 영혼이 태중에 있는 것은 분명할 것이다. 이런 상태에서는 아직 세상과 접촉하지 못하고 있다. 그저 때를 기다리며 쉬고 있을 뿐이다.

가장 이상적인 인간의 모습

이때의 감정 상태는 아무 걱정 없는 편안함 그 자체이다. 불안이란 영혼의 본성이다. 엄마의 몸 안에 있을 때는 그런 것이 전혀 있을 수 없다. 이러한 상태는 온 세상 어딜 가도 얻을 수 없는 절대 안정 상태이다. 그렇기 때문에 태아는 한없이 아늑하고 행복한 마음을 느낀다. 천국이나 낙원도 이보다 행복할 수는 없다. 행복이란 편안함을 뜻하는바, 태중에 있을 때는 몸과 마음이 완전히 엄마에게 내맡겨져 있고 보호를 받고 있으므로 그 무엇도 문제될 것이 없다.

아이는 이 상태를 영원히 유지하고 싶을 것이다. 하지만 때가 되면 아이는 가혹하게 쫓겨난다. 우주의 섭리라 어쩔 수 없지만 아이는 이 순간이 가장 괴롭다. 태어나서는 인생이 시작되는바, 불안의 연속이다. 이러한 불안은 앞서도 말했듯이 생명 그 자체의 맛으로, 배 안에 있을 때만 잠시 그 불안을 벗어날 수 있는 것이다.

태중은 영혼에게 고향이자 우주 최고의 낙원이다. 이곳에 있을 때는 당연히 세상과 접촉이 필요 없었으므로, 우리의 영혼은 뇌에게 의지하지 않는다. 엄마의 태중이 바로 세상이고 아이의 영혼으로서는 더 이상 바랄 것이 없다. 그렇기 때문에 세상과 접속하기 위해 노력하지 않아도 된다. 즉 뇌를 작동시킬 필요가 없다는 뜻이다. 물론 태아는 오관(감각기관)이 아직 원만히 발달한 상태도 아니다. 이런 상황에서 태아의 영혼은 뇌가 아닌 탯줄 근방에 머물고 있다. 더 정확하게 말하자면 태아, 혹은 영혼은 자신의 신체 부위 중 배[腹]에 머물고 있는 것이다.

이는 재미있는 상황이다. 태아의 몸이 엄마의 태중에 머물고 있는 순간, 태아의 영혼 역시 자신의 배 안에 머물러 있다는 것이다. 이는 배 안의 배 안이다. 이 상태가 바로 '한없이 깊은 안정', 즉 대안심(大安心)이다. 엄마의 몸이 세상 어디에 있는지는 알 바 아니다. 이는 우리가 지구에 살고 있을 때 지구 밖 우주가 어떤 상태인지 관심이 없는 것과 마찬가지이다. 우주가 없어지면 그뿐이다. 태아도 마찬가지이다. 엄마가 세상에서 없어져도 그 자체도 모른 채 조용히 없어질 뿐이다.

하지만 현재는 배 안의 배 안에 있다. 이때 태아는 완전한 복식호흡 상태, 즉 호흡이 황정(黃庭)에 머물러 있다(황정이란 신장 근방의 복부에 위치해 있는데 뒤에 더 상세히 다룰 것이다). 이러한 호흡 상태는 오랜 수련을 한 신선의 상태를 넘어선 것이다. 그래서 신선들은 오히려 태아 상태로 돌아가기 위해 수련한다. 이처럼 사람이 아직 태어나기 전에는 완전했으나 태어나면서부터 번민이 시작되는 것이다. 『옥허진경(玉虛眞經)』[4]에서는 이렇게 표현한다.

猶未出謂之天眞 유미출위지천진, 廻之謂道德也 회지위도덕야。

아직 나서지 않은 것을 천진(天眞)이라 하고, 되돌아가는 것을 도덕(道德)이라 한다.

—『옥허진경』

여기서 천진(天眞)이라 함은 태어나기 전의 순수한 태아 상태를 말한다. 이때는 번민도 없었고 불안도 없었다. 완벽한 평정 상태가 유지되고 있었던 것이다. 만약 이런 상태가 계속될 수만 있다면 영혼은 한없이 발전했을 것이다. 하지만 우주의 섭리란 태아를 세상 밖으로 몰아내게 되어 있다. 이로써 번민이 시작되는 것이다.

그나마 태어나기 전 태아 시절이 있다는 것은 하늘의 선물이 아닐 수 없다. 이때는 완전한 휴식이 있었다. 이 휴식을 가지고 험한 세상을 살아가라는 하늘의 배려일까? 하지만 현재의 나는 태어나 있을 뿐이니, 태어나기 전 행복은 그만 잊어야 한다. 그러나 되돌아가려는 노력은 이제부터가 시작이다. 『옥허진경』에서는 이를 도덕이라고 말하는데, 이는 또한 수련 자체를 의미한다. 수련이란 영혼을 위한 최상의 행위이다. 그리고 수련이란 명상 외에는 특별한 것이 없다.

번민은 천진을 잃어버릴 때 생긴다

우리는 지금 명상 수련을 위해 태아 시절을 역으로 추적해보는 중이다. 아이가 태어날 때는 세 가지 고통을 느낀다고 하는데, 이를 아는 것 또한 수련에 좋은 참고가 된다.

첫째는 아기가 태어날 때 엄마 몸의 산도(産道)를 지나 밖으로 나오는데, 이때 태아가 느끼는 압박감이다. 수술로 아기를 꺼낸다 하더라도 자궁 밖으로 밀려나는 과정에서 접촉하는 엄마의 몸은 모두 압박감을 주는 것이다.

태아가 이 압박감 때문에 질식할 것 같은 마음의 상처를 받는 것에서 폐소공포를 연상할 수 있다. 폐소공포란 음(陰)의 공포증으로, 명상 중에 과도하게 답답함을 느끼는 것이다. 폐소공포증이 있으면 치료해야 하며(치료가 가능한 증상이다) 명상으로 돌파할 수도 있다.

둘째로 태아가 엄마의 몸 밖으로 나왔을 때, 즉 세상과 처음 접촉하는 순간에 느꼈던 마음의 상처이다. 광장공포라는 것인데, 이는 명상 중에 공연한 불안을 느끼거나 떨리는 증상과 같고, 폐소공포와는 반대되는 양(陽)의 공포이다. 명상 중에는 일종의 공명 상태인 떨림을 느낄 수 있는데, 이것이 아주 심하면 마음이 자유스러워지면서 세상의 넓음이 무섭게 느껴지는 것이다.

이러한 상처들은 몸의 상처는 아니다. 하지만 평생토록 달고 살아야 하는 증상이다. 이 상처들은 명상과 밀접한 관계가 있기 때문에 여기서 논하는 중이다. 마음에 남아 있는 이런 상처들은 명상 중에 더 가까이 다가온다. 물론 이 증상도 명상으로 다스릴 수 있다. 그러나 너무 오랜 세월을 고통받았다면 의사의 도움을 받아야 한다.

마지막으로 명상 중 혹은 평소에 잠재되어 있는 마음의 상처 중 최대 증상이 나타나곤 한다. 이는 원인 모를 죄책감이 들거나 허무함, 불안 등을 느끼는 것인데 이를 '근원적 죄의식'이라 부른다. 태아가 엄마의 자궁을 나온 그 자체의 아쉬움 때문에 생기는 것으로 이는 지극히 당연하다.

엄마의 자궁은 천국보다 행복한 곳이다. 이곳에서 이유 없이(실은 자연의 섭리이다) 쫓겨났으니 태아 입장에서는 허전하고 불안할 것이다. 또한 스스로 무슨 죄가 있었던 것은 아닐까 하고 공연한 자책감이 들 수 있다. 어떤 종교는 이런 마음을 두고 원죄(原罪, original sin) 때문이라고 해석하기도 한다. 그러나 이 감정은 그렇게 생각한 데서 기인한 것일 뿐 실체가 없다.

고독과 마찬가지로 이 죄의식도 명상 수련을 하면서 필연적으로 마주하는 문제이다. 정리하자면 인간의 죄의식은 실은 자신이 행복하지 못할 때 이것을 하늘이 주는 벌로 생각한 데서 기인한다. 태아가 어머니에게 죄를 지어서 쫓겨났다고 생각하는 것이다. 그렇다면 이 자연스러운 죄의식은 대체 어디에서 기인하는가?

04

인간의 네 가지 조건

1995년 싱가포르 거래소에서 황당한 일이 발생했다. 닉 리슨(Nick Leeson)이라는 젊은 딜러 한 사람이 위험한 파생상품에 손을 댔다가 단 하루 만에 수천억 원을 날린 것이다. 그로 인해 232년 전통의 영국 베어링스 은행이 파산해버렸다. 한 젊은이의 잘못으로 나폴레옹과도 거래한 적이 있는 유서 깊은 은행이 단돈 1달러에 매각되는 최후를 맞았다. 그후 체포된 닉 리슨은 재판에 회부되어 6년 6개월 형을 선고받았다.

그러나 이뿐이었다. 이 젊은이에게 민사 책임은 없었던 것이다. 게다가 암 치료를 위해 가석방되어 3년 6개월의 복역으로 거대 은행을 파산시킨 죄와 맞바꾸게 되었으니 은행 입장에서는 어처구니없는 일이 아닐 수 없다. 그러나 어쩌랴! 벌을 아무리 크게 주어도 은행은 살아날 수 없으니…….

나치 독일에서 유대인 수백만 명을 죽음의 수용소로 보낸 아이히만(Otto A. Eichmann)은 남미로 도망가 여생을 보내고는 늙어서야 처형을 당했다. 끔찍한 죄에 비해 형벌은 그저 한 목숨 바친 것으로 끝이었다. 유대인 입장에서는 허무하기 그지없는 일이다. 수백만 명을 죽음으로 내몬 그 죗값은 어디서 받는단 말인가? 그러나 이보다 더 허무한 일도 있다. 연쇄살인을 하고도 들키지 않고 자연사하는 바람에 장기 미제 사건으로 남아 범인을 벌할 기회조차 사라진 일이 그러하다.

종교에서는 이에 대한 대책이 마련되어 있다. 영혼이란 것이 있어서 살아생전 죗값을 다 치르지 못하면 죽어서라도 그것을 치르도록 되어 있다. 이때 죽어서도 책임을 져야 하는 존재가 바로 영혼이다. 책임은 인간이 삶을 영위하는 데 아주 중요한 요소 중 하나이다. 인간의 능력은 너무나 큰데 이를 적절히 통제하지 않는다면 세상은 큰 혼란이 올 수 있다. 실은 혼란 정도가 아니다. 인간은 손가락 하나로도 인류 전체를 멸망시킬 수 있다.

이런 일 말고도 인간은 죄를 얼마든지 지을 수 있다. 어느 독재자가 수많은 백성을 괴롭히며 제멋대로 살다가 자연사하거나 자살한다면 그로써 그만인가? 죗값을 치르도록 하는 것은 사람이 존재하기 전부터 전제된 인간의 조건일 것이다. 대자연 저 우주에는 인간보다 더 큰 능력을 가진 존재도 있을 것인즉, 이런 존재에게 책임을 지우지 않는다면 이 얼마나 무서운 일인가? 하늘의 섭리는 필경 그토록 위험을 방치하지 않을 것이다.

인간은 왜 특별한가

이쯤에서 인간에 대하여 좀 더 살펴보자. 인간이란 무엇인가? 우주 대자연에 인간만큼 특별히 관심 가질 존재가 없음에도 아직 인간에 대해 충분히 밝혀지지 않고 있다.

인간을 우선 생물학적 관점에서 살펴보자. 인간을 여느 동물과 비교하면 세 가지 특징이 있다. 첫째는 두뇌가 크고 잘 발달되어 있는바, 이는 지능이 높다는 것을 의미한다. 둘째는 서서 걷고 손이 자유롭다는 것인데, 이로 인해 물건을 다룰 수 있게 된 것이다. 인간은 연장을 사용함으로써 다른 동물을 이길 수 있었고, 문명을 이룩할 수 있었다. 생각만으로는 자연계를 지배할 수 없었을 것이다. 구체적으로 물체를 다룰 능력이 필요한 것은 당연하다. 일설에 의하면 돌고래도 인간 지능에 버금가지만 손이 없기 때문에 지능을 현실에 적용할 수 없다고 한다.

셋째로 인간은 성대가 발달했다. 이는 다양한 소리를 만들어낼 수 있다는 뜻도 된다. 언어를 구사할 수 있다는 말인데, 이 특성 때문에 의사전달이 정교하고 신속하다. 의사소통 능력은 인간을 협력할 수 있도록 이끌었다. 인간이 집단을 이루고 서로 협력함으로써 뇌와 손은 그 효용이 극대화되고 거대문명을 이룩할 수 있었다. 인간의 세 가지 능력은 다른 동물이 필적할 수 없다. 이로써 인간은 만물의 영장으로 우뚝 설 수 있었다.

그러나 인간을 정의할 때 위와 같은 능력 외에는 더 없는 것일까? 만약 그렇다면 머지않은 장래에 인간은 로봇에게 만물의 영장 자리를 물려줘야 할 판이다. 로봇은 곧 인간의 지능을 넘어설 것이고 조작 능력도 인간의 신체보다 더 정교해질 것이다. 그리고 통신 능력은 인간을 크게 넘어서고도 남는다. 과연 인간이란 존재는 고작 이뿐인가? 이 문제는 '인간이 무엇인가'라는 근원적 대답을 요구한다. 과연 인간을 물질로 만들어진 기능만으로 '만물의 영장'이라 일컬을 수 있는가?

영혼은 삶의 주체이다

비로소 영혼의 존재를 논할 때가 되었다. 영혼이란 무엇보다도 행위에 대한 주체로서 존재의 당위성이 인정된다. 만일 어떤 사람이 영혼이 없다고 주장한다고 하자. 그렇다면 그 역시 그것을 주장할 수밖에 없는 구조로 태어난 것뿐, 자유 선택이 아니므로 영혼의 없다는 주장은 그의 판단이라고 할 수 없다. 영혼이 없다면 인간은 생체로봇일 뿐, 모든 판단은 자동으로 진행된다. 따라서 판단은 그의 것이 아니다. 그 주장에 따르면 '그'는 애당초 없었기 때문이다.

이처럼 영혼이 없다고 가정하면 세상은 모순으로 가득 찰 수밖에 없다. 만약 인간에게 영혼이 없다면 인간의 모든 행동은 잘 짜여진 기능일 뿐 그 행위에 의미를 부여할 수는 없게 된다. 그렇게 되면 치매에 걸린 부모를 길에 버린다 해도 무방할 것이다. 로봇에게 책임을 물을 수 있는가? 또 고장난 기계 하나 버린 것이 무슨 문제가 될 것인가? 하지만 영혼이 있다면 죽어서도 부모이다. 우리가 부모라고 말하는 것은 생체로봇이 가까이 존재했던 추억이 아니다. 몸의 실체(영혼)에 바로 뜻이 있었던 것이다. 로봇은 그저 그렇게 행동하도록 제작되었을 뿐 내면의 세계는 있을 수 없다. 인간을 내면의 실체가 없는 좀비로 봐서는 안 될 것이다.

영혼의 다른 기능 중 '의식'이 있다. 인간은 문명이 발달하기 전부터 이미 의식 주체로서 영혼을 암암리에 인정해왔다. 죽음 후의 세계를 논하는 종교뿐 아니라 교리가 갖춰지지 않은 제사나 초혼(招魂) 의식을 보면 인류가 오래전부터 영혼의 존재를 믿어왔음을 쉽게 알 수 있다.

이 또한 세상을 알아보는 능력으로, 사람은 그 내면에 세상을 인지하는 근원적 능력이 있는 것이다. 이는 '안다', '느낀다'의 최종 도착지이며, 인간의 '자아'를 형성하게 한다. 인간이 특별한 점이 바로 이것이다. 영혼의 '의식'이 어떻게 작동하는지를 알아보기 전에 과학자들이 눈에 보이지 않는 우주를 어떻게 인지하는지 살펴보면 도움이 될 것이다. 다음 장에서 알아보도록 하자.

05

우주에서 가장 특별한 것

광활한 우주 대자연에서 인간의 존재 가치는 무엇일까? 이는 철학 문제일 수도 있고 과학 문제일 수도 있다. 우리는 이 문제를 다방면에서 검토할 수 있다. 천천히 나아가보자.

우주 속 인간의 위치

오늘날 인류는 문명이 발달함에 따라 지구 외의 세계에 대해서도 관심을 갖게 되었다. 지구 밖, 별들의 세계에 도대체 무엇이 있을까? 이것이 관심사인 것이다. 처음에는 달에 대한 탐색으로 시작했는데, 급기야는 인간이 직접 그곳에 가보기도 했고 암석 덩어리를 가지고 오기도 했다. 머지않아 달 기지 건설도 추진할 예정이라는데, 이렇게 되면 달의 많은 것이 추가로 밝혀질 것이다. 하지만 달에 대한 것은 이미 많이 밝혀져 있어 큰 궁금증은 없는 상태이다.

현재 인류는 더 먼 곳에 도전하고 있다. 바로 화성인데, 그곳에는 흥밋거리가 도처에 널려 있다. 우선 물이 존재하느냐인데, 그 흔적이 존재하는 것으로 밝혀졌다. 이것은 굉장히 쇼킹한 뉴스가 되었다. 어째서일까? 물이 존재한다는 것은 생명체가 존재할 수도 있다는 것을 암시하기 때문이다. 모든 생명체는 물이 있어야 살 수 있고, 이 때문에 물이 있으면 생명체도 있을 것이라는 추측이 가능해진다.

화성 탐사의 궁극적 목표는 생명체의 흔적을 찾는 것이다. 현재는 이미 물이 발견되었기 때문에 생명체의 흔적도 발견될 것으로 기대하고 있다. 만약 그렇게 된다면 아마도 이보다 더 놀라운 일은 없을 것이다. 화성에 대량의 금덩어리가 있다고 해도 이는 생명체에 비교할 바는 아니다. 여기서 말하는 생명체는 박테리아나 미생물 정도인데 그 이상의 수준, 예컨대 벌레라도 발견된다면 이는 오랫동안 화제가 될 것이다.

영혼은 우주를 비추는 거울

우주에서 가장 소중한 것은 생각할 것도 없이 오로지 생명체이다. 만약 화성에 벌레가 아니라 그 이상의 고등동물이 발견된다면 우리는 놀라기도 하겠지만 기뻐하기도 할 것이다. 여기서 기쁨이라고 얘기한 것은 자연에 대한 경이로움 때문이다. 그리고 다음으로 무엇을 더 기대할 수 있을까? 그것은 바로 인류 같은 지성 생명체이다. 물론 지금에 와서야 화성에서 그럴 일이 없을 것을 알지만 과거에는 화성인이 등장하는 공상과학 소설이나 영화도 있었다. 화성이 아닌 다른 행성에서는 혹시 모를 일이다. 지구도 우주 전체로 보면 일개 별일 뿐, 우주에 있는 무한히 많은 별들 중 지구만 특별할 이유는 없다. 필경 우주에는 지구와 같은 행성이 무수히 많을 것이며 그곳에 동물, 더 나아가 지성 생명체가 존재할 가능성은 얼마든지 있다.

인류는 이미 지구형 행성을 많이 발견했고 그중에는 물이 존재할 것으로 예측되는 곳도 있다. 우주탐사를 통해 지성 생명체를 찾는 것은 인류의 오랜 숙원이다. 미국에서는 SETI(Search for Extra Terrestrial Intelligence)라는 프로젝트로 우주 전역의 지성 생명체를 탐색 중이다. 혹시 저 우주의 지성 생명체들은 우리 지구인을 이미 발견해놓고 있지 않을까?

그러나 현재까지 밝혀진 것은 우주의 지성 생명체는 지구에 있는 인간뿐이다. 일단 인간은 우주에서 가장 가치 있는 존재라고 말할 수 있다. 우주에 다른 지성 생명체가 있다면 그들도 인간만큼 대등한 가치가 있는 존재일 것이다.

논의가 다소 길어졌는데 한 가지만 더 얘기하자. 자연과학이 논하고 있는 우주 속 인간의 존재에 대해서이다. 과학자들은 오래전부터 '왜 인간이 우주에 존재하는가'를 논의해온 바 있다. 이 논의는 당초 우주가 여러 종류로 만들어질 수도 있었는데 하필 지금과 같은 우주가 만들어졌는가를 연구하다가 파생되었다. 전문 용어로는 우주의 상수(常數) 문제로, 이 상수는 우주의 탄생에 있어 자연의 조절기능이나 생명체의 진화 등을 좌우하여 그 우주의 특징을 규정하는 중요한 요소이다.

그렇다면 우리가 사는 우주는 어째서 지금과 같은 우주를 선택하게 되었는가? 과학자들은 인간중심원리를 통해 결론을 유도했다. 인간중심원리란 다중우주이론이 인정받기 시작하면서 우주 상수를 연구할 필요가 생기자, 인간이 존재하는 우주 모델을 세워 상수를 연구하는 이론이다. 여기서 깊게 논의할 수는 없지만 대부분의 과학자들이 인간중심원리를 찬성한다는 정도로만 알아두자.

'눈'이 아닌 '영혼'으로

그런 한편 현대물리학에 양자역학(量子力學, quantum mechanics)이 있다. 불확정성원리(不確定性原理, uncertainty principle)[5]를 찾아낸 하이젠베르그(Werner K. Heisenberg)에 의해 주창된 것인데, 이제는 널리 쓰이는 이론이지만 언뜻 보기에는 상식과 상당히 어긋나 있다.

보통 우리의 생각에는 안 보이면 없는 것이고, 보이는 것은 있는 것이다. 그런데 하이젠베르그는 인간이 있은 이래의 생각을 부정하고 실험을 통해 "관찰된 것은 부정확하며, 따라서 관찰된 순간마저 이것이 정확한지 알 수 없다"고 주장했다.

그의 이론에 의하면 관찰되는 세상은 불확실성을 내포하고 있기에 그것만으로는 모든 것을 설명할 수 없고, 관찰할 수 없는 것까지 제대로 알기 위해서는 불확실성을 포함한 이론을 세워야 한다는 것이다. 사물이 포착되었을 때 우리가 보고 있는 것이 실상이 아닐 수 있다는 사실은 아주 심오하고 어려운 내용이다.

그런데 여기서 관찰이란 무엇일까? 로봇이 관찰한 것도 관찰인가? 그렇지 않다. 로봇은 센서에 의해 사물의 존재에 대해 반응하는 것뿐이다. 로봇은 반응할 뿐 스스로 의식하지는 못한다. 그렇다면 인간의 눈은 어떤가? 인간의 육체 역시 불확정성원리에 등장하는 관찰자의 한계를 벗어나지 못한다.

그러므로 오래전부터 이 우주를 관찰하고 받아들이는 행위, 즉 우주를 의식해온 주체인 인간은 물질 이상의 것, 그러니까 영혼이 있다는 가정이 가능해진다. 관찰한다는 것, 이는 영혼이 있어야 의미가 있다. 적어도 우리 우주는 자신을 의식해줄 존재를 만들 수 있는 상수를 갖춘 셈이다. 만약 우주에 영혼(눈에 보이지 않는 존재이자 의식하는 존재)이 없다면 이 우주는 존재하지 않았을 것이다.

여담이지만 무작위로 만들어진, 영혼이 존재하지 않는 다른 우주들은 아마도 스스로를 지탱할 수 없을 것이다. 과학자들은 실제로 우주들이 수없이 존재했다가 소멸한 것으로 보고 있다. 그러나 우리 우주는 용케 존재했다. 아니, 인간(정확히는 영혼)이 있기 때문에 당연히 존재할 수 있었던 것인지 모른다. 말하자면 우리 우주는 인간이 있기 때문에 존재하는 것이나 마찬가지이다. 이래서 우리 우주는 인간이 필요하다. 우주 자신이 존재하기 위해서.

그렇다면 영혼이 세상을 바라본다는 것이 명상에서는 무슨 의미일까? 그것은 영혼이 무엇인지 안 뒤에야 이야기가 가능하다.

06

영혼이란 물질인가

앞서 우리 몸에 영혼이 존재하는 것을 자동차 운전석에 앉은 운전자로 비유한 바 있다. 사실 이는 철학자 겸 과학자이고 또한 수학자였던 르네 데카르트(René Descartes)가 맨 처음 고안한 발상이다.

데카르트는 영혼과 신체가 별개라는 심신이원론(心身二元論)을 확립하면서, 영혼이 뇌의 송과선(松果腺, pineal gland)[6]이란 곳에 자리잡고 그곳에서 몸을 조종한다고 주장했다. 이는 직관적으로 받아들일 수 있는 가정이다. 영혼이 있다면, 그 지위와 특성에 의해 필시 몸을 지배하고 있을 테니 몸의 어딘가에 붙어(타고 앉아) 있어야 할 것이다.

또 만약 영혼이 신체에 붙어 있다면 그 장소로는 뇌가 적합할 것이다. 신체의 모든 부분은 뇌에서 조절하는 것이므로 영혼이 있으려면 뇌에 있는 것이 자연스럽다. 데카르트처럼 영혼의 존재를 찾고자 하는 일부 신경과학자들은 영혼이 있다면 어느 한 지점에 있지 않고 뇌의 넓은 영역에 퍼져 있을 것이라는 의견을 제시하기도 한다. 어쨌건 우리는 영혼이 무엇인지, 어떻게 생겼는지가 궁금할 뿐이다.

물질인가 물질이 아닌가

우선 따져볼 것은 영혼이 물질이냐이다. 물질은 또 무엇일까? 이것부터 얘기하자. 물질은 질량과 부피가 있는 존재이다. 이제 물질이 정의되었으니 영혼에 대해 다시 묻자. 영혼은 부피가 있는가? 이 질문은 영혼이 물질이냐 아니냐를 묻는 것이나 다름없다. 영혼의 부피는 즉 크기인데, 뭐라도 있어야 크기를 논할 수 있지 않겠는가?

영혼이 물질이라면 사람이 죽는 순간 무엇인가 포착되어야 마땅하다. 하지만 과학자들이 아무리 정밀한 장비를 가지고 조사해도 영혼의 흔적은 찾을 수가 없다. 영혼이 물질이었다면 벌써 발견되고 남았을 것이다. 현대의 과학 장비는 정밀하기 그지없어서 아무리 미세한 물질의 흔적이라도 찾아낼 수 있었을 것이다. 결론은 영혼이 물질이 아니라는 것이다.

물질 아닌 존재가 있다는 것이 잘 이해되지 않을 수도 있겠지만 주역이라는 학문에서 바라보면 이는 아주 쉬운 문제이다. 우주는 물질인 음(陰)과 물질이 아닌 양(陽)으로 되어 있기 때문이다. 오늘날 자연과학에서는 실제로 우주에 물질 아닌 존재를 찾아냈다. 암흑에너지(dark energy)[7]라는 것인데, 우주를 팽창시키는 원동력이되 물질은 아니고, 우주가 쪼그라들지 않도록 버팀목이 되어준다. 영혼이란 바로 이런 존재가 아닐까?

영혼에 대해서는 한없이 얘기할 수 있지만, 이중에서 가장 중요한 것은 영혼은 물질이 아니라는 것이고, 또한 영혼은 만물을 의식하지만 그것 자체는 잘 포착되지 않는다는 것이다.

우주 공간, 즉 음의 세계는 한없이 넓다. 이 곳이 있는가하면 끝없이 먼 저 곳이 있다. 음의 입장에서 우주는 가도 가도 끝이 없다. 하지만 양은 제자리에서 모든 것을 동시에 인식할 수 있다. 또 태초의 세상에 영과 물질, 즉 양과 음이 있었다. 양은 하나이고 피아가 구분되지 않지만, 음은 흩어져 있는 것이며 물질이다. 여기서 양이 음을 인식함으로써 혼(魂)이 생겨난 것이다. 이것으로 우리는 각자의 영혼을 구별할 수 있게 된다.

문제는 다음 순간에 발생한다. 우주에서의 영(靈)의 활동을 바라보자. 어느 한 곳에서 영이 공간 내지 물질을 인식했다. 그런데 저 멀리에도 그런 현상이 있다고 하자. 멀고 먼 옛날에 이런 현상이 있었고, 지금도 그 현상은 계속되고 있다. 영이 우주를 인식한다는 것은 다름이 아니라 양이 음을 인식한다는 뜻이다.

양이란 그런 존재이다. 우주에 인식의 주체는 오로지 하나, 양일 뿐이다. 이것은 곧 영의 다른 이름이다. 아니 양이라는 것이 더 근원적 개념이므로 양의 다른 이름이 영이라고 하는 것이 맞을 것이다.

아무튼 좋다. 이름이 문제는 아니다. 개념을 확실히 파악하느냐가 중요하다. 영이란 인식하지 않고는 견디지 못한다. 양, 즉 영은 그런 존재이다. 흔히 마음을 거울에 비유하는데, 모든 것이 거기에 비춰지기 때문에 그렇게 말하는 것이다. 다만 양의 속성을 띠면서 거울이기도 한 영혼은 너무나 맑아서 그 존재를 관찰하기가 어렵다.

영혼은 스스로 느끼기도 하고 밖으로 우주도 느낀다. 이 때문에 역사가 발생한다. 영은 여러 곳(우주에서 볼 때)에서 작용하기 때문에 각각의 지역에서 역사가 만들어진다. 그렇게 되어 이곳과 저곳이 생기고 그것이 나중에 너와 나의 혼으로 구분되는 것이다. 물론 양이 음을 인식하는 순간 빠져들기 때문에 이런 현상이 발생한다.

이는 영혼이 뇌에 빠져드는 것과 양상이 비슷하다. 다만 영은 하나이면서 모든 곳을 동시에 느끼는 존재이고, 또한 이로써 물질에 쉽게 빠져들며, 이어 각자 혼으로 분화한다. 우리의 영혼은 이런 과정을 거쳐 오늘에 이르렀다. 따라서 깨달음이란 영혼이 뇌를 떠나고(빠져들어 자기상실이 되지 않고) 나아가 혼에서도 떠난(집착에서 벗어난) 상태를 말한다.

07

고요하되 멈추지 않는다

옛 선사들의 문답 중 이런 내용이 있다.

曹山問德尚座曰조산문덕상좌왈, 佛眞法身불진법신 猶若虛空유약허공 應物現形응물현형, 如水中月여수중월。作么生說작마생설 個應底道理개응저도리?
德云曰덕운왈, 如驢覤井여려처정。
山云曰산운왈, 道即大晒道도즉대쇄도, 只道得八成지도득팔성。
德云曰덕운왈, 和尚又如何화상우여하。山云산운, 如井覤驢여정처려。

조산이 덕상좌에게 물었다. "(경에서는) '부처의 참 법신은 오히려 허공과도 같다. 사물에 응하여 형상을 나타내는 것은 마치 물속의 달과 같다'고 했는데, 이 도리를 어떻게 설명할 수 있겠는가?"

덕상좌가 답하였다. "마치 나귀가 우물을 보는 것과 같습니다."

조산이 말했다. "말인즉 기가 막힌 말이지만 그저 (열에) 여덟을 이루었을 뿐이다."

"화상께서는 어떻습니까?" 덕상좌가 묻자 조산이 답하였다.

"우물이 나귀를 엿보는 것 같으니라."

—『종용록(從容錄)』 제52칙 〈조산법신(曺山法身)〉

"나귀가 우물을 보는 것 같다"는 말은 세상을 무심히 바라볼 뿐이라는 뜻이다. 그러나 스승인 조산은 다르게 말했다. "우물이 나귀를 바라봐야 한다"고. 이는 내가 세상을 바라보는 것이 아니라 세상이 나를 바라본다는 뜻이다.

명상 중이라도 나는 분명히 있다. 다만 내가 세상을 바라보려 애쓰지 않을 뿐이다. 그래야만 세상이 나를 바라보지 않겠는가? 영혼이 요동치면 마치 우물에 물결이 이는 것과 같아서 세상이 나를 확인할 수 없을 것이다.

명상 전에 영혼의 속성을 알아두자

우리가 사는 우주는 계속 팽창하는 중이다. 이것은 일찍이 과학자들이 별들을 관찰함으로써 얻은 결론인데 최근에는 더욱 강력한 증거를 찾아냈다. 소위 암흑에너지라고 이름 붙여진 존재이다. 암흑에너지는 척력(斥力)을 내는 것으로 알려져 있다. 만유인력(萬有引力)과 정확히 반대로 작용하는 힘이다.

이 힘은 도대체 무엇일까? 쉽게 말해보자. 물질은 서로 잡아당기는 속성이 있다. 이것은 물질이 음(陰)이기 때문이다. 음이란 축소지향적 존재이기 때문에 그런 속성이 있는 것이다. 그런데 우주에는 음 말고도 완전히 색다른 존재, 즉 양(陽)이 있어 대자연은 조화를 이루며 존재할 수 있는 것이다.

주역에 의하면 음과 양은 태극에서 비롯되는 것인데, 이중에서 양의 속성을 조금 살펴보자. 양이란 우선 요동하는 성질이 있다. 잠시도 가만있지 못하는 존재가 바로 양인 것이다. 이런 존재는 도대체 어디에 있을까? 자연과학에서는 정지 불가능한 존재를 타키온(tachyon)[8]이라고 가정하고 있는데, 아직 그 존재의 증거를 찾아내지는 못했다.

가정에 의하면 타키온은 속도가 무한대이고 그 위치마저 존재하지 않는다. 이것을 찾아내기는 쉽지 않을 것이다. 양은 원래 그런 존재이다. 우리의 영혼도 양이어서 그것을 포착하기가 거의 불가능하다. 하지만 우리 자신이 바로 그런 존재(영혼)이기 때문에 그 속성에 대하여 이야기할 수 있다.

영혼은 잠시도 가만있지 않는다. 요동이라고 해도 좋고 방황이라고 해도 좋다. 어쨌건 영혼의 속성이 이와 같은데 도대체 영혼은 어쩌자는 것일까? 특별한 이유는 없다. 세상에는 가만히 있는 존재(음)가 있듯이 가만히 있지 못하는 존재가 있을 뿐이다.

여기서 영혼을 전제하고 우리의 마음을 살펴보자. 현재 어떤가? 무엇인가 생각으로 가득 차 있을 것이다. 영혼은 끊임없이 생각하는 본능이 있는바, 이는 자신만 혼자 있는 것이 싫어서 무엇인가 의식을 만들어내기 때문이다. 영혼이란 원래 그런 존재이니 이상하게 생각할 것 없다.

몸을 활용해 영혼을 단련한다

그런데 만약 영혼을 아무 생각도 할 수 없도록 붙잡아놓으면 어떤 일이 생길까? 명상에 돌입했을 때가 바로 이런 상태인데, 이때 우리의 영혼이 무엇을 하게 되는지를 묻는 것이다. 그저 가만있을까? 그렇지 않다. 잡혀 있는 영혼에는 많은 현상이 일어나게 된다.

이 중에서 가장 대표적인 현상은 기다림이다. 기다림? 아무 짓도 하지 못하고 명상에 잠겨 있으니 할 수 있는 것은 기다림밖에 없을 것이다. 그런데 이 기다림이라는 것은 단순한 문제가 아니다. 대개 명상이라고 하면 무념무상(無念無想)을 수행하거나 인내를 공부하기 위해 끈질기게 앉아 있는 일이라고 생각하기 쉽다. 하지만 명상은 그런 것이 아니다. 모든 것을 고요하게 만드는 것이 명상이기 때문에 기다림이란 것조차 몰아내야 한다. 기다림이란 아주 소란한 행위이고 이로써 명상의 많은 것이 파괴되므로 세심한 주의가 필요하다.

기다림이란 도대체 어떤 의미가 있는 것일까? 먼저 영혼의 속성을 보자. 영혼은 가만히 있지 못하고 모든 방향으로 튀어나간다. 여기서 모든 방향이란 동서남북이나 상하좌우뿐만이 아니라 그 이상의 방향이 있는 것이다. 과거나 미래로도 영혼이 향한다. 우리 자신을 보자. 우리는 언제나 미래를 기대하거나 기다리며 살아간다. 괴로울 때는 물론이지만 즐거울 때도 습관적으로 미래를 바라보게 된다. 우리의 영혼에도 시간이 흐르므로, 흘러가는 그 앞을 미리 보고자 하는 것이다. 물론 미래가 쉽게 보이는 것은 아니지만 영혼은 막연하나마 미래를 애써 바라보려고 한다. 이것이 바로 기다림이다.

그리고 명상 중에는 시간이 빨리 흐른다는 것을 유의하고 있어야 한다. 이는 아인슈타인이 발견한 상대성이론(相對性理論, theory of relativity)의 예시로 많이 접해보았을 것이다. 시간을 그냥 내버려둘 때는 시간이 천천히 흐르고 무언가에 집중해 있을 때(시간을 붙잡아 두었을 때)는 시간이 빨리 흐르는 것은 자연의 법칙이다. 우리의 영혼은 명상 중에 시간이 빨리 흐르는 것을 감지한다. 그래서 더 급해진다. 그러고는 애써 앉아 있으면서 고독을 더 느끼고 불안해하며 막연히 희망을 갖는다. 그것이 바로 기다림의 실체인 것이다.

기다림은 또한 고독을 야기(惹起)한다. 고독이란 내가 현재 여기 홀로 있다는 생각 때문에 발생한다. 그래서 그렇지 않은 상태를 향해 가는 것이다. 물론 미래가 보여서 그런 것이 아니다. 막연히 고독을 피하고자 하는 것이다. 특히 명상 중에는 아무것도 하지 않고 홀로 있기 때문에 고독은 증가하게 되어 있다. 그렇기 때문에 기다림도 증가하는 법이다.

마음을 통해 영혼을 진단한다

우리 자신을 보라. 항상 무엇인가를 기다리고 있지 않은가? 이 책을 읽는 중에도 여러분의 마음은 벌써 미래에 가 있다. 그래서 필경 책을 덮고 무엇인가 다른 일을 하고 싶을 것이다. 하지만 다른 일을 해도 마음은 편안하지 않다. 미래에게는 더 먼 미래가 있으므로 우리 영혼이 미래를 지향하면 할수록 한시도 편안히 머물 수가 없다. 사람은 생활 중에 있거나 명상 중에 있거나 항상 미래를 기다리며(기대하며) 존재한다. 『금강경(金剛經)』[9]에 이런 구절이 있다.

> 過去心不可得 과거심불가득 現在心不可得 현재심불가득 未來心不可得 미래심불가득。

> 과거의 마음도 얻을 수 없고 현재의 마음도 얻을 수 없고 미래의 마음도 얻을 수 없다.
>
> —『금강경』 제18장 〈일체동관분(一體同觀分)〉

여기서 마음이란 영혼의 본체인데, 그것이 과거의 것인지 미래의 것인지 확인할 수 없다는 뜻이다. 명상 중에 흔히 저지르는 과오 중 하나는 내가 이렇게 앉아 있으니 앞으로 어떻게 될까를 가늠해보는 것이다. '혹시 나는 깨닫게 되는 것일까?', '나는 도사가 되어 가고 있나?', '점점 오래 앉아 있는 힘이 생겨가는구나!' 등이다.

이는 희망을 확인하는 행위이다. 영혼은 희망으로 향하는 성질이 있다. 그런데 희망이란 별 것 아니다. 그저 미래로 향하는 마음에 불과할 뿐, 미래는 무엇인가 달라질 것이 있다고 막연히 기대하는 것이다. 아무래도 지금 이대로는 뻔한 것이니 마음이 미래로 향하는 것은 당연하다.

그러나 영혼이 무엇을 세심히 판단하고 내린 결론은 아니다. 영혼은 양의 속성이 있으므로 그런 마음을 갖지 않을 수 없다. 기다리고 또 기다리고 계속 기다린다. 그래서 마음 한 켠이 항상 불안한 것이다. 불안은 영혼의 속성 중 가장 강한 속성인데, 기다림이란 현재에 편안히 머물지 못하는 마음이다. 불안해서 기다리고, 기다리기 때문에 불안하다. 그러니 명상 중에 고독과 불안함이 느껴진다면 일단 내버려두라. 이를 자연스럽게 내버려두는 과정은 앞으로 차차 알아볼 것이다.

08

영혼의 속성과 하는 일

그렇다면 영혼은 어떤 것인가? 이것은 물질이 아니기 때문에 그것에 대해 말하기가 쉽지 않다. 이는 영혼이 특별해서가 아니다. 우리의 이해 방식 때문에 그렇다. 인간은 누구나 물질적 사고방식에 익숙하다. 물질 아닌 존재에 대해서 생각할 엄두가 나지 않는 것이다. 이도 저도 아닌 것에 대해 어떻게 말해야 좋을까?

영혼은 받아들이는 존재

우선은 간접적으로 풀어나가자. 우리가 사물(물질)을 바라볼 때를 가정하자. 이때 사물은 우리의 눈 또는 귀를 통해 그 존재가 인식된다. 먼저 우리의 감각기관에 포착된 사물은 뇌의 어딘가로 전달된다. 이는 어떤 상황이 사령관에게 보고되는 것과 비슷하다. 신호 또는 보고 내용은 뇌로 들어가고, 그것은 다시 영혼에게 보고된다.

이러한 체계는 사람이 살아가는 데 필수적이다. 우리의 주변 상황을 영혼이 모른다면 그것은 영혼도 아니고 로봇 같은 상태라고 할 수 있다. 로봇은 뇌(중추기관)는 있을지언정 영혼은 없다. 그러나 사람에게는 영혼이 있어서 모든 상황이 그것(혹은 그곳)에 보고되는 것이다.

이것을 수(受)라 해두자. 받아들인다는 뜻이다. 우리의 영혼은 외부의 상황을 받아들인다. 이로써 우리는 영혼의 속성 한 가지를 알아낸 셈이다. 이 속성은 거울과 비슷하다. 무엇이든 영혼에 비춰질 수 있는 것이다. 예부터 우리의 마음은 거울에 비유되었는데, 바로 수(受)의 작용을 의미한다.

영혼은 깊숙한 내면에서 바깥세상을 감지하고 있는 것이다. 우리는 눈으로 보거나 귀로 듣는다고 말하지만, 이는 눈, 귀 자체가 최종 접수처라는 뜻은 아니다. 물론 뇌마저도 최종 도착지가 아니다. 우리가 세상을 무엇을 통해 바라보든 그 정보는 최종적으로 영혼에 도착한다. 영혼은 보고 듣는 것, 냄새, 맛, 감각, 감정 등을 모두 받아들일 능력이 있으니 그 능력은 참으로 다양하다고 말할 수 있다. 하지만 영혼은 거울처럼 무심히(자동적으로) 받아들이는 것뿐이니 그 기능은 오로지 하나라고 봐야 한다.

영혼은 명령하는 존재

영혼은 거울처럼 수동적으로 사물을 관찰하는 것 말고도 또 하나의 기능이 있다. 그것은 의지라고 하는 것인데, 외부에 명령을 내리는 작용이다. 예를 들어 사령관이 보고를 받을 뿐 아니라 명령을 내리는 것과 같다. 영혼이 바로 그렇게 한다. 의지라고 하는 것에는 행(行)이라고 이름 붙여두자.

이로써 우리는 영혼의 속성에 관해 두 가지를 말할 수 있게 되었다. 이는 우리가 어떤 영혼을 실제로 관찰하지 않아도 알 수 있는 것이다. 당연히 영혼은 받아들이고 무엇인가를 행할 수 있다. 여기서 한걸음 더 나아가 보자. 영혼의 속성은 또 어떤 것이 있는가?

생각해보자. 만약 영혼이 행수(行受) 외에 다른 요소가 전혀 없다면 우리의 엄마와 도적놈의 영혼이 다를 바가 뭐가 있겠는가? 영혼은 다른 영혼과 차별화되는 그 무엇이 반드시 있어야 한다. 별로 어려운 내용이 아니다. 쉽게 말해서 우리가 사람을 구분할 때 겉모습이 아닌 그 내면을 봐야 하는 것과 같다. 내면의 모습은 바로 그 사람의 생각이다. 영혼도 생각이 있어야 한다. 그래야 공자님의 영혼과 히틀러의 영혼이 구별될 수 있는 법이다.

영혼은 생각하는 존재

이로써 영혼의 속성 하나를 더 추가할 수 있게 되었다. 영혼은 받아들이고 생각하고 명령하는 존재인 것이다. 지금 이야기하는 모든 것은 관찰의 결과는 아니다. 오로지 합리적 추론에 의해 얻어진 결론일 뿐이다. 하지만 세상은 모름지기 추론에 의해 진리가 밝혀지는 법이다. 법정에서 판사가 피고에 대해 범죄 유무를 가리는 것은 오로지 합리적 추론에 의한 것으로, 범행 현장을 판사가 직접 본 것은 아니다.

영혼은 뇌처럼 생각하고, 받아들이고, 명령하는 존재이다. 이는 뇌를 흉내 낸 것이 아니다. 오히려 뇌가 영혼을 모방했을 것이다. 뇌는 진화에 의해 발생한 것이 틀림없지만 그 진화의 모델은 바로 영혼이라고 볼 수밖에 없다. 대자연에서 일어나는 진화의 모든 과정은 그 이전에 진화를 이끌어가는 힘이 있었던 것이다. 이른바 선택되는 힘이다. 이 힘은 돌연변이에 은근히 관여하는바, 하늘의 뜻이라 해도 좋다. 진화의 세계에서 뇌가 발생한 것은 이미 그 모델이 자연의 내면에 잠재되어 있었기 때문이라고 봐야 한다.

어쨌든 영혼은 생각할 수 있는 존재이기 때문에 성인(聖人)과 범부(凡夫)의 차이도 이해할 수 있다. 성인과 범부의 차이가 고작 뇌의 차이뿐이겠는가? 보다 근원적인 절대적 차이가 있어야 할 것이다. 뇌의 생각은 수술이나 병에 의해 얼마든지 변형될 수 있는 법이다. 하지만 영혼의 생각은 대단히 또는 영원히 안정되어 있을 것이다. 우리가 죽어서 하늘로부터 벌을 받거나 상을 받는다면 이는 영혼의 몫일 수밖에 없다. 뇌는 영혼의 엉성한 복사판에 불과하다.

영혼이 생각하는 기능을 상(想)이라고 이름 붙여두자. 이는 뇌가 생각하듯 생각하는 기능이다. 이런 것이 없다면 영혼은 마구잡이로 행동하여 의미 있는 삶이 이어지지 않을 것이다.

영혼은 기억하는 존재

영혼의 속성 또 하나를 알아보자. 영혼이 어떤 행위를 했다고 하자. 이것은 기억이 될까? 당연한 일이다. 기억이라는 것은 생명체가 존속하는 데 필수적인 개념이다. 영혼은 육체를 능가하는 절대적 존재인데 기억이 없다면 시간성이 사라질 것이다. 사람의 경우 기억이 존재하므로 시간을 전후한 그 사람의 행위에 대해 책임을 물을 수 있다.

영혼에게 책임성이 없다면 아주 위험한 존재일 터이니, 이런 존재를 자연의 섭리가 용납할 리 없다. 그렇지 않아도 영혼이란 육체가 저지른 행위에 대해 영원히 책임져야 할 존재였다. 세상의 사물은 시간적으로 연결되어 있는 법이다.

옛날 전설에 의하면 저승에는 업경대(業鏡臺)라는 거울이 있어 그곳에 서면 살아생전의 모든 행위가 비춰진다고 한다. 이는 대자연이 모든 존재에 대해 그 역사를 보존한다는 뜻이지만 또한 영혼에는 기억이 존재한다는 뜻이다. 기억은 기록을 재생하는 기능인데 이로써 자신의 과거를 유지한다. 육체는 죽으면 기억이고 뭐고 다 사라지겠지만 불멸인 영혼은 기록이 있고 그것을 기억할 수 있기 때문에 육체를 능가하는 영원한 존재가 된 것이다. 영혼의 기억! 이것은 영혼의 네 번째 속성이라고 할 수 있는데 여기에는 식(識)이라는 이름을 붙여두자.

'나'는 육체가 아닌 '영혼'이다

이렇게 해서 우리는 영혼의 속성을 대충 알아봤다. 물론 이외에도 영혼의 속성은 무수히 많다. 예를 들어 영혼은 이동하는 능력도 있을 것이고 물체에 작용하는 능력도 있을 것이다. 하지만 영혼의 네 가지 속성만 유의해도 영혼에 대한 논의를 진척시킬 수 있다. 영혼은 우주에 무수히 많지만 이들은 각각 구별이 가능하다. 기억이 있고, 생각이 있기 때문이다.

이는 영혼이 저마다 '나'라고 하는 것을 갖게 된 연유이다. 우리가 '나'라고 하는 것은 바로 이것이다. 지워지지 않는 기록과 기억, 그리고 생각하는 개성. 이들로 인해 영혼은 '나'라고 하는 최종적 주체가 될 수밖에 없다. 영혼은 앞으로도 계속 존재하며 변화해갈 것이다. '나'라고 하는 것이 바로 그런 존재이다. '나'는 육체가 아니고 영혼이다. 뻔한 얘기지만 분명히 해두지 않으면 명상 이론을 공부하는 데 혼선이 올 수 있다. 명상의 주체 또한 뇌가 아니고 바로 영혼 그 자체일 뿐이다.

09

과거이면서 현재이고 또 미래이다

우리는 사람이 죽어도 영혼은 살아 있다고 믿는다. 그럴 것이다. 만약 영혼도 몸처럼 죽는 존재라면 영혼에 대해 떠들 것도 없다. 뇌와 크게 다르지 않기 때문이다. 언젠가 죽는 존재라면 그 뜻 또한 영원하지 않을 터, 잊어버려도 좋은 것이다. 즉 영혼은 영원한 존재일 때만 논할 가치가 있다. 영혼이 죽지 않는 존재라고 할 만한 충분한 이유가 있다. 그중 한 가지만 얘기하자.

영혼에 새겨지는 생의 발자취

세상에는 영원한 것과 그렇지 않은 것이 있다. 예를 들어 영원한 것으로는 시간을 들 수 있는데, 시간은 미래가 영원하고 또한 과거도 영원하다. 우주 탄생을 말하는 과학자들은 빅뱅이론(big bang theory)[10]을 통해 우리 우주가 137억 년 전에 대폭발과 함께 만들어졌고, 시간도 그때 함께 만들어졌다고 설명한다. 하지만 우리 우주 말고 다른 우주가 있다고 생각하면 시간은 우리 우주가 아직 없을 때, 즉 영원한 과거에도 이미 존재하고 있었을 것이다. 영원 속에 존재하던 시간이 대폭발의 시점에 우리 우주로 넘어온 것은 아닐까?

영혼도 이런 식이다. 영혼은 자연계에 내재되어 있다가 어느 시점에 출현한 것이다. 영혼은 출현했을 순간 만들어진 것이 아니라, 그저 시간처럼 영원히 존재하고 있는 그 무엇이었다가 어떤 원인에 의해 현실세계에 출현했을 뿐이다.

영혼이 무엇이며 어느 곳에 있었는지는 아직 말하지 않았다. 하지만 우리는 영혼에 대해 영원한 미래를 상상할 수 있고 또한 영원한 과거를 상상할 수 있다. 로봇처럼 만들어진 것은 만들어지기 전의 과거가 없다. 또 없어질 수도 있기에 미래도 없는 법이다. 하지만 우리 영혼은 인간이 태어나는 순간 만들어진 것이 아니므로 영원하다.

만약 영혼이 어떤 기작, 또는 누군가에 의해 만들어진 것이라면 우리가 그것의 주인일 수가 없다. 타력(他力)에 의해 만들어진 것들은 자신이 주인 행세할 수 없는 것이다. 그렇게 생각하지 않는다면 영혼에 대해 길게 논의할 필요조차 없다. 영원하지 않은 것을 얘기한들 그것이 무슨 의미가 있을 것인가? 우리의 영혼은 수동적 존재가 아니다. 강력한, 그리고 영원한 주체이다.

그렇다면 영혼은 언제 생겨났을까? 참으로 어려운 문제이다. 불교에서는 전생이 있다고 말하지만 이것으로 대답이 되지는 않는다. 전생의 전생이 있을 것이다. 또 전생의, 전생의, 전생은 무엇이란 말인가? 과거가 끝이 없다는 생각도 그럴듯하다. 미래가 영원하니 과거도 영원하다고 보는 것이다.

이것은 종교의 문제가 아니다. 과학으로 밝혀지지 않았더라도 전생이 존재한다고 생각할 수 있는 사례는 많이 있다. 가장 쉽게는 세대와 환경을 뛰어넘은 천재나 영웅들, 성인의 경우이다. 간혹 이들의 능력이 아주 일찌감치 발현되는데 그 영향력이나 수준이 보통 사람이 평생을 걸려서 연마해도 따라가지 못할 정도의 경지이다. 이는 영혼의 차이라고 볼 수밖에 없다.

어릴 적부터 능력이 아주 뛰어났던 천재들을 보자. 유전자로는 도저히 설명할 수 없다. 예를 들어 수학자 해밀턴(William R. Hamilton)은 열세 살에 이미 10개 국어를 사투리까지 다 통달했다는 기록이 있다. 그는 그 나라 국어사전을 통째로 외웠던 것이다. 모차르트(Wolfgang A. Mozart)는 열 살 무렵에 이미 유럽에 있는 모든 음악가를 뛰어넘었다. 과연 뇌의 능력일 뿐인가? 뇌는 오랜 교육과 경험에 의해 서서히 발전하는 법인데, 천재들은 이런 과정을 거치지 않는다. 그들의 영혼이 어떨지 궁금해지지 않는가? 반면 덜 된 영혼(인간)은 도대체 왜 만들어졌겠는가? 이렇게 말할 수는 있다. 영혼은 처음엔 평등했으나 저 스스로 게을러서 그렇게 되었을 뿐이라고. 과연 그럴까? 영혼이 훌륭하거나 그렇지 못하다면 그 원인은 반드시 스스로에게서 찾아야 할 것이다.

모든 영혼은 하나이다

우리는 이제부터 영혼을 하나의 큰 덩어리로 봐야 한다. 시작도 끝도 없는 존재, 무게나 부피도 없고 외부에서 그것을 관측할 방법도 없다. 어떤 과학자들은 영혼을 발견했다고 주장하지만 만약 발견했다 하더라도 그것은 영혼이 아니라 영혼의 흔적일 것이다.

이 문제를 다루기 위해서는 영혼을 분해하여 그 구조를 깊게 통찰해야 한다. 영혼(靈魂)은 영(靈)과 혼(魂)으로 나뉜다. 실은 우리가 지금까지 영혼이라고 불렀던 것이 바로 혼이다. 영과 혼은 완전히 다른 개념이다. 혼은 영혼이 몸과 만남으로 인해 발현되는 것으로 나와 다른 사람을 구분해주는 존재이며, 일종의 기질과 같다. 그래서 나의 혼, 너의 혼이라고 말할 수 있다.

하지만 영이라는 개념은 너와 내가 없다. 온 세상에 영이란 하나뿐이기 때문이다. 우주는 양과 음이 있는바, 영이 바로 양이다. 우주를 통틀어 하나로 이어진 절대 존재이다. 비유로 얘기하자면 바다의 섬은 혼이고 그 깊은 아래에 땅이 있어 모든 섬이 하나로 이어져 있는 것이다. 이를 두고 영혼의 공시성(共時性)이라고 한다.

공시성 때문에 영혼에게는 과거나 미래가 모두 현재가 된다. 나는 앞으로 이를 시간을 일컫는 현재와 구분하기 위해 '절대 현재'라고 부르겠다. 여기서부터 우주 단위의 단체 명상이라는 중요한 지점이 시작되기 때문에 이 개념에 대해 잘 알아둘 필요가 있다. 뒤에 가서 더 자세히 다룰 일이지만, 영혼이 하나로 이어져 있다는 것을 인지하고 있는 사람과 그렇지 않은 사람의 명상은 근본적으로 차이를 보이게 된다. 오로지 나에게만 집중하는 명상으로는 곧 한계를 만나게 되며 영혼의 본질에서도 한참 벗어나 있으므로 제대로 된 명상을 하기 어려운 것이다.

영혼의 속성에 대해서는 이제부터 항상 생각하고 있어야 할 문제이다. 또 태양이 지구를 돌고 있다고 한 과거 교황청의 오류처럼, 지금까지의 고정관념을 바꾸어야 하는 문제이기도 하다. 이 문제에는 오류가 있어서는 안 된다. 영혼 문제는 지동설을 인정하는 문제보다 훨씬 더 중요하기 때문이다.

전생이나 내세를 믿느냐 믿지 않느냐는 자신의 신념에 달려 있지만 있다고 생각하는 것이 훨씬 더 유리하다. 왜냐하면 영혼을 알면 알수록 그것이 영구적 존재라는 것을 알게 되기 때문이다. 여기서 전생이라 함은 다른 것이 아니라, 그저 오래된 것들은 그것이 무엇이었든 지금 이전의 존재가 있었을 것임을 뜻한다.

영혼은 끝없는 과거에서부터 끝없는 미래를 향해 살아가고 있는 존재이다. 도대체 이것은 무엇이란 말인가? 논리적으로도 앞날이 영원한 것은 과거도 영원할 수밖에 없다. 미래가 영원하다면 과거도 영원할 수밖에 없다. 영원한 존재에게 미래는 영원하지만 과거는 시작점이 있다, 즉 영원하지 않다? 모순이다.

우리의 영혼은 앞으로 영원히 남아 있을 것이며 또한 과거 언제든 존재했었다. 대자연에 과거가 영원하지 않은데 미래가 영원한 것이 무엇이던가? 그런 것은 존재할 수가 없다. 어느 시점에서 생겨난 것은 원인이 있을 터인즉 그것은 무한할 수 없기 때문이다. 유한한 힘으로 만들어진 것은 영원할 수 없다. 영혼이 정자와 난자의 결합으로 만들어졌단 말인가? 또 그런 것이 어떻게 영원히 존재할 수 있는가? 영원한 것은 만들어지는 것이 아니다. 그저 있을 뿐이다.

10

왜 명상을 하는가

이쯤에서 명상을 이야기해도 좋을 것 같다. 앞 장에서는 영혼에 대해 꾸준히 언급했는데, 이는 명상을 행하는 주체를 논하기 위함이다. 명상은 뇌가 아닌 영혼이 해야만 의미가 있다. 생명체의 주체는 바로 영혼이기 때문이다.

명상은 크게 두 가지 목적이 있다. 하나는 깨달음을 위한 좌선(坐禪)이고 또 하나는 불로장생(不老長生), 즉 신선술(神仙術)이다. 무엇이 더 중요한지는 말할 필요가 없다. 이미 깨달음을 얻은 사람도 명상은 계속하고 있기 때문이다.

모양은 같되 목적이 다르다

명상은 겉으로 보기에는 편안히 앉아서 쉬고 있는 것으로 보인다. 그 내면에서 무엇을 하는지는 겉모습만 봐서는 알 길이 없다. 더구나 사람에 따라서는 명상을 한답시고 그저 눈 감고 앉아서 자세만 취하고 있는 경우도 있을 것이다. 어쩌면 대부분의 사람이 그렇지 않겠는가? 우리는 먼저 명상이 무엇인지 확실히 알아야 할 것이며, 또한 그것을 제대로 행해야 할 것이다. 명상을 어떻게 해야 과연 명상이라고 말할 수 있을까?

먼저 명상을 왜 하는지 물어보자. 보통 명상의 목적에 대하여 여러 가지로 얘기하기 때문에 꼼꼼히 따져볼 필요가 있다. 불교의 좌선은 깨달음을 위해 하는 것으로 알려져 있다. 좌선을 통해 자기 자신을 관조(觀照)하여 깨달음에 이른다는 것인데, 이는 영혼의 발견 또는 영혼을 통해 만물의 근원과 합일한다는 뜻이다. 실제 많은 불교의 수행자들이 평생 좌선에 매달린다. 선방(禪房), 선원(禪院) 등이 좌선의 장소로 일반인에게 개방되어 있지만 특별한 수도인들은 깊은 산중에 은거하며 홀로 좌선에 임하고 있다.

이렇듯 좌선의 목적은 깨달음에 있는데, 부처님이 깨달음에 이르는 방법으로 좌선을 행한 것에서 유래했다. 물론 부처 이전에도 좌선이란 것은 깨달음을 위한 일반적인 수행법이었지만 부처님이 좌선 상태에서 깨달았기 때문에 더욱 성행했을 것이다.

깨달음을 위해 행하는 명상(이때는 좌선이라고 말하는 것이 좋을 것 같다) 외에 아주 다른 목적의 명상도 있다. 그것은 육체를 단련하여 불로장생에 이르고자 하는 것인데, 소위 신선술이라고 부르는 것이다. 그러나 좌선과 신선술은 겉으로 봐서는 차이가 없다. 앉아서 무언가를 수련하는 것뿐이다. 그 외에도 심신의 단련, 절대 휴식, 평정을 위한 목적으로 명상을 하는 사람도 있다.

방법을 아는 것이 중요한 이유

겉모습은 똑같아도 명상의 목적이 다를 수 있다는 것으로 볼 때 명상의 방법을 확실히 하는 것이 중요하다. 대개는 그저 앉아서 무념무상을 실행하는 것일 뿐 목적을 분명하게 하지는 않는다. 그저 명상이 좋다고 해서 해보는 것이고 또는 명상을 하면 무엇인가 달라지는 것이 있어서 행할 뿐이다.

중요한 것은 명상을 실제로 행하는 데 있다. 눈 감고(또는 반만 뜨고) 무작정 앉아 있다고 다 명상은 아닐 것이다. 물론 눈 감고 단정히 앉아 있는 자체만으로도 좋은 점은 많이 있다. 하지만 명상은 명실공히 명상답게 이루어져야 한다. 방금까지 이야기한 것이 바로 그것이다. 눈 감고 앉아 있는 것과 명상은 분명 다르다.

이것이 문제이다. 명상의 목적은 밝혀져 있는데, 실제적으로 그것을 행하는 방법은 확실하지 않다. 나는 여러분에게도 명상이 무엇인지 다시 묻지 않을 수 없다. 특히 이미 명상을 행하고 있는 사람에게 어떻게 행하고 있는지 묻고 싶다. 눈 감고 앉아 있는 것 말고 좀 더

구체적으로 명상을 얘기할 수는 없을까?

물론 명상을 제대로 행하는 이라도 그것을 말로 자세히 표현하기가 어렵다는 것을 알고 있다. 하지만 명상을 제대로 하지 못하는 대다수의 사람을 위해서는 반드시 설명이 필요하다. 어떤 사람들은 명상 중에 아예 잠들기도 한다. 혹자는 그것 역시 명상의 한 모습이라고 말한다. 이는 틀린 말이다. 앉아서 자는 것은 명상이 아니다. 앉아서 잔다고 깨닫겠는가, 혹은 신선의 몸이 되겠는가?

11

소는 때리지 않고 달구지만 탓하는구나

옛 이야기 하나를 음미해보자. 중국에 마조(馬祖)라고 하는 유명한 도인이 있었다. 이 사람은 평생 명상에 잠겨 입고 있던 바지를 여러 벌 닳게 만들고도 명상을 멈추지 않았다고 한다. 마조만 한 도인이라면 명상도 신선급일 것이다.

그런데 그의 앞에 스승이 나타났다. 회양(懷讓)이란 분으로 그는 마조가 명상하는 바로 앞에서 기왓장을 갈고 있었다. 마조는 무심코 자기 할 일, 즉 명상을 계속하다가 매일같이 코앞에서 기왓장을 갈고 있는 스승을 보자니 민망해서 물어보지 않을 수 없었다.

祖問 조문 磨甎作甚麽 마전작심마? 師曰 사왈, 磨作鏡 마작경。

祖曰 조왈, 磨甎豈得作鏡 마전기득작경?

師曰 사왈, 磨甎旣不成鏡 마전기불성경 坐禪豈得成佛 좌선기득성불?

祖曰 조왈, 如何卽是 여하즉시?

師曰 사왈, 比牛駕車 비우가거 車若不行 차약불행 打牛卽是 타우즉시 打車卽是 타거즉시?

"스승님, 무엇을 하고 계십니까?"

회양이 답하였다. "나는 기왓장을 갈고 있다네!"

마조는 다시 물었다. "그렇게 해서 무엇을 하시려구요?"

"음, 거울을 만들려고 하네!" 회양의 대답에 마조가 되물었다.

"네? 기왓장을 갈아서 거울이 되겠습니까? 나 원 참, 스승님도……."

그러자 회양 스승은 정색을 하고 말하였다. "그렇다면 너는 앉아만 있다고 깨달을 수가 있다고 생각하느냐?"

스승이 다시 말하였다. "소달구지가 가지 않을 때 소를 때려야겠느냐, 아니면 달구지를 때려야겠느냐?"

—『경덕전등록(景德傳燈録)』

이 말에 마조는 깨달음을 얻었지만 우리는 회양의 말을 더 음미할 필요가 있다. 회양이 제자인 마조에게 말한 것은 "너는 혼만 가지고 애쓰고 있지 않느냐"는 뜻이다. 쉽게 표현하면 뇌에서 일어나는 현상(생각이나 감정)에 빠져들어 애쓴다고 말해야 할 것이다. 회양은 마조에게 혼에 머물지 말고(달구지 때리지 말고) 영으로 돌아오라고 질타한 것이다. 혼에 머문다는 말은 무슨 뜻일까? 본래 우주의 영은 하나인데 인간의 몸을 입고 태어난 후에는 착각에 의해 여럿으로 갈려 각자가 된 것이다. 수행이란 이것을 되돌리는 과정이다. 즉 자기를 떠나 전부와 합일하는 것이다.

다만 여기서 자기를 떠난다는 것은 자기 망각이 아니다. 망각과 해탈은 다른 개념이다. 회양이 제자에게 가르친 것은 해탈이지 망각은 아니었다. 망각이란 오히려 자기 자신에게 더욱 깊게 도취된 것이다. 옛사람은 인생(미혹)을 꿈에 비유했다.

그런데 다시 한 번 강조하거니와 자기를 떠난다는 것은 죽어버리라는 뜻이 절대 아니다. 떠나지 말고 그 자리에서 해결봐야 한다. '그 자리에서'가 중요하다. 다른 말로 하면 검도(劍道)의 정중동(靜中動)을 지켜 행하는 것이다. 영혼이 뇌를 떠나면 다른 세상으로 갈뿐, 이는 깨달음도 해탈도 아니다. 다람쥐 쳇바퀴 돌 듯할 뿐이다. 『금강경』에서는 이렇게 말한다.

應無所住 응무소주 而生其心 이생기심。

응당 머무른 바 없는 마음을 낼지니.

—『금강경』 제10장 〈장엄정토분(莊嚴淨土分)〉

여기서 머물지 말라는 것은 행위든 사물이든 감정이든 그 어느 것에도 사로잡히지 말고 자기도취에서 떠나라는 뜻이다. 그리고 마음을 내라는 것은 죽지 말고 그자리에서 해결 보라는 뜻이다. 달리 말하면 깨어 있으라는 뜻이다. 우리는 현재 잠들어 있다고 봐야 한다. 그뿐 아니라 꿈을 꾸고 있는 것이다.

명상이란 어딘가에 몰두하는 것이 아니다. 전체에서 분리되어 개인이 되었던 꿈을 깨는 것을 말한다. 잘못된 것을 바로잡아야 하지 않겠는가? 명상이란 떠나는 것이지 몰두하는 것이 아니다. 명상의 순간에는 명상 그 자체에서조차 떠나 있어야 한다.

소달구지가 가지 않으면 당연히 소를 때려야 한다. 하지만 명상 중에 어떤 것이 소이고 어떤 것이 달구지인지 모르는 것이 문제이다. 얼핏 생각하기에는 뇌가 달구지이고 영혼이 소인 것 같다. 하지만 수행이 높은 마조는 이 정도는 이미 넘어섰다. 소니 달구지니 하는 문제는 영혼 자체에서 찾아야 할 것이다.

회양은 말한다. "소달구지가 가지 않으면 달구지를 때려야 옳으냐, 소를 때려야 옳으냐?" 소를 때리는 것이 깨달음으로 가는 길이다. 우리의 명상은 소를 발견하고 주목해야 한다.

12

너의 불안한 마음을 내게 가져오너라

명상 중에 가장 큰 병적 증상은 불안, 즉 허전함 또는 죄의식이다. 만약 어떤 명상 수련자가 어느 날 불안이나 허무한 마음이 사라졌다면 이는 명상에 성공한 것이다. 이를 두고 대안심의 경지에 이르렀다고 말한다.

이에 대한 설화 한 가지를 음미해보자. 달마대사의 제자 얘기인데, 그는 혜가(慧可)라고 불리는 도인이었다. 혜가는 오랜 세월 명상한 바 있었는데, 그럼에도 불안이나 죄의식을 지울 수가 없었다. 그래서 스승인 달마대사에게 애로사항을 털어놓았다.

可曰가왈, 我心未寧乞師安心아심미령걸사안심。
祖曰조왈, 將心來與汝安장심래여여안。
可良久曰가량구왈, 覓心了不可得멱심료불가득。
祖曰조왈, 我與汝安心竟아여여안심경。

혜가가 달마를 향해 말하였다. "스승님, 저는 불안해서 견딜 수가 없습니다……."

이에 달마대사가 말하였다. "너의 불안한 마음을 내게 가져오너라."

혜가는 난감하여 침묵하였다. 마음을 어떻게 가져온다는 말인가?

혜가가 고심 끝에 답하였다.

"스승님, 저는 그 마음을 가져올 수 없습니다."

그러자 달마대사가 즉각 말하였다.

"그렇다면 너는 불안이 없는 것이다."

—『석씨계고략(釋氏稽古略)』[11]

이 순간 혜가는 깨달음을 얻었다. 본시 불안이란 영혼이 갖는 공연한 기분일 뿐이다. 마음의 상처를 명상으로 돌파하지 못할 것이 무엇인가? 어떻게 하든 폐소공포, 광장공포, 근원적 죄의식으로부터 벗어나야 할 것이다. 앞에서 언급했던 태아의 탄생 과정을 다시 짚어가야 한다.

황정을 벗어나면 불안해진다

한편, 밖으로 나온 태아의 내면에서는 또 다른 대단한 사건이 진행되고 있다. 그것은 태아의 영혼이 뇌를 향한 대장정이 시작하는 것이다. 이는 태어난 이후 자기 몸을 다루고 지배하기 위함이다. 또한 몸 밖에서 오는 여러 가지 신호(감각)를 감지하기 위함이기도 하다. 아이의 영혼은 점점 뇌로 올라간다. 이와 동시에 아이는 호흡이 들뜨고 얕아지기 시작한다.

上有魂靈下關元 상유혼령하관원。

혼령은 위(머리)에 자리 잡고, 복부에는 관원혈이 있다.

—『황제내경경(黃帝內景經)』 제2장 〈상유(上有)〉

기어코 태아의 영혼은 뇌에 도달했고 이로써 시간이 갈수록 황정은 잊혀지고 호흡이 얕아진다. 명상 수련은 이를 되돌리는 것이다. 신선의 도가 바로 이것이다. 『옥허진경』에서는 되돌아가는 것이 도덕이라 표현했는데, 세상에 황정으로 영혼을 되돌리는 일보다 위대한 것은 없다.

태아 시절에는 황정의 안온한 세계에서 그저 스스로 존재할 뿐이다. 만약 태중에 오래 머물 수만 있다면 그 자체로 깊은 수련을 하는 효과가 발휘되었을 것이다. 실제로 그런 사람이 있었는데, 바로 노자

(老子)이다. 노자는 태중에서 3년이나 머물다가 나왔다고 한다. 태아의 하루는 흔히 태어난 자의 1년에 해당된다고 하는데, 태중에서 보낸 시간이 3년이면 얼마나 오랜 세월이겠는가?

노자는 태중에서 이미 모든 수련을 마치고 나왔던 것이다. 또 다른 설화에 따르면 노자는 태어나자마자 노인의 모습이었다고 한다. 이 또한 명상 수련의 완성을 상징하는 것으로 생각된다. 노자는 후에 신선의 최고 경전인 『황정경(黃庭經)』[12]을 내놓았고 『도덕경(道德經)』[13]도 내놓았다. 필자는 『황정경』과 『도덕경』을 명상 수련의 지침으로 삼고 있다.

명상이 말하는 인간의 탄생

우리는 현재 태어난 지 꽤 되었는데, 그동안 계속 마음이 뇌에 점점 더 깊게 파묻히고 있었던 셈이다. 살아가려면 어쩔 수 없는 일이겠지만 그래도 마음의 일부는 황정에 머물게 하는 것이 좋았을 텐데! 말하자면 고향을 생각하는 마음이니 그런 마음이 있으면 좋다.

그러나 인체 속성상 황정을 한 번 빠져나가면 돌아오기가 쉽지 않다. 인체는 영혼의 상향성(上向性) 외에도 아랫배를 떠난 영혼이 다시 돌아오지 못하도록 막는 생리가 있다. 뇌라는 곳은 영혼이 들어오면 아주 강력하게 잡아둔다. 영혼은 뇌로 들어오면 오관을 통해 세상과 접촉하기 때문에 그 맛에 깊숙이 빠져버린다.

이는 시시각각 이루어지는 것인데, 이 과정은 엄마의 자궁을 떠나는 순간부터 이루어진다. 태어남이란 이중으로 이루어지는바, 태아의 몸은 자궁을 빠져나오고 태아의 영혼은 황정을 빠져나오는 것이다. 이로써 몸은 세상으로 나오고 마음은 세상을 보는 상태가 된다. 이렇게 고향(황정)으로 되돌아가는 것은 거의 불가능한 상태로 치닫게 되면서 탄생의 과정이 완성된다.

명상자의 관점으로 볼 때는 탄생이란 다름 아닌 영혼이 뇌로 이동한다는 뜻이고, 또한 몸이 자궁 밖으로 나온다는 뜻이다. 이를 기뻐해야 할 것인가? 그럴 수도 있고 아닐 수도 있다. 엄마의 자궁 속에 오래 있으면 영혼은 편안할 것이다. 그러나 엄마의 몸은 태아를 위해 언제까지나 그런 상태를 유지할 수 없다. 아이는 태어나서 잘 살아야 한다. 또한 살아가는 내내 영혼을 자신의 황정으로 되돌리는 일에 온 정성을 들여야 할 것이다.

삶에서 이룩해야 하는 것

삶이란 바깥세상과 접하면서 보람을 찾아야 하는 것이고, 또한 끊임없이 자기 자리(황정)를 찾아야 하는 두 가지 사명이 있다. 밖에서 사는 방법은 바깥에서 배우면 된다. 하지만 황정으로의 회귀는 끊임없는 수련을 유지해야 하는 것이다.

그런데 이 과정들을 살펴보다보면 우리는 영혼의 속성을 이해할 수 있다. 영혼이란 우리 몸 여러 곳에 존재한다. 우리의 영혼은 뇌에 있을 뿐 아니라 신체에도 퍼져 있다. 단지 신체의 영혼은 뇌만큼 뿌리가 깊지 않을 뿐이다.

더구나 황정으로의 접근은 인체의 생리가 막아서고 있다. 이는 바깥 삶을 유지하라는 신체의 명령이다. 물론 우리는 그 명령에 순순히 따를 수는 없다. 기필코 황정을 찾아야 한다. 영혼이 뇌에서 떠나 황정으로 들어간다고 해서 뇌를 잃어버리는 것은 아니다. 영혼의 일부는 뇌에 있고 일부는 황정에 들어가 있을 수도 있기 때문이다.

영혼은 아무리 넓은 영역에 퍼져 있어도 자체 연결은 유지되고 있다. 영혼의 일부가 우주 끝에 갈지라도 마찬가지이다. 우리는 영혼의 이러한 속성을 이해하고 활용할 수 있는바, 명상 중에 황정을 향해 계속해서 하강할 수 있는 것이다.

중요한 것은 영혼이 뇌에 있으면서도 어느 곳으로든 갈 수 있다는 점이다. 현재 우리는 황정을 찾아가는 길을 잃어버린 상태인데, 그렇다 하더라도 영혼의 내면 탐색(황정으로 향하는 길을 찾기 위한)은 영원히 이어져야 할 것이다. 언젠가는 고향(황정)을 찾을 수 있다는 희망을 저버려서는 안 된다. 한없는 노력, 불굴의 투지, 이는 명상 수련자의 삶 그 자체이다.

13

아침에 도를 들으면 저녁에 죽어도 좋다

깨달음은 명상의 오랜 목적 중 하나이다. 여기 우리 선조들이 깨달음을 얼마나 중시했는지 알 수 있는 오래된 이야기가 있다. 한 노파의 이야기이다.

먼 옛날 어느 노파에게 아들 셋이 있었다. 하루는 첫째 아들이 관청에 끌려가 사형을 당하였다. 필경 권력자가 죄를 뒤집어 씌웠을 것이다. 노파는 억울하게 죽게 된 아들을 한 번도 찾아오지 않았다. 그렇게 아들은 찾아오는 이 하나 없이 처형을 당하였다.

얼마 후 또 사건이 터졌다. 이번에는 둘째 아들이 죄를 지었다는 것이다. 판결은 역시 사형이었다. 이번에도 노파는 자식을 보러 오지 않았다. 둘째 아들은 처형되었고, 세월이 지났다.

또 사건이 생겼다. 이번에는 노파의 하나 남은 셋째 아들이 연루되었고, 판결은 마찬가지로 사형이었다. 그런데 이번에는 노파가 면회를 왔다. 자식이 죽게 되었으니 면회를 오는 것은 당연하지만 첫째와 둘째 아들이 죽을 때는 와보지 않다가 막내아들에서야 찾아왔기 때문에 관리는 이상하게 생각하였다. 노파가 필경 막내아들만 사랑하는 것이라 생각한 관리는 괘씸하게 여겨 노파를 향해 호통을 쳤다.

"이 못된 늙은이! 자식 사랑은 한 가지인 것을 아들이 둘씩이나 죽을 때는 코빼기도 안 보이다가 지금은 웬일인가?"

그러자 노파가 말하기 시작하였다.

"이보시오, 나으리! 내가 이제야 온 이유를 얘기하리다. 혹 끝까지 듣지 않으려거든 그만두겠소."

이 말에 관리는 이야기를 해보라고 말했다. 노파는 말을 꺼냈다.

"일전에는 큰아들이 죽었소. 하지만 나는 그 일이 괴롭지 않았소. 왜냐하면 큰아들은 공부를 많이 하여 이미 성인(聖人)이 되었는데 불쌍할 것이 무엇이겠소? 성인을 몰라보고 죄를 뒤집어씌운 당신이 불쌍할 뿐이오."

"허, 무례하기는……! 그럼, 둘째 아들 때는 왜 와보지 않은 것인가?"

노파가 다시 말하였다.

"둘째 아들도 마찬가지요. 그 아이는 성자(聖者)이기 때문에 삶과 죽음을 초월한 사람이었소. 내가 그 높은 사람을 불쌍하게 생각해서 무얼 하겠소. 오히려 성인을 둘씩 죽인 당신이 받을 천벌(天罰)을 생각하니 눈물이 날 지경이오!"

관리는 어이가 없어 화가 났지만 막내아들 얘기를 마저 듣기를 원하였다. 노파는 이번에는 눈물을 흘렸다. 그러고는 아이를 가엾다는 듯이 바라보며 말을 꺼냈다.

"이 아이는 공부를 게을리하여 아직 범부(凡夫)에 불과하오. 자기 앞가림도 못하는 아이가 공부를 다 못하고 죽으니 얼마나 가엾겠소?"

이렇게 말해놓고 노파는 다시 눈물을 흘렸다. 이를 보고 있던 관리는 속으로 한참 생각한 후에 고개를 끄덕이고 말문을 열었다.

"그대의 말을 들으니 나도 깨우침을 얻은 것 같소. 아이를 풀어줄 테니 앞의 두 아들 일은 용서해주구려."

노파가 다시 말했다.

"당신도 머지않아 죽을 몸이니 공부 열심히 해서 생사를 초월한 도리를 깨닫도록 하시오."

노파는 이 말을 남기고 막내아들과 함께 떠나갔다.

이야기는 여기까지이다. 내용인즉 깨달은 사람은 죽음조차도 큰 문제가 될 수 없다는 것이다. 과연 그런 것이다. 죽음이란 또 다른 생을 맞이하는 것뿐이니 어찌 슬퍼할 일이겠는가? 더구나 성인이 된 사람은 생사를 초월해 있을 것이다. 공자는 이렇게 말했다.

子曰자왈, 朝聞道조문도 夕死可矣석사가의。

아침에 도를 들으면 저녁에 죽어도 좋다.

—『논어(論語)』〈이인편(里仁篇)〉

이 말은 깨달음을 얻고자 하는 자에게 죽음은 별것이 아니라는 뜻에 다름 아니다. 여기서 '도를 들으면'이란 '깨달음'이라고 해석할 수 있다. 물론 명상이란 천지에 합일하는 것이므로, 평소 인격이 천박하면 그것을 이룩할 수 없다. 왜냐하면 인격이 나쁜 사람은 점점 동물처럼 변해가는 것이니, 이와 함께 영성(靈性)도 희미해지기 때문이다. 공자 같은 성현이라면 누군가 도를 얘기하는 것을 듣는 순간에 깨닫는 것은 당연하겠지만 말이다. 깨달음이란 인격의 정점(頂點)을 말하는바, 명상 수련자도 이것을 유의해야 할 것이다.

깨달음이란 원리는 간단하다. 다만 실행이 어렵다. 그렇다고 포기할 수는 없는 일이다. 우주 전체와 합일하는 것은 원래의 고향으로 돌아가는 것과도 같다. 그리하여 우주 전체인 나 자체에서 그윽히 머무는 것이다.

이것은 세상에서 말하는 신(神) 이상의 경지이다. 신은 신일 뿐이다. 인간은 인간이고 신은 신이다. 너와 내가 구분되지 않는가? 깨달음이란 이런 상태를 벗어나는 것이다. 내가 신이라면 신인 그 자체마저 벗어나는 것이 깨달음이다. 신이 자기 자신인 신으로 남아 있다면 이는 신일 뿐이기 때문에 무한한 자유가 없다. 그 자체로서 속박 상태이기 때문이다.

하지만 깨달음이란 모든 속박에서 벗어난 한없이 자유로운 존재로 환원되는 것이다. 양은 본시 자유를 뜻한다. 미혹에 빠지면 자유가 없이 현상에 끌려다닌다. 그러나 미혹에서 벗어나면(깨닫게 되면) 본래의 자유를 되찾게 되는 것이다.

명상은 어렵지만 보람이 있다. 기실 인생에 명상만큼 중요한 일은 존재할 수가 없다. 물론 한낱 취미나 건강한 몸을 만들기 위해서 명상을 한다면 얘기가 달라진다. 그러한 명상은 해보나 마나이다. 이는 오히려 명상이란 행위에 몰두하는 것이니 더욱 미혹해질 뿐이다.

공자는 저녁에 죽어도 좋다고 할 만큼 도를 중시했던바, 깨닫고 나면 우주가 자기 자신이 되어 죽고 사는 것이 한낱 꿈에 불과할 뿐이다. 공자는 죽음 자체도 꿈이라는 것을 밝히고 있다.

한 번 음(陰)하고 한 번 양(陽)하는 것은

우주 만물의 원리(道)이다.

이를 계속하는 것을 선(善)이라 하고,

이를 이루는 것을 성(性)이라고 한다.

제 2 부

명상은 어떻게 하는가

명상의 준비와 방법, 원리에 대하여

14

음과 양의 원리

명상의 방법을 이해하기 위해서는 먼저 음양(陰陽)의 개념을 알아야 한다. 만물을 음양으로 구분하기 위해 우선 세상에 무엇이 존재하는지를 생각해보자.

모든 것은 음양의 짝으로 이루어진다

직관적으로 알기 쉬운 것은 주변에 무한히 널려 있는 '물질'이다. 물질은 하늘에 보이는 모든 별이고 또한 우리 몸으로, 과학자들이 연구하는 것이 바로 이것이다. 물질의 특성은 공간을 채운다는 것이다. 공간을 채운다는 것은 곧 부피가 있다는 뜻이다. 부피가 있다면 눈에도 보일 것이다. 이 물질이 바로 '음'이다. 이것은 과학자들이 오래전부터 계속 연구해온 것으로, 그 성질이 속속 밝혀지는 중이다.

반면 세상에는 물질 아닌 것도 있다. 바로 양이라는 것인데, 이것은 물질이 아니면서도 존재하는 것이다. 부피가 없는 존재라는 뜻인데 쉽게 이해할 수가 없다. 그러나 이는 우리가 이해하지 않으려고 정한 것뿐이다. 하필 존재가 공간에만 있는 것이겠는가? 이는 선입견에 불과하다. 무엇인가 안다고 착각하는 우리 인간의 과실일 뿐이다. 무심으로 시작해야 한다.

그렇다면 양은 무엇인가? 세상엔 내가 이해할 수 없는 것이 무한히 많은 법이고, 그중 하나가 양이다. 영혼도 바로 양이고 귀신도 양이다. 온갖 괴상한 것은 다 양이라고 생각해도 된다. 세상엔 음과 양이 있을 뿐이기 때문에 물질과 괴상한 것만 존재한다. 음과 달리 양은 과학자들이 대대적으로 연구한 바가 없는 것으로, 성직자나 도인들이 관심을 보이고 있을 따름이다. 그러나 이는 참으로 어처구니없는 일이 아닐 수 없다. 양, 즉 영혼은 나 자신인데 이것에는 관심이 없고 그 외의 것만 신경 쓰니 어처구니없는 일이 아니고 무엇이랴.

명상은 이런 어처구니없는 일에서 벗어나는 행위이다. 우리는 생활 중에는 바깥세계만 접할 뿐이지 도무지 자기 자신과 접할 겨를이 없다. 그래서 명상이 절대 필요한 것이다.

음양은 만물의 원소 같은 것이라고 할 수 있는데 이는 물질에 국한하지 않는다. 예를 들어 사랑과 증오, 탄생과 죽음, 밝음과 어둠, 남자와 여자 등 모든 것에 적용할 수 있는 개념이다. 열거한 내용은 서로 반대되는 사물의 짝으로, 우주의 모든 것이 이렇게 되어 있다. 그 이유는 서로 반대가 모이면 평형(平衡)을 이루기 때문이다.

一陰一陽之謂道 일음일양지위도 繼之者善也 계지자선야 成之者性也 성지자성야。

한 번 음(陰)하고 한 번 양(陽)하는 것은 우주 만물의 원리(道)이다. 이를 계속하는 것을 선(善)이라 하고, 이를 이루는 것을 성(性)이라고 한다.

—『주역』〈계사전(繫辭傳)〉

따라서 음양이론은 결국 '평형론'으로 귀결된다. 평형이란 우주의 본 모습이다. 이에 대해서는 어째서라는 질문을 할 수가 없다. 평형 아닌 것에 대해서는 "왜 그러냐?" 하고 물을 수 있으나 평형에 대해서는 물을 수가 없다. 음양의 존재는 평형의 구체화일 뿐이다. 양이 있으면 음도 있다는 뜻이다.

음양이론과 8괘

음양이론을 더욱 세밀하게 전개하면 8개의 괘상(卦象), 즉 8괘(八卦)에 이르게 된다. 8괘는 만물의 뜻과 그 분류를 확정해준다. 세상의 사물이 아무리 많아도 8개로 귀결시킬 수 있다는 뜻이다. 또한 그로써 만물의 뜻도 설명할 수 있다는 뜻도 된다. 8괘를 64괘로 확대하면 사물의 변화, 우주의 모든 현상을 설명할 수 있게 되는데 이를 명상 이론을 해석하는 데도 활용할 수 있다. 명상이란 말로 설명하기 애매한 점이 있기 때문에 더욱더 괘상화가 필요하다.

만물의 뜻은 괘상으로 나타낼 때만 그 뜻이 분명해지는 법이다. 예를 들어보자. 우리 인간에게는 번뇌가 있는바 이는 물의 속성인 감(坎, ☵)으로 표현한다. 그리고 여기에서 완전히 벗어나는 것을 천수송(天水訟, ䷅)으로 표현하는데, 이로써 번뇌에 벗어남의 관계를 완전히 드러낼 수 있다. 구름, 즉 물에 덮인 하늘이 맑아지듯 마음이 번뇌로부터 벗어남을 나타낸 것이 바로 천수송 괘상이다.

8괘의 뜻은 너무 광대하여 단숨에 다 얘기할 수 없지만 그 개념에 대해 조금만 설명해보자. 여기 고양이가 있다. 이놈은 호랑이와 닮아 있지 않은가? 연못이 있다고 하자. 이것은 물을 담아놓은 그릇과 닮아 있지 않은가! 큰 건물은 산과 닮아 있다. 비행기는 새와 닮아 있다. 이런 식으로 따져가다보면 모든 사물의 닮은꼴을 찾을 수 있다.

8괘는 다름 아닌 닮은꼴을 분류하는 이론이다. 세상엔 무수히 많은 사물이 있어도 닮은꼴로 분류하다보면 종류수가 훨씬 줄어들게 되어 있다. 그런데 주역에서는 그것이 8개, 즉 8괘이다. 만물은 그 어떤 것이든 8괘에 해당된다.

예를 들어 사랑은 태(兌, ☱)이고 미움은 간(艮, ☶)이다. 아버지는 건(乾, ☰)이고 어머니는 곤(坤, ☷)이다. 우울함은 감(坎, ☵)이고 명랑함은 이(離, ☲)이다. 이런 식으로 모든 사물을 지정할 수 있다. 이로써 세상은 아주 간단해지고 모든 사물의 구조를 알 수 있게 된다. 물론 8괘와 사물이 합리적으로 지정될 수 있을 때 가능한 얘기이다. 이 점에 대해 염려할 필요가 없다. 공자를 비롯한 많은 성인이 만년 동안 이 문제를 연구해서 확립한 것이 바로 8괘 이론이다.

명상에도 음양이 있다

명상에 있어서도 두 가지 면이 존재하는바, 이것 역시 음양이론에 포함된다. 명상은 첫째로 고요에 이르는 것인데 이는 음이고, 둘째로 맑아야 하는 것은 양에 해당된다. 이 책 역시 음양이론을 통해 명상의 실체를 규명하고 그에 따른 실천 방법을 논하고 있다. 삶이란 우리 몸이 사는 것이 아니고 영혼이 사는 것일진대 영혼을 망각해서는 안 될 일이다. 우리는 당초 몸 없는 상태에 있다가 잠깐 몸을 빌려 살아가고 있을 뿐이다. 이것이 바로 인생이다. 비록 우리가 몸속에 들어가 있다고 해도 나 자신, 즉 영혼을 잊어서는 안 된다.

영혼은 몹시 가볍다. 그 때문에 영혼은 쉬지 않고 돌아다니고 요동치는바, 스스로 멈추기가 몹시 어렵다. 그런데 이것을 억지로 잡아 놓으면 어떤 일이 벌어질까? 이때 영혼은 자기를 잡아놓은 그 무엇 속으로 깊이 잠기게 된다. 당연한 일이다. 요동치는 존재는 세상이 텅 비어 있어서 그랬던 것이다. 이제 머물 곳이 있으니 그곳에 빠져들 수밖에 없다.

본디 양이란 한없이 요동치는 상태이다가 음을 만나면 그곳에 들어가 안정을 취하게 된다. 물론 억지로 음에서 쫓겨나게 되면 또다시 요동치며 방황하다가 빠져들 곳을 찾아서 아무 곳이나 숨어버린다. 우리 몸에 깃들어 있는 영혼도 현재 그러한 상태이다. 뇌에 깊이 빠져들어 벗어날 생각을 못하는 것이다. 그러나 머물러 있던 몸이 죽어서 없어지면 영혼은 그때부터 다시 긴 여정을 시작한다. 또 다른 몸을 얻을 때까지.

이 점을 기억해두었으면 한다. 앞으로 계속 중요하게 다룰 것은 영혼이 몸을 얻었을 때 어떤 상태가 되느냐이다. 지금은 몸을 입고 살더라도 잠시 후면 (무한의 관점에서) 우리는 다시 몸 없는 상태에 도달한다. 그리고 자체 요동에 의해 정신없이 지내다가 어딘가 어떤 몸에 다시 붙잡힌다. 이런 식으로 영원히 계속된다. 그뿐이고, 자동이다. 우리는 이 상태에서 정신을 바짝 차리고 나 자신의 주권을 지켜야 한다. 즉 영혼을 내 마음대로 해야 한다는 의미이다.

내가 나를 마음대로 하지 못한다면 이는 존재의 의미가 무엇이랴. 마침 현재에 몸을 얻었으니 이때를 틈타 영혼을 확인하고 자신을 장악해야 한다. 무엇부터 시작해야 할까? 바로 명상이다.

15

장소가 명상에 미치는 영향

대개 사람들이 명상을 하는 곳은 자기 집이고, 조용한 시간을 골라서 한다. 현대 생활에서 이나마 명상을 하고 있다면 그는 훌륭하게 살고 있는 것이다. 명상은 평생 동반해야 하는 것이다. 우리는 어떻게 해서든 그 시간을 가져야 한다.

하지만 명상에는 장소가 매우 중요하다. 특히 명상의 수준이 높은 사람이라면 더욱 그러하다. 이는 음악 연주의 대가의 손에 좋은 악기가 들려 있는 것과도 같다. 예부터 도인들은 특별히 좋은 곳을 찾아서 명상을 해왔다. 흔히 말하는 입산수도(入山修道)가 그것이다.

명상의 장소는 단연 산이 가장 좋다. 그만한 이유가 있는데, 그건에 우선 장소가 명상에 얼마나 중요한가를 알아야 한다. 여기는 명상의 원리를 포함한 아주 심오한 뜻이 있다.

명상과 풍수의 관계

명상은 영혼이 하는 것으로서 영혼의 속성을 잘 알아야 한다. 영혼은 나쁜 장소를 피하는 성질이 있는데, 육체에 의해 강제로 끌려와 살고 있다면 이에는 많은 부작용이 따른다. 영혼은 나쁜 장소에서는 안정하지 않고 떠나고자 한다. 떠날 수 없을 때는 불안해하며 집중을 하지 않는다.

이는 장소에 의해 명상이 심하게 방해받는다는 뜻이다. 방해가 특히 심한 장소가 있다. 반면 좋은 장소는 이상하리만치 명상이 잘된다. 명상에서 장소의 중요성은 아무리 강조해도 지나치지 않다. 물론 현대인들은 생계를 유지해야 하기 때문에 원하는 대로 장소를 선택할 수 없을 것이다. 그저 도심에서 살고 있을 수밖에 없지 않은가?

이는 참으로 아쉬운 일이지만, 그래도 좋은 장소에 대한 염원을 버려서는 안 된다. 좋은 장소에서의 명상은 그렇지 않은 곳보다 효과가 열 배, 백 배 또는 그 이상까지도 가능하다. 그래서 명상 수련의 극한에 이른 신선들은 아주 특별한 곳에서 수련을 한다고 전해진다. 이른바 선동(仙洞)이다.

선동은 그곳에 머물기만 해도 저절로 명상 수련의 효과가 있는 곳인데, 이런 곳에서 수련하면 그 이익은 참으로 지대하다. 그렇다면 그런 곳이 도대체 어디인가? 이는 풍수(風水)의 원리를 알아야 한다. 이 장에서는 이를 조금이나마 설명하고자 한다. 이 원리를 알아두면 만년(晩年)에라도 그런 장소를 찾을 수 있을 것이다.

명상이 잘되는 곳! 이런 곳은 항간의 말로는 명당(明堂)이란 곳이다. 명당은 무덤을 만드는 데만 필요한 것이 아니다. 오히려 살아 있을 때 그곳에 머물러야 하는바, 명당은 살아 있는 사람을 건강하게 하고 운명도 좋게 만든다. 좋은 땅에서 좋은 운명이 일어난다는 것은 우리 주변에서 흔히 듣는 얘기이다. 하지만 명당이란 최우선적으로 명상이 잘되는 이점이 있다. 이런 곳에서는 영혼이 안정을 취하기 때문에 운명마저 좋아지는 것이 당연하다.

명상이 잘되는 곳의 특성

명상이 잘되는 곳에는 어떤 특성이 있는지 알아보자. 영혼은 탁 트인 곳에서는 분산되고 꽉 막힌 곳에서는 불안해한다. 그래서 이를 잘 반영해야 명당을 이해할 수 있다. 먼저 알아야 할 것은 분산되는 곳이다. 『옥허진경』에 이런 글이 있다.

返之於閉 반지어폐 出之於通 출지어통。

막힌 곳에서 돌아오고 트인 곳에서 나아간다.

—『옥허진경』

여기서 트인 곳이란 전망이 트인 곳을 말한다. 이런 곳에서 있으면 마음이 시원하다. 넓어진 느낌, 자유스러운 느낌, 희망찬 느낌 등을 받는다. 소위 말해 전망 좋은 곳을 말하는데 이런 곳은 누구나 선호하고 있으며 사는 곳을 선택할 때도 최우선적으로 따져보는 사항이다. 강이 내려다 보이는 곳, 호수가 보이는 곳, 벌판이 펼쳐져 있는 곳 등이 그러하다. 이런 곳은 모든 인간이 좋아한다.

그러나 이런 곳은 영혼이 오래 견디지 못한다. 바닷가에 갔을 때를 생각해보자. 광활한 바다를 바라보면 얼마나 시원한가? 막혔던 마음이 뻥 뚫리는 것 같다. 그래서 바닷가를 찾고 있는 것이지만, 여기서 생각해볼 것이 있다.

바닷가에 오래 머물러 봤는가? 쉽게 피로가 몰려올 것이다. 골방에 누워 있는 때와는 분명 다르다는 것을 느낄 것이다. 밖이 보이지 않는 골방은 오래 있으면 답답해진다. 반면 탁 트인 곳은 쉬고 있어도 마음이 분산되고 피로가 쉽게 누적된다. 이는 영혼이 지나치게 활동적이 되기 때문이다. 『옥허진경』에서 "트인 곳에서 나아간다"는 것은 이를 두고 한 말이다.

우주비행사들이 지구 밖으로 나아갔을 때는, 일시적으로 스트레스가 확 풀리는 것처럼 느낄 것이다. 하지만 허공같은, 끝을 알 수 없는 공간을 계속 바라보면 심각한 문제가 발생한다. 이른바 자기상실(自己喪失)이 오는 것이다. 이는 영혼이 지나치게 움직이기 때문이다. 영혼은 보이는 곳이라면 어느 곳이든 나아가는 속성이 있다. 그래서 바닷가는 오래 있으면 지치는 법이다. 물론 광활한 우주 공간에 비할 바는 못될 것이다.

어쨌건 너무 트인 곳은 좋기만 한 것이 아니다. 벌판에 오랫동안 사는 사람은 어떨까? 이런 사람은 섬세함을 잃고 집중력 저하를 일으킨다. 이런 현상들이 바로 풍수적 현상인데, 이런 것을 잘 알아두면 명상에 큰 도움을 얻을 수 있다. 벌판에서 명상을 하는 것, 바다나 탁 트인 곳에서 명상하는 것은 명상의 목적에 반하는 것으로, 효과가 반감되거나 소멸한다. 이런 곳에서는 영혼이 쉬지 않고 탈출하고자 하기 때문인데, 영혼은 무작정 뛰쳐나가고 싶어하는 속성이 있다.

그래서 적당히 막힌 곳이 명상에 좋은 장소이다. 막힌 곳은 영혼이 정지되는 특성이 있는바, 『옥허진경』에서 말하는 "막힌 곳에서 돌아온다"는 것이 그것이다. 명상의 목적은 영혼의 안정이다. 그래서 산을 찾는 것이다. 대개 산이 좋다고 하면 경치가 좋기 때문인 줄로 알지만, 산은 한마디로 '막혀 있는 곳'으로, 명상에서는 이것이 가장 중요하다. 경치는 그다음에 생각할 문제이다.

경치는 물론 휴식을 준다. 하지만 지나치게 경치 좋은 곳은 위험하다. 예를 들어 미국의 그랜드캐니언(Grand Canyon)이라는 광대한 계곡은 경치는 최고이다. 하지만 이런 곳은 명상의 장소로는 좋지 않다. 영혼은 스스로 요동하는 존재이기 때문에 지형이 이를 막아주어야 한다. 명당이란 바로 이런 곳이다. 쉽게 생각하면 명당은 경치 좋은 곳으로 알기 쉬운데 그렇지 않다.

명당은 아늑한 곳이어야 한다. 아늑함! 이는 적당히 막혀 있는 곳을 말하는데, 영혼의 불안정을 막아주는 곳이라는 뜻이다. 어린아이가 좋아하는 곳이 바로 이런 곳이다. 내가 부산 해운대에서 바다를 처음 봤을 때 그곳에서 너무 놀라 뒤로 주저앉은 적이 있다. 나중에 이 증상은 고쳐졌지만 그때를 돌이켜보면 영혼이 놀란 것이었다. 어린아이만 봐도 탁 트인 곳을 그리 좋아하지 않는다. 아직 성숙하지 못했기 때문에 영혼의 속성이 그대로 드러나는 것이다. 영혼은 안정을 통해 성숙해지는바, 이는 물론 명상의 절대 목표이다.

산에서 명상하면 좋은 이유

명상의 장소에는 무엇보다도 사람이 없어야 좋다. 사람이란 존재는 특별한 도인 수준이 아니라면 그 자체로 소음이다. 눈에 보이지 않아도 주변에 사람이 있으면 소음이 있는 것과 마찬가지이다. 그것은 영혼이 소란스럽기 때문이다. 그래서 아파트는 명상하기에 적당한 곳이 아니다. 아무리 조용한 아파트라 해도 집집마다 사람이 들어 있으므로 명상이 잘 안 된다.

그래서 산에서 명상하는 것이 좋은데, 산에는 돌과 나무가 있고 통행이 쉽지 않다. 특히 돌이 많은 산은 명산에 속한다. 돌은 바라보고만 있어도 안정 효과가 있다. 플라스틱이나 쇳덩이와는 다르다.

명상의 장소에서 밖으로 나가면 바로 광활한 경치가 있는 곳도 좋지 않다. 모름지기 수도장을 마련한다면 경치 좋은 곳에서 비껴나 있어야 한다. 높은 산꼭대기도 안 좋다. 이런 곳은 영혼이 도망가기에 알맞다. 그래서 산의 중턱이 좋고 산 아래가 바로 보이지 않고 숨어져 있어야 좋다. 이런 곳에 동굴이라도 있으면 최상의 장소이다. 경주 토함산에는 석굴암이 있는데 이런 곳은 최상의 장소이고 최고의 명당이다.

그리고 명상의 장소는 살짝 언덕이어야 한다. 행인이 그 장소를 훤히 볼 수 있으면 안 된다. 명상의 장소는 흔히 밀처(密處)라고 부르는데, 이는 노출되지 않는 장소를 말한다. 명상의 장소로 들어가는 길목은 약간 험한 곳이 좋다. 물론 명상의 장소가 하향하다가 만들어진 곳은 나쁘다. 이는 영혼이 갇혀 있다는 느낌을 받는다. 사람도 이런 장소에서는 위험을 느낀다. 이른바 구덩이 같은 장소를 말한다. 명상의 동굴은 상향하는 도중에 있어야 좋은데, 흔히 동굴이 아니라도 오르막에 있어야 한다.

만약 명상의 장소가 문 열고 나오면 바로 사람이 다니는 도로라면 이는 무척 나쁘다. 풍수에서도 이런 장소는 운이 새어나가는 장소이므로 경계해야 한다. 또한 명상 터 자체가 너무 넓으면 안 된다. 강당처럼 넓은 장소는 안 된다는 뜻이다. 그저 혼자 살기 적합한 방 정도 크기면 좋다. 그리고 명상을 위해 앉을 자리는 방 한쪽 벽에 평상 같은 것을 배치하여 주변보다 높게 만들어야 한다.

도심에 사는 사람에게는 옛날 양반집이 아주 좋다. 돌담이 있고 기와가 있는 집을 말하는데 이런 집에서는 영혼이 안정되는 것이다.

우리 조상들은 그런 점을 감안하여 집을 지었던 것 같다. 하지만 서민으로서는 이런 집을 차지할 수 없으므로 조용한 산가에 별장을 지어서 사용하면 좋을 것이다. 이러한 산장은 현대의 일반 수련가에게 이상적인 장소가 된다. 실상 최고의 별장이란 경치가 좋은 곳이 아니라 쉽게 드러나지 않은 곳에 있어야 한다.

다만 그곳을 나와 멀지 않은 곳에 좋은 경치가 있어야 좋은 것이다. 만약 사방 십 리에 경치 좋은 곳이 없다면 영혼은 갇혀 있다는 느낌을 받는다. 당연히 명상을 오래 할 수 없다. 영혼은 참으로 까다롭다. 너무 휑해도 싫어하고 너무 꽉 막힌 곳도 싫어하니 말이다.

영혼이 싫어하는 장소는 아무리 오랜 세월 명상을 해도 그 공이 쌓이지 않는다. 반면 제대로 된 명상의 장소는 영혼의 낙원이다. 이런 장소를 찾아 인생의 종말을 맞이한다면 죽음도 무섭지 않을 것이다. 세상에는 '이곳에서 죽어도 좋다'고 생각되는 곳이 있는데, 이런 장소가 명당이며 명상의 장소인 것이다. 노인이나 환자가 평화를 느끼는 곳도 명상의 장소이다.

명상에 좋은 장소로 바꾸는 법

명상의 장소는 얼마든지 있다. 명상에 알맞도록 적당히 건물을 설계하면 된다. 이 모든 것에는 일정한 원리가 있는데, 그것은 '음을 갖추라'는 것이다. 영혼이 양이기 때문에 이것을 안정시키기 위해서는 음이 필요한 것은 당연하다. 사람이 머무는 장소는 기본적으로 음을 바탕으로 한다.

방을 양의 속성을 띠도록 설계하는 것은 잘못이다. 양은 잠시 시원한 느낌을 주지만 휴식이 되지 않는다. 물론 영업 장소는 양이 좋을 때가 있기는 하다. 하지만 영혼의 안정 또는 휴식을 위해서는 음이 필요하다.

이는 눈에 보이는 바로 앞에 국한한다는 것은 아니다. 영혼이란 벽을 뚫고 주변 모두를 확인하는 존재이다. 벌판 한가운데 안정된 집을 짓고 그 안을 명상의 장소로 삼고 싶어도 영혼은 이를 쉽게 알아차리고 명상에 들어서지 못한다. 그래서 옛날 수도인들은 명상의 장소를 찾기 위해 오랜 세월을 돌아다녔다. 그리하여 마침내 명당을 발견하여 죽을 때까지 그곳을 떠나지 않았다.

명당을 발견하기 위해 우선 검증의 폭을 아주 넓게 잡아서 그 지역이 음인가 양인가를 세심히 따진다. 음양을 알기는 그리 어렵지 않다. 휑하고 노출된 느낌이 들면 일단 양의 장소이다. 그다음은 폭을 줄여가며 내면으로 향하는 것이다. 음 중의 음을 찾기 위함이다. 최종적으로 겉으로도 아늑하고 안으로도 아늑한 곳에 도달한다. 이런 곳이 명당이다.

경치가 좋은지 여부는 앞의 것이 다 갖추어진 후 최종적으로 고려할 문제이다. 물론 경치가 좋으면 영혼도 좋아한다. 하지만 경치에도 음양의 조화가 맞아야 한다. 이 모든 것은 영혼이 어떻게 느끼느냐에 주안점이 있는바, 이는 아주 자연스러운 자연의 섭리일 뿐이다.

경치도 무조건 시원하다고 좋은 게 아니다. 미국의 그랜드캐니언은 광대하고 시원하지만 우리나라의 금강산만 못하다. 금강산은 광대하지는 않으나 곳곳이 아름답고 편안하다. 경치는 아늑하고 아름다운 곳이 최고이다. 적당히 가려져 있고 또 수려해야 한다.

물론 명상의 장소가 아니라면, 경치는 얼마든지 다양할 수 있다. 그러나 정신의 건강까지 따지기로 한다면 역시 명상이 잘되는 곳이 최고의 땅이다. 필자는 명상 수행가로서 최고의 장소를 찾기 위해 오랜 세월 이곳저곳을 찾아다닌 바 있는데, 찾아다닐수록 더 좋은 곳이 나타나고 있다. 물론 명상은 하면 할수록 그 자체가 나날이 발전하는 것이지만, 이를 위해서 좋은 장소가 특히 중요하다는 것을 재차 강조하고 싶다.

16

명상에 필요한 최소한의 시간

영혼의 요동은 끊임이 없다. 마치 미쳐 날뛰는 말과 같은데, 그나마 말은 지치기라도 하지만 영혼은 절대로 지치는 일이 없다. 지치는 것은 뇌일 뿐, 그나마 기절하듯 활동을 멈추었다가도 쉬고 나면 다시 활동을 시작한다. 하지만 이는 영혼의 끝없는 요동에 비하면 죽어 있는 것이나 마찬가지이다. 영혼은 영원히 살아 있는 존재이며, 이것이 바로 양의 속성이다. 근원적 양은 절대로 멈추는 법이 없다. 명상은 영혼의 요동을 멈추고자 하는 일인데, 어떤 식으로 시작하는 것이 좋을까? 초보자가 갖는 관심이 이것일 것이다.

명상으로 날마다 나아지려면

그런데 누가 초보자일까? 실은 거의 모든 사람이 초보자일 것이다. 세상에 명상을 해서 깨달았다는 사람 얘기를 들어본 적이 있는가? 또는 명상을 해서 신선이 되었다는 사람 얘기를 들어본 적이 있는가? 명상은 그저 영원히 계속할 뿐이다. 단지 명상을 계속하면 방법이 개선되고 숙달이 되어가는 것이다. 이는 우주의 모든 것이 진화하는 것과 닮아 있는바, 명상도 진화하게 되어 있다. 이 과정을 살펴보자.

日新日新又日新 일신일신우일신。

날마다 새롭고 또 새로워진다.

—『서경(書經)』〈상서편(商書篇)〉

처음엔 그저 앉아 있는다. 이것도 쉽지는 않다. 인간의 본능은 잠시 앉아서 눈을 감고 있는 것이 몹시 힘들게 되어 있다. 누워서 있는 것과는 판이하게 다르고 그저 앉아 있는 것과도 다르다. 사람은 잠자는 것이 아닐 때는 눈을 떠 주위를 보려 하고, 앉아만 있으면 잡념이 들게 되어 있다. 그런 것을 눈 감고 앉아서 생각을 정지시키고자 하면 우리는 본능의 도전을 받는다.

제일 흔한 것은 갑자기 자기도 모르게 일어나버리는 것이다. 이는 마치 발작과도 같이 순식간에 일어난다. 그리고 또 흔한 것은 명상을(명상 같은 것을) 잘 하다가 돌연 생각을 하면서 명상을 풀어버리는 일이다. 초보자들은 원래 이런 법이다. 이는 인간의 속성 탓인데, 이를 억제하려고 하니 몸은 요동치게 되어 있는 것이다.

누구나 그렇다. 그러한 것을 차츰 길들여나가는 것이 명상의 과정이다. 완전한 명상은 아직 논하면 안 된다. 먼 훗날이라 해도 마찬가지이다. 다시 말하지만 명상의 진화는 끝이 없다. 우선 앉아 있는 것을 시도한다. 명상을 잘하려고 하면 육체 본능의 강한 반발에 부딪치게 되어 있다. 그래서 그냥 앉아 있으라는 것이다. 물론 눈을 감고 단정히 앉아야 한다. 그리고 벽을 바라보고 문은 잠가놓는다.

앉아 있는 연습부터

우리는 얼마나 앉아 있을 수 있을까? 소설 『서유기(西遊記)』에서 손오공은 3분 동안 가만히 눈 감고 앉아 있는 것조차 불가능하다고 한다. 반면 삼장법사는 3년을 쉽게 앉아 있었다고 했는데, 우리는 과연 어떨까? 작심을 하면 손오공보다 오래 앉아 있을 수 있을 것이다. 그런데 어렵다. 자꾸 일어나고 싶은 것이다.

어린아이들이 잠시도 가만있지 않고 끊임없이 무엇인가 하고 있는 것에 비유된다. 인간은 살아 있는 한 그리고 잠을 자고 있지 않는 한 무엇인가 하게 되어 있다. 노인이 되면 기력이 없어서 멍하니 있는 경우가 많지만 이는 죽어가는 과정이다. 멀쩡한 사람이 눈 감고 앉아 있으려면 좀이 쑤신다. 그저 움직이고 싶다는 뜻이다. 특별히 할 일은 없어도 아무 일 없이 눈 감고 앉아 있는 것은 못 참는다.

몇 분이나 견딜까? 이 문제는 아주 중요하다. 보통 사람이라도 의지와 참을성이 강한 사람이면 제법 오래 견디는데, 이 얘기를 하자는 것이 아니다. 본능의 저항이 없이 얼마나 앉아 있을 수 있느냐이다. 온 세상에 시간은 끊임없이 흐르는바, 우리의 뇌에도 어김없이 시간이 흐른다. 그리고 시간의 흐름은 우리 몸을 요동시킨다. 생명체란 본시 요동하는 존재이다(영혼에 비하면 별것 아니지만). 우리 본능은 아무것도 못하게 하면 더욱 요동치고 싶어한다.

그래서 명상에는 요령이 필요하다. 가만히 앉아 있는 것을 자연스럽게 해야 하는 것이다. 자연스럽게? 이는 본능을 속이는 것과 같다. 명상 자세를 마치 재미로 하듯이 해야 한다는 뜻이다. 명상은 앉아서 어떻게 해야 하는가도 중요하지만 그보다 훨씬 중요한 것은 아무렇지도 않게 쉽게 앉아 있는 것이다. 그저 앉아만 있으면 된다. 그런데 이것이 생각보다 훨씬 어렵다. 마치 감옥에 있는 것처럼 뛰쳐나가고 싶은 마음이 솟구치기 때문이다.

그래서 명상은 활동의 체념이다. 본능의 반발 없이, 활동하지 않음에 대한 불안 없이 그저 앉아 있는 것을 의미한다. 명상을 하려는 사람은 잘 하려고 애쓰지 말고 그냥 앉아 있으면 된다. 매일 그렇게 수십 년을 해도 무방하다. 그래도 그 자체가 명상이고 영혼의 안정에 도움이 되는 것이다.

숙달되기까지 하라

흔히들 단순히 눈 감고 앉아 있는 습관을 가지고도 명상이라고 여긴다. 하지만 아직 준비 단계이므로 본격적인 명상과는 분명히 구분해서 말하는 편이 좋겠다. 우리는 명상을 하는 것이 아니라 눈 감고 앉아 있는 것이다. 물론 앉아 있는 습관을 오랜 세월 지속하면 그것 또한 명상이다. 어떤 사람은 평생토록 눕지 않고 앉아 있는 상태를 유지한다(물론 그러한 경지에 있는 사람은 명상도 제대로 할 것이다).

명상을 하려는 사람에게는 무엇보다 이 점이 중요하다. 명상 자세를 유지한다는 것! 이는 실은 명상만큼이나 중요하다. 명상은 실은 그 방법을 몰라도 눈 감고 앉아 있으면 된다. 그래서 좌공(坐功)이라고 하는바, 이는 앉아 있는 힘을 쌓는 것을 말한다.

그저 앉아 있으면 무얼 하느냐고? 이는 매일 운동하는 것보다 몸에 더 큰 이익을 준다. 그래서 검도를 하는 사람이나 무술을 수련하는 사람은 종종 앉아서 묵상(默想)을 한다. 그저 앉아 있는 것은 실은 그저 앉아 있는 것이 아니다. 본능과 싸움 중인 것이다. 명상은 잘하지 못해도 앉아 있는 것만으로 충분히 도움이 된다.

물론 이로써 깨닫거나 신선이 되는 것은 아니지만 인생에는 아주 큰 도움이 된다는 것이다. 인간에게 수많은 운동법이 있지만 그 어떤 것도 그냥 앉아 있는 것보다 좋은 운동은 결단코 없다. 명상을 수련하려는 사람은 이를 절대로 유의해야 한다. 처음엔 그저 앉아 있는 것에 숙달되어야 하는 것이다.

숙달! 이것이 가장 중요하다. 진짜 명상은 그다음에야 가능해진다. 심지어 10년 후에 시작해도 늦지 않다. 이 문제를 심도 있게 따져보자. 그저 앉아만 있는 경우 말이다. 우리의 인체는 가만히 있으면 그 무엇인가 대신할 것을 찾게 되어 있다. 잡념도 그것인데, 잡념만 가지고 오래 앉아 있는 것을 다 해소할 수가 없다. 그래서 우리 몸은 새로운 돌파구를 찾는다.

이것은 신선도의 요결(要訣) 중 하나인데, 생명체의 신비와 깊게 관련되어 있다. 가만히 앉아 있으면 무슨 일이 일어나는가? 물론 눈 감고 앉아서 조금이나마 성의껏 잡념을 제어하고 있을 때를 말한다. 이때 우리 몸에서는 신비한 현상이 일어난다. 우리 몸의 가장 깊은 곳이 꿈틀대는 것이다. 이는 자동이다. 몸부림이라고 해도 좋은데, 몸의 내부에 미세한 진동이 발생한다는 의미가 있다.

손오공은 이것마저 참지 못하고 당장 일어나 멀리 달리기를 한다. 하지만 앉아 있는 것에 숙달될수록 몸 안의 진동이 살아난다. 진동이 살아나는 그곳이 바로 황정 근방이다. 이로써 자신도 모르게 복식호흡이 이루어지는 것이다. 복식호흡을 할 수 있게 된다는 것은 명상에서 아주 중요하다. 그러나 일부러 하지 않아도 된다. 오랜 세월 앉아 있으면 부지불식간에 저절로 되는 자연스러운 호흡이다.

15분을 견디는 것이 시작

그렇다면 한 번 앉았을 때 얼마의 시간을 유지해야 하는가? 그리

긴 시간이 필요하지는 않다. 잠깐이면 된다. 몇 초? 아니 몇 초는 너무 짧다. 사람마다 능력의 차이가 있겠지만 나는 15분이라는 시간을 제안한다. 15분만 탈 없이(자연스럽게) 앉아 있을 수 있다면 그것으로도 충분하다.

너무 짧다고 느껴지는 사람도 있을 것이다. 그러나 15분이 쉬운 줄 아는가? 실제로 해보라. 1년간 15분씩 하루도 쉬지 않고 명상할 수 있으면 이는 이미 숙달된 경지라고 말할 수 있다. 산속에서 수련만 하는 사람은 크게 어렵지 않겠지만 도심에서 생활하는 보통 사람에게 15분은 아주, 충분히 긴 시간이다. 이렇게 10년 또는 20년을 계속해도 좋다. 하루 15분 명상(묵상 정도의 수준)이면 이는 수련이라고 할 만하다.

17

명상의 기법들

세상에서 가장 어려운 일은 무엇일까? 저마다 수많은 것을 떠올릴 수 있을 것이다. 하지만 명상보다 더 어려운 것은 단연코 세상에 없다. 이는 명상을 해본 사람이면 누구나 알 수 있는 지극히 평범한 얘기이다. 그렇다면 명상이 도대체 어떻게 하는 것이기 그토록 어렵다고 하는가? 참으로 좋은 질문이다. 명상이란 무엇인가? 그동안 이미 명상에 대한 많은 것을 얘기한 바 있지만 다시 환기시키고자 한다.

명상이란 오로지 쉼이다. 아무것도 하지 않고 가만히 있는 것이다. 물론 몸은 숨을 쉬고 자세를 바르게 하여 앉아 있다. 가만히 있는다는 것은 겉모습뿐 아니라 내면의 세계에도 해당하는 이야기로, 내면의 마음이 가만히 있는다는 뜻이다. 물론 잠자는 것은 논외이다. 우리는 지금 의식이 깨어 있을 때 마음의 자세를 논하고 있는 중이다. 명상 중에는 그 마음이 가만있다는 뜻이다.

가만히 있는 것이 수련이다

이것이 어째서 어려울까? 먼저 몸의 경우를 보자. 아무 일 안 하고 쉬고 있으라면 이것은 아주 쉽다. 이는 몸이 음이기 때문에 당연한 이치이다. 그러나 영혼은 양이기 때문에 가만히 있기가 몹시 어렵다. 영혼은 무엇이라도 해야 한다. 양이란 항상 살아 움직이는 존재로서 무엇인가를 끊임없이 하게끔 되어 있다.

어린아이를 보라. 주변을 돌아다니며 이것저것 만지면서 잠시도 쉬지 않는다. 끊임없이 움직이는 영혼의 본능 때문이다. 어린아이의 요동(쓸모없는 행동)은 오래오래 지속된다. 그러다가 철이 들면 약간씩 질서가 잡힌 행동을 하기도 한다. 하지만 마음은 언제나 바쁘다. 잡념이 끊임없이 일어나는 중에 밖에 무슨 일이 있으면 그것을 처리하고 일이 없으면 잡념에 빠진다.

끊임없는 생각, 이는 영혼이 뇌를 가지고 노는 것이다. 그런데 이것을 못하게 하면 영혼은 크게 반발한다. 그래서 뇌를 사용하려고 오히려 잡념(뇌를 가지고 노는 것)을 더 일으킨다. 명상 중에 잡념이 더 많은 것은 이 때문이다. 영혼이 뇌에 머물면 명상을 방해할 뿐이다.

사람이 죽으면 영혼은 우주를 온통 헤매면서 잠시도 쉬지 못한다.

육체를 떠난 영혼의 요동은 미친 말보다 심한데 미친 말은 지치면 잠시 쉬기라도 하지만 영혼은 지치는 법이 없다. 우리는 명상 중에 이러한 영혼을 다뤄야 한다. 이는 마치 적을 제압하려는 전쟁을 방불케 한다. 말 안 듣고 사고만 치는 아이를 교육하는 것도 이와 같은데, 영혼은 세상에서 가장 말 안 듣는(제압할 수 없는) 존재이다.

명상 중에 흔히 있는 일로써 가수면(假睡眠) 상태가 있는데, 이는 뇌가 요령껏 잠들어 있기 때문에 안정이 온다. 그러나 이것은 명상이 아니다. 영혼의 단련을 포기하고 잠을 통해 어려움을 피하는 요령일 뿐이다. 잠에 빠져들어서는 결코 영혼을 만날 수 없다. 영혼은 뇌가 깨어 있을 때만 그 존재와 접할 수 있는바, 이때만 영혼을 훈련시킬 수 있다. 훈련해야 할 영혼이 원래의 나 자신이라니 참으로 우습다. 그러나 원래 자기 자신을 다루는 것이 가장 어려운 법이다. 『옥허진경』은 이렇게 말한다.

在人之上帥下者 재인지상솔하자 謂高貴 가가재위고귀 然帥自者實上尊也 연솔자자실상존야。

남의 위에 있어 아래를 부리는 자를 고귀하다고 하나 자기 자신을 부릴 줄 아는 것이 진정 존귀한 것이다.

—『옥허진경』

과연 그렇다. 천하의 장사도 자기 자신을 다루는 데는 능할 수 없다. 공자도 이 문제에 대해 평생을 고심했다. 자신의 행동이 도리에 맞지 않아도 이것을 제어할 수가 없었던 것이다. 영혼이 제멋대로 행동하기 때문이다. 공자께서도 70세가 되어서야 자기 자신을 완전히 제압할 수 있었다. 이는 영혼을 원하는 대로 움직일 수 있다는 것에 다름 아니다. 공자는 자기 자신을 마침내 이겨냈던 것이다.

명상의 목표도 바로 이것인데, 이는 억지로 되는 것이 아니다. 결심만 투철하다고 해서 영혼이 쉽게 굴복하지 않는다. 공자께서도 "하다가 안 되면 그만두라[不可則止]"고 했던바, 무슨 일이든 억지로 할 수 없다는 뜻이다. 영혼을 다루는 데 있어서도 마찬가지이다.

영혼이란 다름 아닌 자기 자신이므로 적당히 구슬려가며 다뤄야 한다. 어린아이 교육도 마찬가지이지만 영혼은 강하게 억누를수록 그 요동은 한없이 커진다. 이래서는 평생토록 앉아 있어도 영혼을 길들이지 못한다.

나는 언젠가 미친 사람을 만난 적이 있다. 친지의 동생이기도 했던 이 사람은 웃옷을 벗어던지고 거리를 활보하면서 난동을 부리고 있었다. 힘센 사람도 그를 제압할 수 없었다(미친 사람은 원래 괴력이 있는 법이다). 경찰이 와서도 대책이 안 섰다.

그때 내가 나섰다. 나는 그 사람 앞에 가서 미소를 지으며 조용히 말을 걸었다. 그는 어느 정도 정신이 남아 있었기 때문에 평소에도 조용한 말에는 귀를 기울인다는 것을 나는 알고 있었다. 내가 그에게 다가가 아무 일 없다는 듯이 천천히 말을 걸자 그는 몹시 반가워했다. 그 짧은 순간이 몹시 길게 느껴졌다. 평소와는 다른 상황이라 지금은 그 사람이 어떤 돌발행동을 할지 몰라서였다.

하지만 나는 우는 아이, 화난 사람, 난동부리는 사람 등을 많이 다뤄본 경험이 있었다. 미친 사람도 같은 맥락으로 대하면 되는 것이다. 나는 결국 그를 진정시키는 데 성공했다. 나는 태연히 말을 걸었고, 어느덧 대화 친구가 되었다. 그리고 나는 이렇게 말했다. "추운데 옷은 왜 벗었어? 저쪽에서 천천히 나하고 얘기할래?"

그랬더니 이 사람이 씨익 웃었다. 나도 함께 웃어주며 그 사람과 함께 걸었다. 이 경험은 훗날 어떤 지적장애가 있는 아이와 소통하는 데도 큰 도움이 되었다. 이 아이는 끊임없이 돌아다니고 남의 말은 듣지 않으며 집중력이 전혀 없었다. 나는 이 아이에게 말하는 듯 안 하는 듯 아주 조용히 말을 걸어 의자에 앉히는 데 성공했다. 사족이지만 이 방법을 낯가림과 조심성 많은 고양이에게 다가가는 데 활용하기도 했다.

영혼의 요동을 멈추게 하려면 나 자신부터 차분해져야 한다. 영혼이 나 자신인데 이렇게 어렵다니! 영혼은 천 갈래 만 갈래로 분리될 수 있는 존재인바, 그 한 가닥이 나 자신일 뿐이다. 그토록 미약한 내가 요동치는 수많은 영혼의 갈래를 제압하려면 친근하게 다가서야 한다. 영혼과 친구가 되어야 한다.

이것이 아주 중요하다. 못된 아이를 교육할 때도 그와 충분히 친한 상태가 안 되었다면 가르칠 수가 없다. 남에게 말하려면(교육시키려면) 먼저 그와 친해야 한다. 흔히 사춘기 자녀를 둔 부모가 교육에 실패하여 아이가 오히려 크게 잘못된 경우가 있는데, 이는 먼저 아이와 친해지지 못했기 때문이다. 공자는 이렇게 말했다.

子曰자왈, 君子和而不同군자화이부동 小人同而不和소인동이불화。

소인은 함께 있어도 화합하지 않는다

—『논어』〈자로편(子路篇)〉

이는 가까이 있는 존재와 스며들듯 화합하지 못하여 그를 다스릴 수도 없다는 뜻이다. 정치도 마찬가지이고 명상 수련도 이와 마찬가지이다. 만사가 억지로는 안 되는 법이다. 먼저 영혼과 친해서 익숙해져야 한다. 이것을 교육(평정)하는 것은 한참 후의 일이다.

영혼을 온순하게 만드는 것, 이것이 바로 영혼(우습게도 나 자신이지만)의 훈련이다. 사람과 사귀는 법도 이와 같은데, 먼저 그 사람을 거스르지 말아야 한다. 기회는 얼마든지 있다. 그와 한동안 친하다보면 무슨 말이든 할 수 있게 된다. 영혼도 요동을 칠 때 어느 정도까지는 보조를 맞추는 기술이 필요하다. 잡념이란 것도 조금은 필요한 법이다. 여기서 잡념이란 영혼을 다스리는 기술을 말하는 것인데, 수많은 방법이 있다.

화두를 던져 영혼을 몰두시킨다

화두라는 것도 그중에 하나이다. 화두는 그것이 궁금하여 몰두하다보니 영혼이 덩달아 조용해지는 원리를 이용한 것이다. 다만 화두는 일확천금을 노리는 복권을 사는 것과 비슷하다. 되는 사람은 되고 안 되는 사람은 아예 인생이 망가진다. 그래서 다른 방법이 있다. 그것은 수많은 성인의 가르침을 따르는 것이고, 더욱 확실하게는 불경에 직접 그 방법이 있다.

하나 예를 들어보자. 『금강경』에 "과거의 마음도 얻을 수 없고 현재의 마음도 얻을 수 없으며 미래의 마음도 얻을 수 없다[過去心不可得 現在心不可得 未來心不可得]"는 글귀가 있다. 이는 내가 나의 영혼을 포착할 수 없다는 뜻이다. 내가 도무지 어디에 있는지 알 수 없다는 것을 이렇게 표현했는데, 그렇다면 나를 발견하려 애쓰면 된다.

> 須菩提 수보리, 所謂佛法者 소위불법자 卽非佛法 즉비불법。

수보리야, 소위 불법이라는 것은 불법이 아니니라.

—『금강경』 제8장 〈의법출생분(依法出生分)〉

이는 최고의 가르침이라도 그것에 너무 매달리지 말라는 뜻인즉, 모든 것이 허망하다는 의미이다. 부처는 인류에게 수많은 가르침을 주고도 떠날 때는 "나는 한 마디도 말한 바 없다[不曾說一字]"고 했다. 이는 나의 말조차 벗어나라는 뜻에 다름 아니다.

그러나 이는 깨달음의 순간에 필요한 가르침이다. 그전에는 깨달음 연습을 해야 한다. 그것이 바로 영혼과의 화합이다. 기술적으로 영혼을 다루라는 말이고 방법을 묵살하지 말고 적절히 응용하란 의미이다.

얘기가 다소 길어졌는데 한마디로 줄이면 명상에는 깨달음을 돕는 갖가지 방법이나 수단, 즉 방편(方便)이 필요하다는 것이다. 모든 불경이 이것이고, 성인의 가르침도 이것에 대해 이야기하고 있으며, 『황정경』이나 『도덕경』이나 『옥허진경』도 바로 여러 방편을 이용해서 마지막 순간에 이르도록 하고 있다.

고독으로 영혼을 다스린다

이 장에서는 앞 장에 이어 한걸음 더 나아가고자 한다. 앞서 명상을 하는 순간 고독을 확인하라고 했는데, 이는 바다 한가운데 떠 있는 막막한 상황을 상정하는 것이다. 이로써 잡념이 없어지고 영혼이 나와 함께 있는 효과가 있다.

가도 가도 똑같이 끝없는 바다라는 것을 영혼에게 인식시키면 영혼은 제자리에서 헤매게 된다. 이를 절망이라 한다. 영혼을 순간이나마 절망시킬 수 있는 법이다. 또한 영혼이 망망대해에 홀로 있으니 참견받지 않아서 좋을 수도 있을 것이다.

하나의 방편으로서 '고독의 바다'에 익숙해지면 영혼은 온순해질 수가 있는바, 이는 실제로 경험해보면 알 수가 있다. 나는 수십 년을 이런 방법으로 명상에 잠겨왔는데, 이것이 익숙해지다보니 명상을 좀 더 깊게(다르게) 진행시켜도 영혼이 심하게 반발하지 않는다는 것을 직접 경험했다.

급하면 요동치게 되어 있는 법, 영혼에게 고독을 확인시켜주는 것은 영혼을 제압하려는 것이 아니다. 영혼은 자신의 고독을 잘 알고 있기 때문이다. 자신의 처지를 그림으로 보여준 것과 같아서 영혼은 고독을 확인하며 그 상태를 유지하는 것이다. 물론 이 상태조차 벗어나려고 영혼은 조금씩 시도를 하고 있을 것이다.

그러나 그때마다 그 영혼(나 자신)과 함께 멀고 먼 끝없는 바다 위를 시원하게 달려가보라. 영혼이 아무리 달려가봤자 바다 위이다. 바다 위를 계속(평생토록이라도 좋다) 돌아다니는 것은 실은 바다 위에 가만히 앉아 있는 것과 완전히 같다. 그런데 영혼은 이를 모르고 한없이 바다가 끝나는 곳으로 달려갈 수 있다. 이때는 그냥 내버려두면 된다.

다음 방법으로 넘어가보자. 이번에는 바닷속을 들여다보는 것이다. 무엇이 있을까? 바닷속은 깊고 깊어 끝이 보이지 않는다. 이는 영혼 내면의 끝없음과 완전히 같다. 지금 바닷속을 들여다보는 것은 영혼을 바라보는 것인데, 이때 영혼이 바닷속으로 실컷 돌아다녀도 좋다. 영혼의 관심을 바닷속으로 유인하고자 하기 때문이다.

명상의 바닷속은 끝없이 깊다. 그래서 영혼이 비록 그곳으로 한없이 파고들어도 제자리에서 그냥 바닷속을 들여다보는 것과 같다. 여기서 중요한 것은 영혼의 본성과 싸우지 말라는 것이다. 영혼은 무엇인가 하고자 하므로 관심을 바닷속으로 유인하라는 뜻이다.

이는 영혼이 그리 반대하지 않는다. 그런대로 본성을 만족시키는 재미가 있기 때문이다. 이는 아이가 보챌 때 장난감을 주어서 달래는 것과 같다. 아이가 보채는 대신 장난감에 관심을 보이듯, 영혼이 아무 곳이나 돌아다니느니 바닷속을 찾아보게 하라는 것이다.

영혼은 신기한 것을 좋아한다. 이를 착기입미(着機入迷)라고 한다. 생명체가 세상에 만들어진 이유가 바로 이것이다. 영혼은 본시 한없이 자유스러웠다. 그러다가 무엇을 만나 그 속으로 쏙 들어간 것이다. 정확히 말하면 무엇인가 인식한 것이다. 최초의 인식을 무명(無明)이라고 말하는데, 이는 집착을 말하는 것으로, 무엇이든 있으면 집착하게 되어 있다.

하지만 우리는 이것을 활용해야 한다. 영혼이 무엇인가를 의식하고 있으면 요동이 멈추기 때문에 그 순간을 기회로 삼자는 것이다. 물론 영혼이 의식하는 것은 명상에 도움이 되고 깨달음에 도움이 되어야 할 것이다. 요컨대 깨달음 연습 같은 것이면 아주 좋다.

지금 우리가 하는 것은 깨달음 연습에 해당한다. 다른 말로 깨달음으로 가는 단계라는 뜻이 된다. 명상의 모든 것이 깨달음으로 가는 방법이다. 성인의 가르침도 마찬가지이다. 이는 방향을 제시하는 것인데, 방향을 알면 열심히 가야 한다.

上士聞道勤而行之 상사문도근이행지 中士聞道若存若亡 중사문도약존약망 下士聞道大笑之 하사문도대소지。

상근기(上根機)의 사람은 도를 들으면 바로 힘써 행하고, 중근기(中根機)의 사람은 도를 들으면 고개를 갸우뚱하며, 하근기(下根機)의 사람은 도를 들으면 크게 웃는다.

—『도덕경』 제41장 〈선대(善貸)〉

불가에서는 상근기(근본이 되는 힘이 좋은 인물)는 3일이면 되고, 중근기(중간쯤 되는 인물)는 3년, 하근기는 30년이란 말이 있는바, 이는 방향의 옳고 그름에서 비롯되는 것이지 빨리 간다는 뜻은 아니다.

최후의 진리는 지점이 아니다. 오로지 방향뿐인데, 그 방향으로 향하다보면 어느 순간 갑자기 깨달음이 도래한다. 방향만 맞으면 깨달음은 보장된 것이나 마찬가지이다.

18

명상과 자세의 관계

명상은 궁극적으로는 마음을 단련하는 것이다. 그러나 이를 실현하기 위해 육체를 사용할 수밖에 없는 것이 생명체의 현실이다. 우리의 마음 또는 정신이라고 하는 것은 육체하고는 별개의 존재임이 분명하다. 하지만 이 정신이란 것이 몸에 깃들어 있는 것 또한 사실이다. 영혼은 뇌를 통해 우리의 전신에 영향을 주고 있는 것이다.

그런데 이것은 너무나 맑아서 과학적으로 그것을 관찰할 수가 없다. 단지 추론을 통해 그 존재를 주장할 수 있을 뿐이다. 영혼의 존재를 꼭 부정할 이유는 없다. 아마도 대부분 이 시점에서는 추론이나 검증의 과정이 아니라 실제로 목격하기를 바랄 것이다. 나 역시 어떠한 과학 장비를 동원하든 영혼을 측량하고 싶다. 하지만 이는 불가능할 것이다. 영혼은 허공보다도 더 순수한 존재이기 때문에 물질세계에 그 흔적을 남기지 않기 때문이다.

그래도 우리는 영혼의 존재를 인지하고 있다. 우리 자신이 영혼 아닌가? 이것은 살아 있는 동안 육체 깊숙한 곳에 자리 잡고 있다가 육체가 소멸하면 저 스스로 어디론가 떠나간다. 이러한 존재에 대한 수련은 영혼이 육체에 깃들어 있을 때가 그렇지 않을 때보다 훨씬 수월하다.

영혼이 육체에 깃들 때의 명상

이 문제에 대해 잠깐 언급하고 넘어가자. 육체는 물질이다. 과학은 이것을 탐구하는 것을 목표로 하거니와 주역에서는 물질을 음이라는 범주로 분류한다. 반면 영혼은 양인 것이다. 이것은 무엇을 뜻하는가?

우리의 육체를 보자. 고유의 무게가 있는바, 우리는 평생 그 무게를 느끼며 살아간다. 그 무게는 영혼이 느끼는 것이다. 그런데 이 무게는 때로는 무겁게 느껴진다. 나이가 들면 이 현상은 더욱 가중된다. 흔히 몸이 천근만근이라는 말을 하는데, 이는 우리 몸의 속성이다.

몸은 물질로서 만유인력을 받으며 존재하는데 몸이 건강할 때는 그 힘을 이기기 때문에 몸이 가볍다는 느낌을 받는다. 환자들은 자기 몸이 아주 무겁게 느껴진다. 반면 건강한 스포츠맨들은 몸이 가볍게 느껴진다. 실제로 체중을 재보면 무거운 몸인데도 말이다.

이러한 현상은 영혼이 몸에서 느끼는 현상이다. 영혼은 항상 몸의 제한을 받고 있다. 그렇기 때문에 유리한 점도 있다. 영혼이 몸에 머물러 있지 않은가? 그리고 몸처럼 영혼이 천천히 움직인다. 이것이 중요하다. 영혼이 몸에 잡혀 있기 때문에 영혼은 몸의 움직임에 따를 수밖에 없다. 몸에 붙어 있는 한 영혼은 제 마음대로 움직일 수 없는 것이다.

영혼이란 본시 양으로서 그 활동력은 무한대이다. 물론 아무런 제한이 없을 때 얘기지만 영혼은 시간을 초월하는 존재로 빛보다 빠르다. 영혼이 저 혼자 있을 때는 자기 자신을 감당하기 힘들다는 뜻이다. 흔히 정신이 안정되지 않은 사람은 자신을 주체하지 못한다. 이는 영혼이 몸에서 일부 이탈하여 지나치게 자유롭기 때문이다.

자유라는 것도 견디기 어려운 문제 중 하나라는 것을 보여준다. 실제 우리 인간은 자유 자체를 견디기 어려워한다. 그래서 『자유로부터의 도피(Escape from freedom)』라는 책도 나와 있지 않은가! 자유로부터의 도피! 자유란 우리 인간이 살아 있는 동안 느끼기 어려운 개념이다. 본시 자유스러운 영혼이 몸에 잡혀 있고 몸은 또 사회적 제약에 묶여 있다. 이래저래 영혼은 제멋대로 움직일 수 없다.

하지만 영혼은 현재 이 때문에 상당히 이익을 보고 있다. 영혼이 모든 제약으로부터 해방되어 저 혼자 있다면 너무 자유로워 자신이 어디 있는지조차 모를 것이다. 영혼의 애로사항은 이것이다. 영혼은 양으로서 잠시도 정지할 수가 없다. 이는 육체가 음이어서 훨훨 날아갈 수 없다는 것과 대조적이다.

여기서 우리는 하나의 결론을 도출할 수 있다. 즉, 영혼은 가벼워서 문제이고 육체는 무거워서 문제이다. 그런데 이 문제는 결국 영혼의 문제로 귀결된다. 언젠가 우리는 육체를 떠나 영혼 스스로 있게 되는데, 이때는 지금, 즉 육체가 있을 때처럼 안정되지는 못한다. 너무 빠르고 너무 가볍고 요동치기 때문에 정신을 차릴 수 없는 것이다.

우리는 이 영혼을 미리 훈련시키고자 한다. 육체가 없을 때 자기 자신을 조직할 수 있게 하기 위함이다. 이런 상황에서 영혼이 지금 육체에 있을 때가 훈련의 기회인 것이다. 일단 영혼이 육체로부터 해방되면 그 때는 수련이고 뭐고 정신을 차릴 수가 없게 된다. 영혼은 살아 있을 때, 즉 육체와 함께 있을 때 수련해야 한다.

그것이 바로 명상이다. 명상은 정신만 가지고 하는 것이 아니다. 육체를 활용하여 또는 육체의 도움을 받아 행해지는 것이다. 그렇기 때문에 명상에서는 육체의 방법, 즉 자세의 중요성이 절대적이다. 만약 영혼은 수련함에 있어 육체의 도움이 필요 없다면 자세니 뭐니는 필요 없을 것이다. 그러나 영혼을 완전히 자제시켜 그것을 마음대로 조절는 것은 신(神)만이 가능하다.

여기서 신은 종교에서의 신을 얘기하는 것이 아니라 완벽한 존재를 일컫는 용어로 사용한 것임을 독자에게 미리 양해를 구한다. 완벽한 존재란 처음부터 그렇게 되어 있는 것은 아니다. 수련을 통해 거기에 도달할 수 있는 것이다. 우리에게는 발전의 기회가 무한히 열려 있다. 그 한계는 없다. 영혼이 끝없이 발전하면 온 세상을 덮고도 남는다. 가히 신 같은 존재에 이를 수 있는 것이다. 명상 수련은 살아 있을 때의 건강과 정신의 안정을 위해서만 하는 것이 아니다. 명상은 삶과 죽음을 초월한, 영원이라는 차원의 수련이다.

자세가 명상에 미치는 영향

이제 명상 중일 때의 몸의 자세를 생각해보자. 다시 말하거니와 우리는 현재 육체에 잡혀 있기 때문에 육체와 함께 가야 한다. 명상의 자세! 이는 참으로 중요하다. 어떤 자세가 명상을 하는 데 가장 좋은 것일까? 인간이 취할 수 있는 자세를 모두 살펴보자.

우선 '누운 자세'가 있다. 이는 갓 태어난 어린아이가 주로 취하는 자세로, 태어나서 몇 개월간 이런 상태를 유지한다. 이 자세는 '땅의 자세'라고 하는데, 잠자는 데 가장 적합하다. 환자도 이런 자세를 취할 수밖에 없는데, 땅의 자세는 죽음의 자세에 해당된다. 어린아이는 아직 생의 자세를 갖추지 못했으나 노인이 되면 자주 눕고자 한다. 한의사인 방태산 선생은 그의 저서에서 "누우면 죽음으로 간다"고 설명하고 있다.

땅의 자세 다음으로 '하늘의 자세'가 있다. 이는 서 있는 자세이다. 하늘의 자세는 걷는 데 쓰는 것으로 인간의 모든 활동에 쓰이는 자세이다. 걷거나 달리는 것, 또 먼 곳을 보거나 춤을 출 때 쓰인다.

세 번째 자세로서는 '사람의 자세'가 있다. 이는 앉아 있는 상태를 말한다. 이 상태는 하늘과 땅의 자세의 중간 자세로서, 명상을 할 때에는 이런 상태로 해야 한다. 여기에는 그만한 이유가 있다. 사람이 서 있으면 영혼이 들뜬 상태가 되고, 누우면 뇌가 수면상태로 향하기 쉽고 몸 자체가 늘어진다. 서거나 누우면 영혼이 지나치게 들떠 있거나 흐릿해져 있다. 이와 달리 사람의 자세는 '중용의 자세'로서 고요와 맑음을 유지하는 데 유리하다.

천지인(天地人)으로 분류되는 세 가지 자세 중 인(人)의 자세는 명상에 꼭 필요한 자세인데, 이것의 이점은 뒤에 가서 더욱 상세하게 논할 것이다. 죽음의 자세, 즉 지(地)의 자세와 활력의 자세, 즉 천(天)의 자세는 무슨 이유가 되었든 배제된다. 어떤 사람은 도보 명상 또는 취침 명상 등도 얘기하는데, 이는 명상을 이해하지 못한 사람의 공연한 주장일 뿐이다.

명상의 자세, 즉 인의 자세에서는 허리를 곧게 세워야 하고 앉는 자세는 평평하게 해야 하는바, 이를 좌공(坐功)이라고도 한다. 명상을 좌공이라고 생각해도 틀린 말이 아니다. 여기에는 상당히 의미심장한 명상의 원리가 숨어 있다. 다음 장에서 좀 더 알아보자.

19

좌공

인류가 명상을 하게 된 것은 언제부터일까? 기록에 등장한 것은 기원전 수천 년에 이른다. 주로 인도에서 등장하는데, 고대 인도의 수행자들은 일상적으로 명상을 수련했던 것 같다. 이들은 주로 불교나 요가, 힌두교의 수행자였고, 그 외에 많은 부류의 명상 수행자들이 있었다. 그러나 명상은 인도에서만 있었던 것은 아니다. 고대 중국에서도 신선도라는 이름으로 명상이 일상적으로 수행되고 있었다. 지구의 다른 지역은 어땠을까? 지구 반대편에서도 필경 사정은 다르지 않았을 것이다.

인류의 오래된 명상법

인류는 먼 옛날부터 명상을 수련해왔다고 봐야 한다. 왜냐하면 옛 사람들은 현대인보다 그 생활이 영혼과 밀접했기 때문이다. 문명이 발달된 시대에 이르러서 인류는 점점 물질세계에 몰입하여 영혼을 일시적으로 망각하게 되었지만 고대인들에게는 영혼이 항상 현실 그 자체의 문제였을 것이다. 많은 문헌에 등장해왔듯이 고대 문화는 거의 모든 것이 영혼과 결부되어 있다.

인류가 명상을 중요시했던 것은 어쩌면 원시시대 이전부터가 아닐까? 필경 인류가 원숭이 상태에서 지금 같은 영장류로 진화하는 과정에서도 명상이 존재했을 것이다. 그리고 명상은 점점 기술이 발전하고 있었을 것이다. 인류는 밖으로 물질세계에 몰입하는 한편 안으로는 영혼 발굴을 시도하고 있었던 것이 분명하다.

인간은 본능적으로 앉아서 생각하기 때문에 이 과정에서 명상이 구체적으로 발견되지 않았을까? 앉아 있는 것은 허리를 곧바로 세우는 자세인바, 이때는 몸에 특별한 작용이 나타난다. 몸과 정신의 일체감이다. 사람이 누워 있으면 쉽게 몸속으로 빠져든다. 그러고는 잠들게 된다. 걸어다닐 때 인간의 정신은 온통 밖으로 치닫는다. 그래서 자기 자신을 발견할 겨를이 없다.

하지만 앉아 있으면 자기 자신, 즉 영혼을 쉽게 느낄 수 있게 된다. 특히 허리를 바로 하면 정신이 맑아지는바, 이 상태를 유지하면 기분마저 좋아진다. 명상은 인간의 본능 중 하나로 봐야 할 것이다. 이래저래 명상의 기법은 발전할 수밖에 없었다. 일찍이 앉은 자세일 때 영혼을 느낀다는 것을 알아낸 이후부터 인류가 명상의 자세에 대하여 더 철저히 연구했을 것은 당연하다.

곧바로 앉아 있는 자세가 정신을 맑게 해주는 것은 분명하다. 이 자세는 영혼의 안정이라는 또 하나의 현상을 유발한다. 영혼의 활동이 자제된다는 의미이다. 바로 앉음은 이와 같이 대표적으로 두 가지 기능이 있지만 이외에도 신체의 대사를 활성화하는 기능도 있다.

앉은 자세의 기능을 조금 더 깊게 살펴보자. 명상의 절대 조건은 맑음과 안정인데, 이 중에서 안정이라는 것에 주목하자. 안정이라는 것은 무엇일까? 이는 다름이 아니라 영혼이 요동을 멈추는 것이다. 영혼은 양이어서 안정이 쉽지 않은데, 대신 육체의 힘을 빌려서 수련할 수가 있다. 몸은 음이다. 그리고 영혼은 그것에 몰입할 수 있는 것이다.

다만 영혼이 몸에 너무 깊게 빠져들면 잠들게 되는바, 이는 특별히 경계할 일이다. 잠드는 것은 몸을 쉬게 하는 것이지만 영혼에게는 존재의 시간이 없어지는 것뿐이다. 그래서 명상은 깨어 있는 것을 전제로 한다. 안정은 그다음이다. 안정은 명상의 최종 목표이거니와 이는 몸이 도와줄 수 있는 것이다. 영혼은 잠들지 않도록 유지하면서(그래서 앉아서 수련한다) 몸에 점점 깊숙이 들어간다. 허리를 곧바로 세웠을 때는 이것이 좀 더 쉬워진다.

명상의 바른 자세

그렇다면 안정을 위해 영혼은 몸의 어느 곳에 몰입하여야 하는가? 이것은 선도(仙道)의 본질이고 명상의 최고 방법이다. 기실 명상이라면 영혼이 몸의 어느 곳에 안착하여 인내의 시간을 보내는 것을 말한다. 이는 마치 사람이 뼈를 다쳤을 때 치료하는 깁스(Gips)의 방법과 비슷하다. 깁스로 뼈를 고정시키고 때를 기다리는 것인데, 명상도 몸의 고요한 곳에 안착하여 오래 참고 기다리면 영혼의 성질이 안정되는 것이다.

영혼은 뇌에 있을 때 가장 크게 요동친다(물론 죽으면 더욱 요동친다). 그래서 명상은 뇌를 떠나 몸의 편안한 곳으로 이동하는 것이다. 명상은 어렵게 생각할 것도 없이 영혼이 몸의 어느 곳에 들어가 단련하는 행위 그 자체이다. 영혼의 경지가 무한히 높아지면 몸을 빌리지 않아도 영혼 스스로 안정할 수 있겠지만, 아직 미숙한 영혼은 몸이 있을 때를 적극 활용해야 한다.

영혼이 몸의 어느 곳에 안착해야 하는 것일까? 이것은 선도에서 가장 중시하는 내용이다. 이 문제는 다음 장에서 다루겠지만 지금은 명상의 자세, 즉 허리를 곧바로 세운다는 것을 확인해두어야 한다.

그리고 다리의 자세도 중요한데, 다리를 쭉 펴고 앉는 자세는 옳지 못하다. 이는 땅의 자세와 비슷하기 때문이다. 다리를 쭉 펴면 정신의 맑음이 사라지고 눕고 싶어진다. 영혼이 망각의 늪으로 빠져드는 것이다. 이는 영혼이 일시적으로 죽는 것에 해당되므로 가장 경계해야 할 일이다. 그래서 다리의 자세도 중요하다.

다리는 결가부좌(結跏趺坐)라는 방식이 최적인데, 이것이 어려우면 책상다리를 해도 무방하다. 결가부좌는 두 다리를 무릎 위에 올려놓는 것으로, 이때 발바닥은 하늘로 향하게 된다. 이 자세는 영혼을 깨어 있게 하는 효과가 있다. 하지만 유연성이 필요한 일이므로 만약 결가부좌가 어렵다면 한쪽 다리만 무릎에 올려놓고 다른 한쪽 다리는 책상다리를 하면 된다.

손의 자세도 중요하다. 손바닥이 땅을 짚어서는 안 된다. 손바닥 또한 하늘을 향해 있어야 한다. 손과 발바닥의 자세는 영혼을 깨어 있게 하고 또 영혼을 끌어내리는 기능이 있으므로 절대 소홀히해서는 안 된다. 그리고 주의할 것은 허리이다. 결가부좌 자세를 취하다고 있다가도 어느 순간 허리의 자세가 한쪽으로 기울어지기 때문이다. 허리가 옆으로 기울어지면 영혼이 육체로 하강하는 것을 막는다.

명상의 자세는 이상과 같은 것을 유의하는 정도로 충분하다. 이외에 호흡법도 알려져 있지만 이는 자연에 맡기면 된다. 일부러 호흡을 새로 배울 필요는 없다. 호흡 수련은 오히려 명상을 해친다. 반복해서 말하지만 영혼이 몸의 깊숙한 곳으로 하강하면 호흡은 저절로 갖추어지는 것이다. 이른바 복식호흡, 또는 단전호흡이라고 하는 것인데, 이는 자연스럽게 유도되어야 한다. 중요한 것은 영혼의 하강이다. 이에 대한 것은 다음 장에서 종합적으로 깊게 논의하자.

20

영혼이 안정되는 원리

앞서 나는 영혼이 물질에 달라붙는 성질이 있다고 말한 바 있다. 이는 참으로 다행한 일이다. 영혼이 모든 물질과 반응하지 않는다면 영혼을 탐지해낸다는 자체가 불가능하고 아예 고등생명체가 탄생할 수도 없었을 것이다. 고등생명체가 영혼 없이 돌아다닌다면 이는 로봇일 뿐이지 무슨 의미가 있을까 싶다.

다행스럽게도 현실 세계에서는 영혼이 물질에 반응한다. 특히 영혼은 뇌라는 곳을 신경보다 더 좋아한다는 것도 밝혀진 상태이다. 하긴 뇌세포는 신경의 발원지가 아닌가? 우리의 영혼은 엄마의 태중에 있었던바 그곳은 신경들이 모여 있던 곳이었다. 그리고 신경을 거쳐 뇌로 이동했다. 이는 한적한 곳에서 번거로운 곳으로 이동한 것과 같다.

시골 고향에 살던 사람이 도시로 이동한 것이 바로 그것이다. 사람이 도시에 오면 많은 일을 할 수 있듯이 영혼도 황정에 있다가 뇌로 오면 할 수 있는 일이 많아진다. 영혼이 황정에 있으면 아예 할 일이 없다. 오로지 쉬는 것뿐이다. 하지만 황정에서는 영혼이 점점 더 안정 상태로 진화해가기 때문에 할일이 없어도 영혼에게 중요한 의미가 있는 장소이다.

영혼의 안정은 무엇인가? 또 영혼이 안정을 취함으로써 무엇을 얻을 수 있는가? 이것은 간단한 문제이다. 영혼은 그 요동이 멈춰지는 순간 능력이 극대화된다. 요동 때문에 미처 할 일을 못하다가 멈추게 되니 비로소 능력을 발휘할 수 있게 된다는 뜻이다. 말도 미쳐서 날뛰면 목표지로 이동할 수가 없다. 사람도 당황하면 본래 가지고 있던 능력을 발휘할 수 없는 법이다. 영혼은 더 말할 것도 없다.

원래 영혼이란 무한한 능력이 있다. 예컨대 태산도 움직일 능력이 있는 것이다. 영혼 수련의 목적은 영혼이 가지고 있는 모든 능력을 회복하는 데 있다. 그리하여 천지화육(天地化育)에 참여할 수 있는 것이다. 예부터 성인은 천지화육을 돕는다고 했던바, 이는 성인의 영혼이 무한대의 힘을 갖추었기 때문에 가능한 것이다.

명상의 멀고 먼 목표는 위대한 영혼의 능력을 개발하는 데 있다.

이는 신통력을 개발한다는 얄팍한 욕심이 아니다. 영혼의 힘은(그 역시 신통력이지만) 신통력을 넘어선다. 명상을 보자. 이는 영혼의 안정을 뜻하는데, 방법은 여러 가지가 있을 수 있다. 그중 하나가 황정에 들어서는 일이다. 그러나 영혼은 황정이 아니라도 얼마든지 안정을 얻을 수 있다. 뇌에서라든가 또는 영혼 자체에서 말이다.

뇌에서 이룩하는 안정

일단 뇌에서 이룩하는 안정에 대해서만 따져보자. 나는 하반신 마취 상태에서 오로지 뇌에서만 영혼이 안정하는 것을 시험해봤다. 그 시도는 성공했다고 자부할 만한데, 이는 오랜 세월 명상을 수련했기 때문에 가능했다. 명상을 오래 수련하면 내공(內功)이 쌓인다.

내공이란 영혼의 안정 습관이다. 영혼의 안정과 고요는 꿈에도 그리운 능력이거니와 신선이나 성인급 수련가는 처절할 지경이다 .그들의 고요는 죽음을 능가한다. 대가의 명상 수련을 지켜보면 시체보다 더 고요하다. 주변의 정적조차 시끄러울 지경이다. 『장자(莊子)』[14]에는 이런 구절이 있다.

> 心固可使若死灰乎 심고가사약사회호?

마음을 죽은 재처럼 만들 수 있는 것입니까?

—『장자잡편(莊子雜篇)』 제24장 〈서무귀(徐无鬼)〉

이는 영혼이 황정에 의존해서 얻는 경지와는 차원이 다르다. 영혼 자체가 그렇게 되었을 뿐이다. 명상 중에 황정에 들고자 하는 것은 그것을 이용하고자 하는 것이지, 그곳에 도달하는 자체가 목적은 아니다(물론 영혼이 황정에 들어서면 몸이 신선이 된다). 목표는 무엇보다도 영혼의 안정이다. 신선이라도 마침내는 수명이 다하는바 그 몸이 오래 사는 것만 목표였다면 신선도 부질없는 짓이다. 이왕이면 신선이 되면 좋겠지만 그마저도 영혼이 안정을 이룩한 것만 못하다.

이제 영혼이 스스로 안정을 찾도록 수련해야 한다. 처음부터 황정에 영혼을 보내기란 어려우므로 그 방법에만 의존하지 말라는 뜻이다. 비록 마음이 아랫배로 가라앉지 못해도 영혼 자체가 스스로 안정할 수도 있는 법이다. 명상 수련은 능동적이 되어야 한다. 잡념이 일어나는 것을 억제해야만 하는 것이다.

물론 영혼 억제를 처음부터 너무 심하게 하는 것은 좋은 방법이 아니다. 영혼이 오히려 반발하기 때문이다. 고요와 안정은 0.1퍼센트 정도만 시도해보면 된다. 처음부터 많은 것을 요구해서는 안 된다. 약간, 아주 약간 안정을 맛보는 정도면 충분하다. 영혼이 만약 한 번 명상으로 1퍼센트 정도 안정된다면 100일 만에 완성되지 않겠는가? 이는 너무 큰 욕심이다. 10년 만에 명상에 성공해도 큰 성공이 아닐 수 없다. 그러니 차분히 욕심내지 말고 수련에 임해보자.

명상 중에는 요동을 멈춰야 하는바, 모든 관심을 끊어버려야 한다. 예를 들어 명상 중에 '지금쯤 내가 어느 정도 수련이 되었을까' 혹은

'오늘은 수련이 잘되는구나' 하고 생각하는 것은 바보 같은 짓이다. 그러한 생각은 명상을 파괴할 뿐이다. 결과를 생각하지 말고(너무 급하게 의식하지 말고) 최선을 다하면 된다. 아니, 최선이란 생각 자체를 버려야 한다. 그저 할 만큼 하면 그게 바로 최선이다. 흔히 명상을 묵상이라고도 한다. 이는 뇌의 의욕을 죽이라는 뜻이다. 그래서 이런 말이 있다.

文王曰 문왕왈 其治如何 기치여하?
太公曰 태공왈 帝堯王天下之時 제요왕천하지시 (중략)
鹿裘禦寒 녹구어한 布衣掩形 포의엄형 糲粱之飯 여량지반 藜藿之羹 여곽지갱 不以役作之故 불이역작지고 害民耕織之時 할민경직지시 削心約志 삭심약지 從事乎無爲 종사호무위。

문왕(文王)이 물었다.
"황제(帝堯)가 천하를 다스리기를 어떻게 하였는가?"
태공(太公)이 대답하였다. "요왕(堯王)이 천하를 다스리실 적에는 …… 사슴 갖옷으로 추위를 막고 삼베옷으로 몸을 가리며, 거친 좁쌀로 밥을 짓고 머위와 콩잎으로 국을 끓여 먹으며, 궐을 짓지 않아 백성들의 밭 갈고 베 짜는 시기를 부역으로 방해하지 아니하여, 욕심을 줄이고 의지를 약하게 함으로 무위(無爲)의 정치에 종사(從事)하였습니다."

—『육도(六韜)』[15] 제2장 〈영허(盈虛)〉

"욕심을 줄이고 의지를 약하게 한다[削心約志]", 마음을 깎고 의지를 약하게 하여 밖으로 치닫지 않게 한다는 말은 단념 혹은 체념, 즉 영혼이 뇌에 있으면서 뇌라는 장치를 건드리지 않는다는 것과 같다. 곧 자동차 운전석에 앉아 쉬는 것과 같다. 뇌에서의 휴식, 이는 뇌에 힘주고 있으라는 뜻이 아니고 또한 힘을 완전히 빼서 잠들라는 뜻도 아니다. 어렵게 생각할 것 없이 평정 중에도 깨어 있으라는 것뿐이다. 깨어 있지 않으면 평정은 평정이 아니기 때문이다.

영혼은 원래 양이기 때문에 저 혼자 있으면 잠들 새가 없다. 하지만 뇌에 깃들어 있으면 잠들 수 있다. 뇌는 음이기 때문이다. 물론 뇌는 황정에 비해서는 양이다. 음양은 상대적인 것으로, 물질 중에는 뇌가 양인데, 온 세상(물질세계)에서 뇌만큼 양인 존재는 없다. 그래서 영혼은 뇌에 들어온 순간 몹시 바빠진다. 이는 어린아이가 장난감을 보면 바쁜 것과 완전히 닮아 있다.

반면 황정은 그보다 더한 음으로서 영혼이 이곳으로 찾아들면 바쁘지도 않고 평안한 상태가 된다. 다만 황정으로 들어서는 길은 첩첩히 막혀 있다. 이는 인체의 생리상 영혼이 뇌에 있도록 강제하기 때문이다. 영혼이 황정에 있으면 영혼은 분명 요동을 멈추기 때문에 이익이 되지만 뇌는 그 순간부터 영혼에게는 무용지물이 된다.

생물계는 물질세계로 음의 속성이라 모든 것을 끌어들이기 때문에 뇌에 모든 것이 집중되게 마련이다. 그러나 우리는 영혼의 안정

뿐 아니라 생물체의 세계로 빠져드는 것도 막기 위해 황정을 택한다. 우리 몸은 영혼과 물질계의 싸움터이다. 뇌는 영혼을 유혹하고 지배하려 한다. 이것은 생명체의 섭리인데, 이 와중에 우리는 안정을 도모하고자 하는 것이다.

영혼은 스스로의 요동을 피해 뇌를 찾아왔건만 뇌 자체도 그리 만만한 존재가 아니다. 즉, 바쁘다는 뜻이다. 그런데 몸은 뇌의 편이기 때문에 영혼을 뇌에 묶어두고 살아 있는 동안 영원히 부려먹고자 한다. 그래서 뇌가 황정으로 가는 길은 장애물이 많다. 그중 하나가 신경 무감각으로, 도무지 황정이 어디인지 감각으로는 찾을 수 없는 것이다. 우리 몸에서 가장 다가서기 어려운 곳이 황정이기 때문에 이로써 우리는 일생 내내 허전함을 느끼게 된다.

허전, 허무, 불안은 같은 느낌인데, 이는 황정에 도달하지 못한 기분에 다름 아니다. 만약 우리가 완전히 황정에 도달하면 인생에 허무 같은 것은 사라지고 매순간 행복을 경험할 것이다.

그래서 행복은 어려운 법이다. 우리는 아주 쉽게 뇌에 머물지만 그러면서도 황정을 그리워한다. 물론 보통 사람에게는 자신의 몸에 그런 곳이 있다는 상상조차 하지 못한다. 자기 몸인데도 한 번도 느낄 수 없다니 정말 허무할 뿐이다. 하지만 실은 우리는 태아 시절에 뇌가 아닌 이곳(황정)에 있었다. 그때는 오히려 뇌를 느낄 수조차 없었다. 어려운가? 이제 와서 푸념해봐야 소용없다.

우리에게 필요한 것은 오로지 전심전력을 다해 황정을 찾아야 하고, 한편 그것이 성공하지 못했을지라도 뇌의 안정을 우선적으로 생각해야 한다. 이는 편안한 마음으로 표현되는데, 명상 중에 반드시 요구되는 감정 상태이다. 사실 편안한 감정을 깊게 가질 수만 있다면 영혼은 저절로 황정에 도달하게 된다. 예부터 대안심의 경지라고 일컬어지는 것은 바로 이 상황을 일컫는 것이다.

21

명상의 세 가지 목표

이제 원리는 어느 정도 깨쳤으니 실천을 할 차례이다. 그에 앞서 명상의 목표를 숙지하는 것이 좋다. 명상은 크게 세 가지 정도의 목표가 있다. 여기서 '정도'라고 말한 것은 명상의 기법이 많은 것처럼 목적 달성을 위한 목표점도 아주 많기 때문이다. 그러나 다음의 세 가지만 명심하면 명상의 큰 맥은 잡았다고 할 수 있다.

첫째, 잡념을 떠나라

첫째는 잡념을 떠나는 것이다. 인생이란 잡념으로 가득하다고 봐도 무방하다. 사람은 누구나 기분에 사로잡혀 있고 또한 뇌에서 만들어낸 생각에 사로잡혀 있다. 예로부터 인생을 꿈으로 묘사하는 철학자들이 많은데 여기에는 상당한 이유가 있다. 잠깐 살펴보자.

우리는 태어난 이래 세상을 접하고 있다. 감각기관을 통해서인데, 이것이 아니면 눈앞에 소가 지나가도 알 수가 없다. 감정이란 것도 우리가 느끼기 때문에 있는 것이지 실제 세계가 그런 것은 아니다. 애인이 죽어서 슬펐다고? 애인이 있다는 것은 어떻게 알았는가? 이 역시 감각기관이 느낀 것이다. 눈으로 보고 냄새 맡고 귀로 듣고 혀로 맛보고 만져보고 생각해서 있으면 있다는 뜻이다. 이윽고 철학자들은 "세상이 없어도 있다고 생각하면 있는 것으로 인식한다"고 생각하기에 이르렀다.

꿈이 바로 이와 같다. 우리는 세상에 대해서 아무것도 단정할 수 없다. 그래서 하이젠베르그의 불확정성원리에서도 알 수 있듯이 관찰이란 얼마든지 오작동할 수 있는 법이다. 우리의 감각 또는 생각이 과연 실제 세계를 반영하고 있을까? 플라톤은 우리가 아는 세상은 동굴 벽에 비춰진 그림자일 뿐이라고 했다.

우리는 꿈을 꿀 때 매번 속는다. 그것이 사실인 줄 알고 감정과 생각을 꿈에 이입한다. 꿈이란 당초 지어낸 것에 불과할 뿐이다. 그런데도 꿈 꿀 때 우리는 그것을 사실로 믿고 판단한다. 그뿐 아니다. 인생에서 관찰된 모든 것들도 머지않아 사라진다. 영원한 것은 그 어느 것도 존재하지 않는다. 그런데도 우리는 관찰된 것에 집착한다. 인생의 행복과 불행은 실은 우리의 집착 때문에 생기는 것이다.

명상은 이를 극복하는 수련이다. 잡념을 버려야 하는 것이다. 어느 것이 잡념인가? 모든 것이 잡념이다. 이것을 떨쳐내야 한다. 소위 무념무상이다. 명상 중에는 우선 무념무상의 상태를 터득해야 하는 것이다. 『금강경』에서는 이렇게 말하고 있다.

凡所有相 범소유상 皆是虛妄 개시허망
若見諸相非相 약견제상비상 卽見如來 즉견여래。

모든 것이 허망하니 모든 것이 헛것인 줄 알면 부처를 본 것이다.

—『금강경』 제5장 〈여리실견분(如理實見分)〉

여기서 "부처를 보았다"는 말은 종교적인 표현이 아니다. 이는 공자가 말한 '도(道)'를 상징하는 것으로 보아야 한다. 『금강경』의 가르침의 요점은 모든 것이 헛것이라는 것이다. 명상은 바로 그런 경지에 이르고자 하는 목표가 있다.

둘째, 흔들리지 않아야 한다

명상의 둘째 목표는 흔들리지 않는 것이다. 흔들린다는 것은 마음이 이리저리 요동하여 다시 잡념에 사로잡히거나 불안에 요동치는 것을 말한다. 흔들리지 않는다는 것은 소위 말해 평정심(平靜心)을 뜻한다. 우리의 영혼은 요동치는 존재이기 때문에 이것을 꽉 붙들어

매야만 안정과 평화를 이룩할 수 있다. 그렇게 되면 그때 가서 세상이 제대로 보이는 법이다.

냇가의 물도 흙탕물이면 그 속이 보이지 않는다. 이것을 가라앉혀야 볼 수 있다. 우리의 마음은 현재 흙탕물로 가득 차 있다. 이것을 일일이 쫓아다니는 것이 바로 잡념이다. 옛 도인은 이렇게 말했다.

莫數起著想 막수기착상。

생각을 일으키지도 말고 쫓아다니지도 말라.

—『증일아함경(增一阿含經)』[16] 제17장 〈안반품(安般品)〉

여기서 잡념을 일으키는 것은 영혼이 요동치기 때문이고 잡념은 그 요동의 결과를 받아들이기 때문이다. 그래서 명상 중에는 영혼의 요동을 잡고 잡념을 떨쳐내야 한다.

셋째, 황정으로 들어서라

이제 명상의 셋째 목표를 보자. 이는 앞의 두 목표를 실현하는 방법인데, 이것이 가장 중요하다. 왜냐하면 앞의 두 가지 목표에 모두 도달하기 위해서는 반드시 이 세 번째 목표가 필요하기 때문이다. 그것은 몸을 활용하는 방법으로, 영혼이 안정되는 장소, 즉 황정에 들어서는 것이다. 이곳은 엄마의 태중에 있을 때 우리의 영혼이 들어가 있었던 곳이기 때문에 기억을 잘 더듬어가면 찾을 수 있다. 또한 동굴이나 산속처럼 몸이 편안한 장소에 있을 때도 영혼이 저절로 황정으로 들어가려는 행동을 하게 된다. 이렇듯 황정을 찾는 방법은 여러 가지이다.

이럴 때 명상 수련자는 조그마한 이익이 되어도 그것을 놓치지 않고 활용해야 한다. 명상을 그 자체로만 해결하려면 힘이 들기 때문이다. 그래서 명당도 찾고 명상 시간도 정하는 것이다. 명상에는 복장도 중요하고 음식물도 중요하다. 다만 명상 음악은 해롭기 그지없다. 이는 뇌를 사용하기 때문이고 그로 인해 영혼이 음악을 따라가게 만들기 때문이다. 명상 음악은 수면의 방법으로 좋을 뿐이다.

그 외에 명상은 훌륭한 명상가의 수련장에서 하는 것도 도움이 된다. 경건함이 생기는바, 영혼의 안정에 도움이 되고 황정을 찾는 데도 도움이 된다. 그래서 명상을 하기 전에 경건한 의식을 치르는 명상가도 있다. 또 명상에는 앉아 있는 방향, 즉 좌향(坐向)도 중요한데, 북쪽을 향해 앉아야 한다. 남쪽은 속세를 상징하기에, 이를 등지고 북쪽을 바라보는 것은 고요한 곳으로 들어가겠다는 것을 상징한다.

명상의 목적에 따른 기법들과 세부적인 목표는 하나씩 따지자면 한도 끝도 없이 많다. 그렇지만 모든 것은 한 길로 통하는 것이니 자신에게 유용하다면 가능한 한 모든 것을 활용하는 것이 좋다.

22

호흡

영원한 고향인 황정으로 영혼이 찾아가는 방법 중 가장 먼저 떠오르는 것은 단전호흡을 통해 마음을 가라앉히는 것이다. 이는 유용한 방법이지만 호흡으로는 황정의 영역만 찾아질 뿐, 정확한 지점은 찾을 수 없다. 대한민국 땅을 찾을 수는 있으나 서울은 찾을 수 없다는 뜻이다. 그렇기 때문에 단전호흡이 만능이 아니라는 것을 유념해야 한다.

그렇다면 어떤 방법이 있을까? 우선 우리 몸의 생리를 알아보자. 우리 몸에는 신경이 있는데, 이상하게도 우리의 영혼은 신경 내부에 머물기를 좋아한다. 이는 생명의 가장 신비한 현상인데, 사실 영혼은 우리 몸에 머무는 것이 아니라 우리 몸의 신경에 머무는 것이다. 그리고 뇌라는 것은 신경본부(神經本部)일 뿐이다. 만약 인간의 뇌가 마비되거나 신경이 마비된다면 영혼이 머물 자리를 찾지 못할 것이다.

호흡은 명상의 시작과 끝

나는 병원에서 수술을 받기 위해 하반신을 마취한 적이 있다. 마취란 신경의 기능을 잠시 정지시켜 통증을 느끼지 못하게 할 목적으로 이용한다. 나 역시 하반신마취를 위해 척추에 마취주사를 놓아 신경 기능을 정지시켰는데, 마취된 동안에는 다리를 바늘로 찔러도 아프지 않았다. 하반신이 존재한다는 것조차 못 느낄 정도였다.

하반신마취는 전신마취와는 달리 정신이 깨어 있는 상태이므로, 나는 이때 한 가지 실험을 해봤다. 신경이 없을 때(마비되었을 때) 나의 영혼이 아래로 내려갈 수 있느냐였다. 이 문제는 내가 직접 해보면 알 수 있는 것이었기에 나는 침상에 앉은 채 명상의 자세를 취했다. 그때도 이미 50년 가까이 명상을 해왔을 때였기에 상황을 즉각 파악할 수 있었다.

평소 내가 명상을 할 때는 나의 마음 또는 나의 감각이 아랫배 깊숙이 내려가 자리 잡았는데 지금은 아예 아랫배 자체가 없었다(느껴지지 않았다). 아주 난감한 일이었다. 나의 영혼은 배꼽 위 어느 근방에 머물 수밖에 없었는데, 이는 단전호흡은커녕 복식호흡조차도 할 수 없었기 때문이었다. 숨 쉬는 것만이라도 아래쪽에서 이루어진다면(느낄 수 있다면) 이로써 영혼이 하강한 줄을 알 것인데, 그런 느낌이 전혀 없었다. 한마디로 명상의 몸이 사라진 것이었다.

나는 이 순간 하나의 자명한 사실을 깨달았다. '그동안 나의 영혼은 고작 신경을 느끼고 있었구나…….' 이는 당연한 일이었다. 마음(감각)이 신경 아니면 어느 곳에 있었을 것인가? 참으로 어처구니없는 일이었으나 현실을 부정할 수는 없었다. 이와 함께 또 하나 중대한 사실을 알았다. 나는 그때까지 50년이나 명상 수련을 했으나 이것은 신경놀음에 불과했다는 것이다. 고작 신경감각이 고요했던 것을 나는 내 영혼이 고요해졌던 것으로 믿었다.

그때까지의 명상은 쓸모없는 것이었을까? 결론부터 말하자면, 꼭 그런 것만은 아니었다. 나는 하반신이 완전히 마비(마취)된 상황에서 할 수 있는 감각을 다 찾아봤다. 그랬더니 한 가지 희망 같은 것이 느껴졌다. 그것은 나의 영혼(감각)이 배꼽 높이 정도에서 몸의 앞뒤로 한 바퀴 감각의 띠를 형성한 것을 알 수 있었다.

마취만 아니라면 필경 감각은 좀 더 하강했을 것이다. 틀림없다. 그러나 당시는 막혀 있었다. 이는 마치 경찰이 바리케이트를 쳐서 더 나아갈 수 없는 상황 같았다. 그러나 나의 마음은 그 바리케이트에 최대한 바짝 붙어 있다. 그리고 좀 더 세심히 살펴보니 나의 감각은 허리띠 상태에서 더 내려가려고 애쓰고 있었다. 그리고 이때 뇌가 잡념을 없앤다는 것도 알게 되었다. 반쪽짜리나마 명상은 진행되고 있었던 것이다. 만일 내가 오랜 세월 명상 수련을 하지 않았다면,

그날 나의 영혼은 허리띠 근방에도 근접하지 못했을 것이고, 뇌의 잡념도 계속 요란을 피웠을 것이다.

그러나 제법 수련이 되어 있는 나로서는 반쪽짜리 명상이나마 확실히 이룰 수 있었다. 그렇다 해도 만약 마취가 상반신까지 진행되었다면 나의 영혼도 그 위쪽으로 후퇴할 수밖에 없었을 것이다. 그나마 상반신을 느낄 수 있었다는 것이 다행이었다.

영혼의 하강을 느끼다

다시 생각하면 다행 이상이다. 그때 내 영혼이 마취된 경계를 뚫고 더 아랫쪽으로 향하기 위해 압력을 형성하는 것을 분명히 느꼈기 때문이다. 전신 마취라 해도 나의 영혼은 아래쪽을 향해 가려고 강력하게 애쓰고 있었을 것이다. 이는 고요함을 위한 끊임없는 노력으로서, 나의 감각이 뇌에 머물러 있었더라도 계속 노력할 수 있다는 것을 뜻한다. 심지어 뇌 자체에서 떠나 나의 영혼이 어딘지 모를 곳에 홀로 있더라도 나의 영혼은 요동치기보다는 어디론가 고요함을 찾아가려고 계속 노력할 수 있는 것이다.

이런 저런 생각을 해보니 나의 명상 수련 수십 년이 헛되지 않았다는 확신이 생겼다. 물론 아직 영혼이 뇌를 떠나 홀로 있어 보지 않았기 때문에 장담할 수는 없다. 하지만 나는 나의 영혼이 안정되어 있다는 것을 믿고 싶다. 어느 정도 자신도 있다. 그 자신감이란 지금도 허리띠 근방에서 좌절 없이 하향 돌파가 진행되고 있기 때문이다. 아무튼 좋다. 나는 마취 상태에서 또 하나의 사실, 가장 중대한 사실을 깨달았다. 이는 나의 영혼이 하반신을 떠나지 않고 그것을 감싸려고 한없이 노력한다는 것이다. 말하자면 비록 마취된 몸이라도 그 몸이 나의 영혼의 사랑을 받고 있다는 뜻이다. 또는 관심이라고 불러도 좋다.

나는 포기하지 않고 아래쪽을 계속 향하고 있었다. 이로써 실제로 마취가 좀 더 빨리 풀렸을까? 담당 의사에게 물었더니 "글쎄요, 그럴 수도 있겠네요."라고 대답해주었다. 아마 맞을 것이다. 재활 훈련이 바로 이런 것이 아니던가! 영혼은 신경이 없어도 더 내려갈 수 있는 것이고, 감각 없는 곳에 관심을 두고 계속 감싸려고 노력하면 그렇게 되는 것이다.

23

단전을 찾아서

명상이란 영혼의 요동을 막는 것이 최우선 과제이며, 그것을 달성하기 위해서는 영혼이 몸의 특정한 장소, 흔히들 말하는 단전에 머무는 것이 유리하다. 실은 유리 정도가 아니다. 명상 수련은 단정히 앉아서 눈을 감는 순간(눈을 조금만 감아도 무방하다) 마음(영혼)이 즉시 하강하지 않으면 안 된다. 그러지 않고 영혼이 뇌에 머문다면 이는 신선급 수행가라 해도 명상을 제대로 유지할 수 없다. 명상은 무조건 마음을 아래로 내리는 것부터 시작해야 한다.

단전이라는 것은 애매한 개념이다. 보통은 단전의 위치를 배꼽 아래 세 치 되는 곳쯤으로 일컫는다. 하지만 이는 틀린 말이다. 배꼽 세

치 아래는 곳은 단전으로 가는 입구일 뿐이다. 진정한 단전은 몸의 아주 깊은 곳에 자리 잡고 있다.

영혼을 상징하는 붉은 밭

단전(丹田)이란 이름은 '붉은 밭'으로서 붉다는 것은 영혼을 상징한다. 영혼이 양이기 때문에 옛사람이 그렇게 불렀던 것이다. 밭이라는 것은 몸의 어떤 영역을 말한다. 문제는 그곳이 어디냐이다. 배꼽 아래쪽 근방은 분명하다. 명상을 할 때는 이 근방에 정신을 집중시킴으로써 영혼의 하강을 유도할 수 있다. 그런데 그 방법은 몸의 앞쪽 배꼽 아래 세 치 되는 곳에 집중하는 것이 아니다. 명상가들은 누구나 배꼽 아래쪽에 신경을 집중하고 있다. 이 방법은 좋지 않다는 것을 밝혀 둔다. 이는 상기증(上氣症)을 유발할 뿐더러 종내 영혼이 단전에 도달하지도 못한다.

단전은 몸의 내면에 있기 때문에 그곳을 찾는 일은 세심히 이루어져야 한다. 흔히 침자리인 관원혈(關元穴)에 집중하는데, 이는 틀렸다. 이곳은 단전으로부터 기운이 나오는 통로일 뿐이다. 문을 열고 들어가지는 못할지언정 바보처럼 문 앞을 지키고 서 있어서야 되겠는가? 그곳을 통해서는 단전에 도달할 수 없다. 한의학에서 말하는 단전의 혈자리는 출입구일 뿐인바, 실제의 자리를 찾아야 한다.

그 방법은 이렇다. 배꼽 아래쪽 단전이라는 곳(입구일 뿐이다)이 아닌 몸의 뒤쪽 허리 아래에 집중하는 것이다. 명상 중 눈을 감아도 좋고 반쯤 떠도 좋다. 그리고 아래쪽을 슬쩍 바라봐도 좋다. 하지만 마음은 앞이 아닌 뒤쪽이다. 이 자리는 쉽게 찾을 수 있는데, 감각을 뒤쪽에 두고 마음을 아래로 내리면 편안한 느낌이 들거나 기운이 쑥 빨려드는 곳이 있다. 그곳에 집중해야 한다. 배꼽이 있는 앞쪽은 기운이 나오는 곳이어서 마음과 기운이 상충되어 영혼이 단전(내면)에 안착하지 못하고 각종 부작용만 양산하게 된다.

그리고 단전은 지점이 아니라 지역임을 잊어서는 안 된다. 한 지점에 집중하는 것이 명상이 아니다. 단전 영역에 편안히 마음을 머물게 하면 된다. 이 모든 행위의 목적은 마음을 내리는 데 있고 단전에 집중하는 것이 그 방법일 뿐이다. 복식호흡이나 단전호흡은 모두 마음을 배꼽 아래로 내리는 방법이다.

이때 최소 하강선이 있다. 명상은 배꼽 아래 지역에서 이루어진다. 배꼽에서 시작하여 허리를 빙 두른 곳을 기준으로, 마음이 이 위로 올라오면 절대 안 된다.

단전호흡

호흡이 깊어지면(아래로 내려가면) 마음도 따라 내려가게 되어 있다. 우리의 마음(신경)은 호흡이 이루어지는 곳으로 가게 되어 있다. 생리가 그렇게 되어 있다는 뜻이다. 그래서 단전호흡 운운하는데, 여기에도 두 가지 방법이 있다.

첫째는 애써 복식호흡을 해보는 것이다. 숨을 깊게 마시고 느리게 하는 것이 그 방법이다. 이 방법은 처음부터 잘 이루어지지는 않는다. 호흡이 자주 가슴 근방에 머물기 때문이다. 하지만 복식호흡을 오래 하다보면 차츰 내려갈 수 있다.

그런데 복식호흡을 얼마나 오래 해야 제대로 명상이 이루어질까? 10년? 혹은 30년? 한정이 없다. 이래서는 복식호흡은 되겠지만 명상을 수련하는 시기는 오래오래 늦춰지고 만다. 사실 이 복식호흡은 명상에 좋은 훈련법이라고 할 수 없다.

그래서 두 번째 방법이 필요하다. 이는 복식호흡은 생각도 하지 말고 처음부터 그냥 마음을 아랫배에 집중해보는 것이다. 이렇게 하면 자기도 모르게 호흡 위치가 내려가게 되어 있다. 중요한 것은 '자기도 모르게'이다. 호흡에 신경 쓰다보면 명상이 제대로 이루어지지 않는 법이다. 오히려 늑막염에 걸리는 수도 있고 마음이 일부 뇌에 남아 있어서 상기증이 일어나기도 한다.

어쨌건 좋다. 방법은 각자 알아서 선택할 일이지만 궁극적으로는 마음이 아랫배 쪽으로 내려가야 한다는 것을 잊지 말자. 절대로 배꼽 위로 올라오지 못하도록 철저히 단속해야 한다. 이것만 성공하면 이제부터는 명상하는 기본은 갖추어졌다고 할 수 있다.

그다음에 할 일은 영혼을 아랫배 근방에 튼튼히 잡아놓는 것인데, 이때는 단전의 절대위치를 찾아야 한다. 이는 쉽지 않다. 뱃가죽(배꼽 아래 세 치 되는 배의 표면)에 아무리 오래 머물러도 마음의 안정은 이루어지지 않기 때문이다. 영혼은 단전에 정확히 머무를 때만 안정되고 또한 영혼의 힘이 몸에 면밀하게 주입된다.

『황정경』에서는 황정에 대해 '오래된 도시', '버려진 도시'라고 말한다. 이는 우리의 고향에 대해 말하고 있는 것이다. 우리의 영혼이 밖(타향)으로 나오기 전에는 바로 이곳, 즉 황정에 있었다. 문제는 우리의 마음을 고향으로 돌리는 것인데, 그래서 복식호흡, 또는 단전호흡을 수련하는 것이다. 이 모든 것들은 그 형식이야 어떻든 간에 황정으로 돌아가려는 노력의 일환이다.

그러나 황정으로 마음을 되돌리는 방법으로 호흡 수련이 최상의 방법이 아니라는 데 문제가 있다. 호흡 수련은 차선책일 뿐만 아니라 기껏 호흡을 깊게 해놓아도 그것만으로는 황정의 정확한 지점에 도달하지 못한다. 호흡 수련은 영역 훈련일 뿐 지점 훈련이 아니다. 우리는 동네를 찾는 것이 아니라 바로 '그 집'을 찾아야 한다. 바로 옆집에 도달한다 해도 이는 완성도 아니고 원하는 효과도 얻을 수 없다. 『황정경』에는 귀환이라는 표현을 쓰는데, 고향 마을에 돌아왔다면 바로 자기 집으로 돌아와야 하는 것이다. 왕이 먼 곳으로 출정을 나갔다가 본국으로 귀환했을 때도 궁성에 도달해야만 완전히 귀환했다고 하는 법이다.

문제는 정확한 단전의 위치이고, 또한 그곳을 거쳐 황정으로 영혼이 찾아가는 것이다. 이는 쉽지 않기 때문에 깨달음(방법)이 필요하다. 단전을 찾기 위한 유용한 얘기는 신선도의 오래된 전설을 통해 다음에 다시 다룰 것이다. 앞에서도 다루었지만 몇 번을 말해도 부족하다. 이에 대해서는 『황정경』에 구체적으로 설명되고 있으므로 참고할 필요가 있다. 다음은 『황정경』의 4경전 중 신체 구조에 대해 다룬 『황제외경경(黃帝外景經)』의 일부이다.

上有黃庭下關元 상유황정하관원。

황정은 위에 있고 관원혈은 아래에 있다.

—『황제외경경』 제1장 〈상부(上部)〉

황정은 우리가 흔히 말하는 '단전'의 윗부분에 있다. 관원혈 근처, 신장을 기준으로 그 부근의 넓은 부위를 단전이라고 한다면, 황정은 그 위쪽, 단전 상부의 한가운데쯤에 위치해 있다.

황정은 감각으로 찾기 어렵다. 이는 마치 황정 부근이 마취된 것에 버금간다. 우리는 앉아서 이리저리 황정을 찾아 헤매지만 번번이 실패한다. 무감각지대가 있는 것이다. 나 역시 과거 하반신 마취에서 풀려났을 때 상반신의 모든 곳을 느끼는 경험을 하였지만, 그때도 황정만은 요지부동이었다. 마치 황정만 마취에서 깨어나지 못한 것 같은 느낌이었다.

이것은 사람이 귀를 움직이지 못하는 것에 비유할 수 있다. 사람이 귀를 움직이려고 하면 보통은 귀를 움직이기는커녕 힘도 들어가지 않을 것이다. 하지만 어떤 사람은 귀를 자유자재로 움직인다. 어렵다고 해서 할 수 없는 것은 아니라는 소리이다. 황정도 마찬가지다. 사람은 원래 이곳저곳 감각이 닿지 않는 곳이 많다. 그중에서 황정이 가장 감각이 닿지 않는 곳이다. 오죽하면 마취 상태와 같다고 비유하겠는가?

세상에서 가장 어려운 축에 속하는 일은 무수히 많을 것이다. 명상도 그중 하나이다. 처음 명상을 하겠다고 자리에 앉는 사람이 있다고 하자. 이때 이 사람은 과연 명상을 제대로 하는 것일까? 장담하건대 명상을 처음 하는 사람은 그저 눈감고 앉아 있는 것에 지나지 않는다. 겉보기로만 명상하는 것처럼 보일 뿐이다. 명상은 어려워도 너무 어렵다.

영혼이라는 한없이 요동하는 존재가 이제 겨우 이 세상에 왔을(몸을 소유했을) 뿐이고, 뇌는 바쁘기 그지없다. 게다가 몸은 움직이고 싶어 하는 본능마저 있다. 이런 와중에 영혼이 평정을 실현하기란 쉽지 않다. 하지만 불가능한 것도 아니다. 그래서 우리가 명상에 도전하고 있는 것이다. 명상은 그 누구를 막론하고 차츰 익혀가는 것일 뿐 그 과정은 끝이 없다. 성인(聖人)의 경지에 이르렀다 해도 예외는 없다.

24

황정을 찾는 특별한 방법

명상의 두 가지 목적은 앞에서 누차 말한 대로 '깨달음'과 '신선이 되는 것'이다. 이 장에서는 신선이 되는 것에 대해 논의하고자 한다. 우리 인간은 누구나 막대한 보물을 몸 안에 간직하고 있다. 이는 태어날 때부터 가지고 나온 것인데, 우리는 이것을 까맣게 모르고 있다. 이 보물은 다름 아닌 황정이다. 황정은 모든 사람의 배 안 깊은 곳에 자리하고 있는 창고인데, 이곳에는 보물이 가득 차 있다.

여기서 보물이란 생명의 기운을 말한다. 이 기운은 대부분 사용되지 못하고 몸 안에 버려져 있다. 심지어 있는 줄도 모른다. 99퍼센트 이상은 몸 안에서 잠자고 있으며, 우리는 겨우 1퍼센트도 안 되는 기운으로 일생을 살아가고 있는 것이다. 그래서 빨리 늙고 일생동안 힘이 약한 것이다. 젊은 사람도 그 힘이 대수롭지 않다. 원래 우리 몸은 지금보다 백 배 천 배 강한 것이다. 그런데도 이를 방치하고 있다.

만약 몸 안에 잠재하고 있는 이 힘을 발출(拔出)시키는 사람이 있다면, 그는 아주 강하고 병에 걸리지 않으며 장수할 것이다. 이는 우리 몸이 신선처럼 된다는 뜻이다. 꿈같은 얘기를 한다고 생각할 수도 있지만 노력만 하면 이는 바로 현실이 될 수 있다. 억울하지도 않은가? 우리는 필사적으로 이 힘을 찾아야 한다. 그것이 바로 명상의 두 가지 목표 중 하나인 것이다.

우선 우리 몸에 누구나 막대한 기운이 저장되어 있다는 것에서 시작하자. 문제는 이 기운을 어떻게 찾아내느냐이다. 이는 곧 황정을 찾는다는 뜻이다. 명상은 황정을 찾는 것이다.

성태와 영모

평소 나는 깊숙이 단전 근방을 감싸고 끊임없는 관심과 사랑을 경주하고 있다. 이는 마치 임산부가 자기 배를 유난히 보호하고 사랑하고 관심을 갖는 것과 완전히 닮아 있는 것이다. 명상이란 임산부의 마음을 갖도록 노력하는 것과 다르지 않다. 그래서 신선의 경전에 '성태영모(聖胎靈母)'라는 말이 있다.

성태란 영혼이 황정에 들어선 상태를 말한다. 임신한 것에 비유하는 것이다. 그뿐 아니라 영혼의 거룩함을 나타내는 말이기도 하다.

이 경우 아이를 필사적으로 보호하려는 자세, 곧 황정에 영혼이 들어선 상태를 유지하려는 자세는 신령한 어머니, 즉 영모와 같다. 따라서 이때 '나'는 성태가 되고 또한 영모도 되는 것이다.

명상은 마치 고향을 찾아가는 간절한 마음과도 같다. 명상은 다른 것이 아니다. 영혼이 하루바삐 고향(황정)으로 돌아가려는 마음이다. 그리고 길이 막혀도 그것을 돌파하려고 끊임없이 시도해야 하는 것이다.

황정을 찾는 특별한 방법이 바로 앞에서 언급한 성태영모이다. 성태는 황정을 말하는 것으로, 그것을 품고 있으면 바로 영모가 되는 것이다. 이는 임신했다는 뜻과 완전히 닮아 있다. 그래서 우리는 이것을 응용해보는 것이다. 이는 아주 훌륭한 작전이다. 임신! 바로 이것인데, 신선이 되기 위해서는 무슨 방법이든 동원할 수밖에 없다.

상상 임신이란 것을 들어본 적 있을 것이다. 그저 임신했다고 믿는 것인데, 이로써 생리가 멈추고 입덧을 하는 등 임신했을 때와 같은 현상이 나타난다. 그래서 본인은 물론이고 주변 사람들까지도 그 여성이 임신했다고 믿게 된다.

자, 여기서 우리 몸의 황정이 태아가 있는 자리라고 생각해두자. 영혼을 임신했다고 상상해보는 것이다. 남자일지라도 자신이 임신했다고 생각하라. 이 생각이 강할수록 작전은 성공한다. 아직은 황정에 우리의 영혼이 들어서지 못한 상태이다. 진정한 성태란 영혼이 황정에 들어선 것까지를 말하는 것이지만 일단은 그것이 이루어졌다고 가정해보는 것이다. 즉 영혼이 황정에 들어섰다고 생각하라는 뜻이다. 이로써 우리는 산모가 된 것이다. 또한 이때 우리는 영모가 되었다고 말할 수 있다. 상상 임신과 같은 뜻이다. 우리는 어떻게 하든 성태를 임신했다고 생각해야 한다.

이럴 때 가장 어려운 것은 자신이 임신했다고 진심으로 믿는 것이다. 하지만 그렇게 되었다고 믿어야 한다. 그냥 그렇게 생각하면 그만이다. 사실인지 아닌지는 상관없다. 강한 상상만이 필요할 뿐이다. 남자가 그런 생각을 해도 정신이나 육체의 건강에 전혀 지장이 없다. 그러니 필사적으로 자기 자신을 속이고 자신이 임신 중이라고 믿어보라. 지금 내 몸 안에서 태아가 자라고 있는 중이라고.

남녀 따질 것 없이 명상 중에 자신은 임신(상상)한 몸이라고 생각하고 태아를 생각하는 것이다. 그리고 그 태아를 애지중지(愛之重之)해야 한다. 무엇인지 잘 모르겠다면 산모의 자세를 다룬 태교 서적들을 읽어보면 된다. 산모는 자기 몸에 있는 아이를 계속 사랑하고 느끼고 그것을 보호하기 위해 숨소리 하나까지 조심한다. 산모는 끊임없이 태아를 생각한다. 오로지 태아만을 위해 존재하는 것이다.

태아는 현재 황정에 있으며 조금 세월이 지나면 발길질도 하고(남자라 해도 황정이 꿈틀대는 것을 느낄 수 있다) 점점 그 모습을 갖추어 간다. 다만 그 아이는 배 안에서 특별한 자세를 취하는데, 우리의 몸을 따라하는 것이다. 우리가 누워 있으면 그 아이도 누워 있고 우리가 앉아 있으면 그 아이도 앉아 있다. 우리가 명상을 하면 그 아이도 명상을 하는 것이다. 우리는 현재 명상 중이므로 아이도 명상 중에 있다. 우리가 신선처럼 명상을 하면 아이도 그것을 따라한다.

이것이 바로 성태이고, 우리는 영모가 된 것이다. 영모란 그 상태(영혼이 황정에 머무르고 있는 것)를 유지하는 것을 말한다. 명상 중에는 산모가 되어야 하는 것이다. 남자라 해서 기분 나빠하거나 부끄러워할 것 없다. 신선을 잉태하고 있는데 걱정할 것이 무엇인가? 그저 산모로서 아이를 조심스럽게 보호해야 한다.

이는 배 안의 아이를 잠시도 잊지 말고 있어야 한다는 뜻이다. 현재 아이(성태)는 명상 중이다. 이를 방해해서는 안 된다. 아이가 잘 자라도록 명상을 제대로 해야 하고 그 아이를 사랑하고 끌어안듯 보호해야 하는 것이다. 『옥허진경』에는 이런 글이 있다.

初必近養 초필근양 然後自長也 연후자장야。

처음에 태아를 조심스럽게 보호하며 길러야 하지만 나중에는 스스로 자란다.

—『옥허진경』

여기서 처음이 중요하다. 아이가 나를 따라한다는 것을 기억하고 명상 중에는 늘 마음을 깊숙이 아래로 향해야 한다. 아이는 엄마(명상하는 자)의 내려가 있는 의식을 먹고 자란다. 명상자의 의식이 배 안으로 들어가지 못하고 뇌에 남아 있으면 아이는 굶어죽는다. 우리의 마음을 아이에게 계속 주입시켜야 한다. 잠시도 한눈(잡념)을 팔아서는 안 된다. 오로지 태중의 아이만을 생각해야 한다.

아이가 있는 위치는 배 안이고 황정이다. 그런데 명상 수련자가 성태영모 상태가 되었을 때 실제 임신과 다른 점이 있다. 산모처럼 배가 불러오지 않고 오히려 배가 줄어든다. 수련자의 마음이 안으로 안으로 파고들기 때문이다. 아랫배에 의식을 집중하는 것으로 끝이 아니다. 태중(황정)에 있는 아이의 황정까지 들어서야 하는 것이다. 파고들고 또 파고드는 것, 이를 다음과 같이 말할 수 있다.

樂園溪谷神靈樹者낙원계곡신령수자 根長枝不長근장지부장。

낙원의 신령한 나무는 겉으로는 자라지 않고 속으로 자란다.

—『옥허진경』

이는 영혼이 황정 전체로 퍼져나간다는 뜻이다. 처음엔 황정을 발견해야 한다. 이는 스스로가 임신했다고 생각함으로써 어렵지 않게 찾을 수 있다. 잉태되어 있는 그곳이 바로 황정이기 때문에 오로지 배 안의 아이만 생각하면 된다.

허리 앞이 아닌 뒤를 통하라

그리고 성태가 실제 임신과 다른 점이 또 있다. 이는 탯줄에 관한 것인데, 실제 태아는 탯줄이 엄마의 배꼽으로 연결되어 있다. 이 때문에 태아는 엄마의 배꼽을 향해 있게 된다. 그러나 명상에서는 임신자의 배꼽이 앞쪽에 있는 것이 아니라 허리 뒤쪽에 있다고 생각해야 한다. 명상을 할 때는 아이가 산모(명상자)의 허리 뒤쪽을 향해 앉아 있는 것이다. 이는 수련자가 벽을 바라보고 앉아 있는 것과 같은 모습이다.

명상 태아는 나의 허리 뒤쪽으로 향해 있으므로 이를 맞이하려면 나의 마음도 허리 뒤쪽에 가 있어야 하는 것이다. 다시 말하지만 단전이라고 이름 붙어 있는 혈자리는 허리 앞쪽(배)에 위치해 있지만, 이는 단전의 출구일 뿐 실제 단전은 허리 뒤쪽(등)에 붙어 있다. 명상 중에는 배꼽이 뒤에 붙어 있다고 생각하라. 아이(영혼)가 뒤쪽을 바라보고 있으니 아이를 만나기 위해서는 등줄기를 타고 내려가 허리 아래에 도달해야 한다.

그곳에 황정으로 들어가는 입구(출구가 아닌)가 있다. 황정은 입구와 출구가 따로 있는바, 우리는 입구 쪽으로 들어서야 하는 것이다.(이 문제는 뒤에 가서 설명할 것이다) 이 모든 사항을 지키면 그때부터 우리는 영모가 된다. 명상 수련도 이때부터 제대로 되는 것이다.

25

피안의 경지를 향하여

나는 종종 사람들에게서 "큰 그릇이 되려면 어떻게 해야 합니까?"라는 질문을 받는다. 나는 그때마다 "그릇을 깨버리십시오."라고 말한다. 그릇을 깨면 그릇이 없어지는바, 그릇이 그릇이 아니게 되는 것이다. 공자도 이와 같이 말한 바 있다.

君子 군자, 不器 불기。

군자는 그릇 같은 존재가 아니다.

—『논어』〈위정편(爲政篇)〉

이는 하나의 용도로 쓰이는 그릇이 되지 말라는 뜻이다. 그리하여 모든 것을 담을 수 있는 그릇이 되라는 것이다. 말하자면 큰 그릇이 되라는 뜻이지만 공자는 굳이 큰 그릇 얘기를 하지 않고 그릇이 아니라고 말했다. 무슨 뜻일까? 이는 그릇조차 깨버리라는 것이다.

군자는 그릇이 아니다

마음은 흔히 그릇에 비유된다. 우리의 마음 그 안에 모든 것을 담아(인식)놓을 수 있기 때문이다. 그런데 편협한 사람은 무엇인가를 받아들이지 못하고 한계를 드러낸다. 이런 사람은 답답한 사람인데, 꽉 막힌 사람이라고 표현하기도 하고 그릇이 작은 사람이라고 표현하기도 한다. 선현(先賢)들은 우리에게 큰 그릇이 되라고 가르친다.

그릇은 클수록 좋다. 그릇을 키우려고 그토록 힘겨운 수련을 하는 것이다. 앞서 우리는 바다 위를 떠도는 고독한 존재였다. 그리고 그 안에서 빛을 쪼이고 있었다(위에서 오는 빛이 아닌). 이는 부처님의 손바닥 위에 있었던 셈인데, 이제 우리는 그것을 벗어났다(벗어났다고 생각해도 좋다). 그래서 손(부처) 전체가 보이고 바다의 물과 그 안에서 은은히 피어오르는 빛도 보인다. 무한한 바다를 건너 육지에 상륙한 셈이다. 그러나 다시 생각해보니 나 자신이 바다였다. 바닷물도 아니며 모든 것을 가두어놓은 존재, 즉 무한한 그릇이 되었다. 그동안 명상을 통해 이러한 경지에 도달한 것이다.

이제 저기 보이는 언덕, 그동안 피안이라고 불렀던 바로 그 언덕이다. 그렇다면 부처님의 손바닥을 벗어난 것으로 명상의 목표는 모두 달성한 것인가? 이 문제는 장을 바꾸어 논하기로 하자. 이 장에서는 드넓은 바다 위에서 광채를 바라보고 그 모든 것을 나의 안으로 접수하겠다는 노력을 확립하면 된다. 한계를 넘어선 경지엔 무엇이 있을까? 참으로 기대되는바, 그것을 만나는 순간 나는 깨닫게 될 것이다.

이는 오래전 엄마의 태중에서 맛보았던 기분이다. 여기서 다시 그릇 이야기로 돌아가자. 그릇을 깨버리면 어떻게 될까? 그렇게 되면 경계가 없어지고 모든 것을 담아 놓을 수 있게 되는 것이다. 공자가 말한 군자는 그릇이 아니라는 말이 바로 이런 상태이다. 명상을 통해 우리는 그릇(바다)을 넘어 육지에 상륙할 수 있다. 이것이 바로 명상의 마지막 단계인 피안(彼岸)이다.

옛 이야기에 “산이 움직이지 않으면 내가 움직이라”는 말이 있다. 그래서 나는 걷기 시작한다. 언덕이 점점 가까워지고 있다. 사실 명상 중이므로 나는 걷고 있지 않으니, 언덕이 나에게로 다가온다는 표현이 맞을 것이다. 시간은 이미 초월했기에 시간이 흐르지는 않는다. 지금은 오로지 피안이 궁금할 뿐이다. 언덕이 재빨리 내 앞에 나타나지 않기 때문에 약간 지루하다. 그러나 급할 필요는 없다. 이제 곧 언덕에 당도하지 않겠는가?

그런데 눈 앞의 언덕에 쉽사리 도달되지 않는다. 이래서는 영원히 가도 끝날 것 같지 않다. 그렇다면 다시 부처님의 손바닥 안인가?

아니다. 저 뒤에 손가락이 보이지 않는가? 나는 이미 바다를 건넜다. 남은 것은 언덕에 오르는 것뿐인데, 참으로 난감하다. 비결은 저 언덕을 내 앞으로 오게 만드는 것이다. 나는 그저 앉아 있고 저 언덕을 당겨보자. 그런데 이게 웬일인가? 언덕은 꼼짝 않고 제자리에 있을 뿐이다. 이상한 일이다. 끝없는 바다마저 내 앞으로 오게 했는데 저 언덕은 그게 안 되는 것이다.

이 명상은 꿈속에서 일어나는 현상인가? 그렇다. 어쩌면 명상 행위도 꿈속에서의 일이다. 깨닫기 전까지는 모든 것이 꿈일 뿐이다. 그러나 명상은 계속해야 한다. 왜냐하면 명상은 꿈을 깨려는 노력이기 때문이다. 다행히 지금 나는 꿈에서도 명상을 하는 꿈을 꾸고 있지 않은가. 이는 크나큰 행운이 아닐 수 없다. 비록 꿈속에서의 일이지만 깨어나려는 꿈을 계속 꾸다 보면 정말로 깨어나는 수도 있을 것이다. 명상을 한다는 것은 행복 그 자체이다.

자, 여기까지이다. 우리는 긴 세월을 명상해왔건만 피안에는 도달할 수 없게 된 것이다. 좌절인가? 그렇다. 그렇다면 대책을 세워야 할 것이다. 명상 수련자에게 좌절이란 있을 수 없다. 좌절에서 일어나, 즉 굳건히 앉아 명상을 하여 기필코 언덕에 들어서야 한다. 단지 시간이 좀 걸리는 것뿐이다.

수련이 벽에 부딪힐 때

아니다. 틀렸다. 영원히 앉아 있어도 그 상태일 뿐이다. 여기서 생각해야 한다. 저 앞에는 언덕이 있지만 도달할 수가 없다. 이때 수련은 벽에 부딪쳤다고 봐야 할 것이다. 그렇다면 우리는 처음 명상 상태부터 점검해야 한다. 잡념은 그만두고 천천히 안정부터 취하고 상황을 점검하자. 나는 어떻게 명상을 했던가? 이것부터 새롭게 물어야 할 것이다. 처음으로 돌아가 살피자.

명상이 이루어지고 있는 현장은 깊은 산중의 한적한 암자이다. 수련자는 면벽(面壁)을 하고 단정히 앉아 있다. 벽을 향해 있는 것은 모든 것을 외면함을 상징하지만 실제로 벽을 앞에 두면 영혼이 밖으로 치닫지 못하고 안으로 후퇴하는 압력을 받는다. 수련자는 이것을 여러모로 활용한다. 『옥허진경』에는 이런 글귀가 있다.

道人樂住閉處 도인락주폐처 爲嗜通內也 위기통내야。

도인이 막혀 있는 곳에 즐겨 머무는 것은 그 내면을 여는 것을 좋아하기 때문이다.

—『옥허진경』

이는 밖으로 우주를 보지 않고 내면의 우주를 바라본다는 뜻이다. '남면간북두(南面看北斗)'의 뜻과도 상통한다. 현재의 수련자는 오랜 세월을 통해 높은 경지에 이르렀지만 피안은 멀어져만 간다. 그동안 바다를 건너는 등 수많은 고초를 겪으며 여기까지 왔건만 최후의 관문이 열리지 않고 있는 것이다.

이는 눈앞에 거대한 철벽이 가로막고 있는 것 같은 상황이다. 햇빛을 등지고 달리는 사람이 자신의 그림자를 앞지르려는 것과도 같다. 넘지 못할 장애, 그동안 부처의 손바닥도 탈출했고 바다(우주)도 나의 영혼 안에 가두었다. 그런데도 앞의 장애는 무엇이란 말인가? 눈앞의 언덕은 높지도 않고, 그저 앞에 있을 뿐이다.

여기서 어떻게 하면 좋은가? 앞에 나타난 장애! 벽과 같은 것이라고 할 수 있는바, 나는 이것을 그대로 두는 것을 권한다. 그저 벽을 바라보고 앉아만 있으라는 의미이다. 벽이 열리건 말건 그대로 앉아서 여전히 벽을 바라보라고 권한다. 해결도 없고 미해결도 없다. 영원히 벽만 바라보고 있어라. 노자도 이렇게 말했다.

萬物作焉而不辭 만물작언이불사, 生而不有 생이불유
爲而不恃 위이불시, 功成而弗居 공성이불거。

성인은 사물을 있는 그대로 보며, 지배하려 들지 않는다. 그는 만물이 각기 제 본성대로 나가도록 두며 자신은 머물지 않으므로 떠나지 않는다.

—『도덕경』 제2장 〈양신(養身)〉

그동안 바다니 광채니 부처님의 손바닥이니는 명상 중에 흔히 있는 한낱 꿈이다. 중요한 것은 현재 장벽에 막혀 있는 상황도 꿈이라는 것이다. 그러나 계속 그런 꿈을 꾸어도 좋다.

예로부터 전해내려오는 말 중에 "번뇌가 수미산(須彌山)[17]보다 많아도 깨닫는 데는 지장이 없다"는 말이 있다. 이는 앞서도 여러 차례 말한 것과 같이 혼을 두고 영혼을 단련하는 것이며, 떠나라는 것이고 단념이자 체념이다. 곧 번뇌(꿈)는 그대로 두고 꿈을 깨라는 소리이다. 그러나 그 꿈을 어떻게 깰 수 있을까? 나는 답하겠다. 꿈을 깨지 말고 그대로 꾸고 있어라! 다만 꿈인 줄만 알면 된다. 어떻게? 어떻게가 없다. 모든 것이 꿈이니 이게 아니라고 생각하며 벽에 앉아 있으라. 세상(이 또한 꿈이지만)에 볼일이 있으면 처리하고 다시 와서 앉으면 된다. 역시 벽을 바라보면 또다시 장애에 부딪치겠지만, 이 역시 상관없다.

명상이란 그런 것이다. 피안이란 내 앞에 가로막힌 벽과 다른 것이 아니다. 그저 지금 이 자리, 이 꿈이 바로 피안인 것이다. 여기서 말하겠다. 소위 피안이라는 것은 피안이 아니고 그저 그렇게 이름 붙여진 것뿐이라고. 명상의 끝은 처음과 같다. 어쩌면 그냥 그대로라는 것을 깨닫기 위해 우리는 열심히 명상하는 것인지 모른다.

도를 닦아 깨달음을 얻는다고 하는 것은 참된 깨달음이 아니다.

마음이 본래 고요한 것이야말로 참된 깨달음이다.

그러므로 모든 법이 본래 늘 그대로 깨달음이다.

제 3 부

일상으로의 확장

명상의 생활화

26

천 리 길도 한 걸음부터

우리나라 속담에 "첫술에 배부르랴"라는 말이 있다. 이는 밥을 먹기 시작했는데 한 숟가락 먹자마자 배부르기를 바라지 말라는 뜻이다. 모든 일이 점차적으로 이루어지기 마련이니, 급하게 마음먹지 말라는 것이다.

무너지지 않고 자신을 지켜나간다는 것은 참으로 훌륭한 일이다. 그런데 사람은 어째서 자신을 지키지 못하고 무너지는가? 이는 간단한 문제이다. 과욕 때문인 것이다. 세상에는 이룩할 수 있는 일이 있고 이룩하지 못할 일이 있는 법이다. 그것은 능력의 문제일 수도 있고 시기의 문제일 수도 있다. 그것을 재빨리 파악해야 한다.

단숨에 되는 것은 없다

우리나라 속담에 "오르지 못할 나무는 쳐다보지도 말라"는 말이 있다. 이는 분수를 알라는 뜻이다. 무작정 욕심을 앞세워 부딪쳐가다가는 자신이 무너질 수도 있는 것이다. 누구나 지금보다 더 나아지기를 바라는 향상심(向上心)이 있다. 하지만 이 때문에 자신이 망가져서는 안 된다. 과욕을 삼가고 천천히 나아가면 이룰 수 있는 것이 많아지는 법이다.

이 말은 명상에도 적용된다. 처음 명상을 시작할 때는 아무리 식견이 높은 사람이라도 참으로 부족한 것이 많을 수밖에 없다. 그저 앉아서 눈 감고 있을 뿐이지, 그것을 명상이라고 부를 수조차 없을 때가 많다. 하지만 명상은 비록 눈 감고 앉아만 있는다 하더라도 열심히 하다보면 점점 발전하게 되어 있다.

또 "천 리 길도 한 걸음부터"라는 속담도 있다. 참으로 좋은 말이다. 이와 맥락을 같이하는 말로서는 "시작이 반이다"라는 말이 있는데, 이는 처음이 어렵지 무슨 일이든 일단 시작하면 어느 정도까지는 순탄하게 나아가게 된다는 뜻이니 조급해하지 말고 각자 능력껏 해보면 된다.

등산을 할 때도 처음엔 작은 산부터 오른다. 여기서 경험을 쌓아 큰 산에 도전하는 것이다. 학교 공부 역시 작은 문제를 하나씩 배워나감으로써 큰 문제를 풀 수 있는 능력을 배양하는 것이다. 사람과의 관계도 마찬가지이다. 천천히 오랜 시간을 두고 맺은 관계여야 오래간다. 만물은 단숨에 이루어지는 것이 아니다. 처음엔 조금씩 진행하다가 나중에 큰 결실을 보는 것이다.

명상 또한 처음부터 크게 욕심 내서는 안 된다. 우선 15분 정도 앉아 있는 훈련부터 시작하면 된다. 그리고 이어 졸지 않는 법을 훈련한다. 다음엔 마음을 가라앉혀본다. 이렇듯 점진적으로 진행하는 것이다. 명상이란 피안(彼岸, 깨달음)으로 가기 위한 것이다. 피안은 누구에게나 멀리 있어서 가도가도 끝이 없다.

하지만 결말을 미리 생각할 필요는 없다. 그 또한 번민이 되기 때문이다. 명상은 오로지 현재만 있을 뿐이다. 우리는 현재 망망한 바다 위에 홀로 있는 중인데, 고독하고 어디로 갈지 모르는 어린아이와도 같다. 아이들은 갓 태어나서는 나도 모르고 세상도 모른다. 우리가 바로 그런 상태가 아닌가? 한없는 세상을 우리는 다 파악하지 못할 뿐 아니라, 그것을 파악하고자 하는 나 자신도 전혀 파악하지 못하는 것이 인생이고 현실이다.

영혼으로 세상을 본다는 것

나는 일곱 살에 초등학교에 들어갔다. 학교는 집에서 가까운 곳에 있어서, 매일 걸어서 다녔다. 다니는 길목은 아주 단순하여 훤히 외우고 있었기 때문에 눈감고도 찾아갈 수 있을 정도였다. 누구나 오래 다니는 길은 마찬가지일 것이다.

어느 날이었다. 평소처럼 학교를 나와 집으로 가는 중인데, 발걸음에 따라 뻔한 장소들이 차례대로 나타나고 있었다. 새로움은 전혀 없었고, 걷기 위해 땅바닥을 자세히 살필 필요도 없었다. 그저 자동으로 한걸음씩 내딛고 장소는 천천히 바뀌고 있을 뿐이었다.

그러던 중 나는 이상한 감각을 느꼈다. 발걸음을 내딛는 순간 순간의 세상이 아주 생생하게 느껴졌던 것이다. 얼마나 생생한지 평소의 세상은 꿈처럼 몽롱하다고 생각될 지경이었다. 당연한 일일 것이다. 현재는 생시이고 길을 걷는 중 아닌가.

그러나 길거리의 모든 정경이 있는 그대로 하나도 숨김 없이 아주 맑게 보였다. 그야말로 해상도가 최고였다. 세상은 저기 바로 앞 땅바닥에 있고 나는 그것을 바라보고 있었다. 그것이 너무 선명해서 놀랐던 것이다.

나는 그때 생각했다. '있는 그대로를 나의 안에서 느낄 수 있구나!' 나의 속(지금은 영혼이라는 것을 알았지만)이 거울처럼 맑았기 때문에 세상이 나의 마음속에 그대로 비춰진 것이었다.

이때 나는 세상이 있고 나의 내면이 있다는 것을 확연히 느꼈다. 그 당시 '나'라는 개념은 몰랐지만 세상이 비치는(보는 것이 아니라) 위치가 있다는 것이 분명히 느껴졌다. 그리고 그 위치는 나의 발바닥이 아니라 몸의 가장 높은 곳, 즉 머릿속이라는 것도 알았다.

이것이 너무 신기했다. 이는 마치 거인의 목말을 타고 걷는 것 같았다. 세상은 거인의 목말을 타고 자동으로 이동하고 있는 내내 속속 비춰지는 것이었다. 평소 그대로 내 몸일 뿐인데 나의 다리가 훨씬 저 아래에 있고 나는 그 위 높은 곳 머릿속에 있는 것이다. 그 당시 나는 마치 다락 위에서 방을 내려다보는 느낌이었다.

내가 세상을 보지 않으려면 눈을 감으면 된다. 하지만 내가 세상을 보고자 하면 세상은 하나도 남김없이 선명하게 나의 다락(머리)에 비춰지는 것이다. 세상에 이보다 신기한 일이 또 있을까? 나는 그 당시 낡은 거울을 본 적이 있었는데, 그것은 아주 흐리게 보였다. 창문에 때가 끼었을 때도 밖은 흐릿해 보인다. 낡은 거울은 재생 불가였지만 창문은 헝겊으로 잘 닦으면 세상이 분명하게 보였다.

하지만 세상에 그 아무리 맑은 것이라 할지라도 내가 세상을 바라볼 때 나의 다락에 비춰지는 그것보다 맑을 수는 없었다. 나는 그것을 확신했다. 당시에는 아직 영혼에 대해 잘 몰랐지만, 세상에 가장 맑은 것이 나의 내면(영혼)이라는 것을 확신했다.

그 후로 나는 걷는 게 좋아졌다. 눈앞에 펼쳐진 선명한 세상! 나는 이것을 보며 스스로에게 만족감을 느끼고 이를 즐겼다. 이것은 나만의 비밀이었다. 당시에는 남들도 나와 똑같다는 것을 몰랐다. 그저 이 비밀(맑게 비춰지는 것)을 나 혼자서만 간직하고 싶었다. 이때부터 나는 나의 존재(실은 인간이었을 뿐인데)를 아주 대단하다고 느꼈다.

그렇지만 동시에 심한 고독을 느끼기도 했다. 그 다락방에는 나 혼자 있다는 것을 확실히 알고 있었기 때문이었다. 그러다가도 세상을 바라볼 때면 고독이 잠시 잊혀지기도 했다. 세상이 너무나 넓고 그것을 바라보는 재미가 있는데 고독을 느낄 새가 어디 있으랴!

나는 일곱 살 나이에 어른도 걷기 힘든 먼 곳까지 돌아다녔다. 배가 고플 때까지 안 가본 곳에 무작정 가보았던 것이다. 물론 그 당시 세상이 지금처럼 한없이 넓다는 것을 알 턱이 없었다. 단지 나 혼자만의 세계(다락)가 있다는 것을 이리저리 즐기고 있었다.

나중에야 이것이 고독을 가져다주는 것을 알았지만 한창 세상이 신기하게 느껴질 일곱 살 무렵에는 그저 재미있을 뿐이었다. 나의 다락! 이는 나의 비밀정원이었다. 비밀한 정원, 곧 나만의 낙원이 내 안에 있었다.

명상에 도움이 되는 방편

명상을 할 때는 그 누구나 자기만의 세계로 들어가는 법이다. 이는 비밀정원과 같은바, 그 안에서 무엇을 느끼는지는 밖에서 알 수가 없다. 그저 명상 수련가 자신만 느끼고 있을 뿐이다. 그 느낌은 무한히 다양할 것이다. 이것을 자기도 모르게 즐기는 사람도 있을 것이고, 또는 이를 망상이라고 지우고자 노력하는 사람도 있을 것이다.

아무튼 좋다. 명상하는 사람은 각자 저마다의 세계로 들어가게 마련이다. 내가 여러 번 비밀정원을 얘기하는 이유는 설령 그것이 번민이라 하더라도 그 자체를 즐기라는 뜻이다. 충분히 즐겨도 된다. 왜냐하면 그와 같은 요지경 속에서도 명상을 계속하면 차츰 발전하기 때문이다. 반드시 발전하게 되어 있으니 꾸준히 계속해야 한다.

그리하여 넓은 바다 한가운데 저 혼자 있다는 것을 느끼게 되면 이는 명상이 상당히 높은 경지에 이른 것이다. 일부러 홀로 된 느낌을 갖는 것도 수련의 한 방법이자 누구나 거치는 과정이다. 급하게 마음속에 있는 것을 지워버리는 것이 능사는 아니다.

때로 명상 중에 일부러 지어내는 상상의 세계가 도움을 줄 경우도 있다. 바다 위에 홀로 떠 있다는 생각도 먼 훗날 명상이 더욱 높은 경지에 이르게 되면 부질없게 된다. 하지만 현재는 그것도 조금은 필요하다. 바다를 건너 피안에 가려면 타고 갈 배 한 척 정도는 있어야 하지 않겠는가?

이것을 불교에서는 방편이라고 한다. 방편을 잘 선택하면 목표에 쉽게 접근할 수 있다. 지금 소개한 비밀정원도 명상에 즐겁게 뛰어들게 하기 위한 일종의 방편이다. 사실 이 세상 모든 일 중에 명상만큼 어려운 것은 없다. 지겹기도 하고 무섭기도 해서 명상에 들어서기가 꺼려지는 것이다. 물론 평범한 사람 얘기이다. 하루 24시간씩 앉아서 수련하는 사람에게는 명상이 어렵다거나 지겹다거나 하는 생각을 할 겨를이 없다. 그러나 생활인으로서 명상가에게는 방편이 필요하다.

비밀정원 같은 방편은 '나 혼자만의 세계'라는 것이 중요하다. 세상사람(명상을 하지 않는 사람)은 자신의 다락방이 있는지 영혼이 있는지 없는지 생각조차 안 하고 현실에 보이는 세계에 빠져 있을 뿐이다. 그러나 명상 수련가들은 일상에서도 일부러 시간을 내어 자신만의 세계로 들어선다.

그 세계는 바다도 있고 꽃나무도 있고 온 세상보다 더 다양한 곳이다. 깊고 높은 경지에 이르는 것은 인위적으로 하면 더욱 멀어질 뿐이다. 초기 수련자는(명상을 30년 한 사람도 여기에 해당된다) 명상 자체를 즐겨야 한다. 명상은 우주 전체의 명상가들의 축제의 순간이기도 하고, 세속(생활세계)을 잠시 떠나 저만의 정원 속으로 들어가 쉬는 것이 아닌가? 명상을 어렵게 하지 않고 쉬는 기분이 될 정도면 그는 상당한 경지에 이른 것이다.

다만 우리는 지금 방편에 대해 얘기하고 있는 중이다. 방편을 모르는 사람은 지름길을 모르고 헤매는 것과 같다. 공부도 재미있게 하라는 말이 있듯이 명상도 수련이라고 생각하지 말고 그저 삶의 일부라고 생각하면 좋다. 시간을 내서 명상에 돌입하기 전에 나의 정원을 거닐어본다는 식으로 생각해도 좋다. 왠지 기분이 좋아지지 않는가? 중국 선종의 10대 조사인 황벽선사(黃檗禪師) 희운(希運)[18]은 이렇게 말한 바 있다.

凡夫取境 범부취경 道人取心 도인취심 心境雙亡 심경쌍망 乃是眞法 내시진법。

속인은 기분을 느껴 그곳에 빠지고 수도인은 자신의 마음을 굳게 지킨다. 하지만 기분(세계)도 자기 마음도 버리는 것이 진실한 길이다.

—『전심법요(傳心法要)』[19]

이는 모든 것이 허망함을 밝힌 것이지만 저기 멀리 있는 피안에 접근하기까지는 방편을 사용하는 것이 나쁘지는 않다. 명상 수련가들은 무엇보다도 먼저 그 행위가 익숙해져야 한다. 그리하여 쉽게 명상에 돌입할 수 있어야 한다. 명상이 어려운 수련이라면 다소 거리낌이 있을 것이다. 하지만 남들에게는 없는(모르는) 나만의 비밀정원에 들어서는 것이 얼마나 흐뭇한 일인가? 그곳에 들어서면 온 세상의 진실과 만날 수 있는 것이다. 명상의 세계를 결코 두려워해서는 안 된다.

27

깨달음이란 무엇인가

도를 얘기한다는 것은 쉬운 일이 아니다. 도라고 하는 것은 어떤 정보가 아니기 때문이다. 비결이나 정답 같은 것이 아니라는 뜻이다. 서산대사(西山大師) 휴정(休靜)[20]의 책에 이런 말이 있다.

不曾生不曾滅 부증생부증멸 名不得狀不得 명부득상부득。

생겨나거나 소멸되는 일이 없고 이름도 없고 모양도 없다.

—『선가귀감(禪家龜鑑)』[21] 제1장

만일 도가 정보라면 컴퓨터에 저장할 수도 있으니 컴퓨터도 깨달았다고 할 수 있을 것이다. 그러나 도는 그런 것이 절대 아니다. 게다가 도는 듣는다고 알 수 있는 것도 아니다. 또한 깨달은 사람이 그것에 관해 전달해주려고 애써 얘기한다고 해도 범부들은 평생을 들어도 깨달을 수가 없는 것이다.

亦有亦非有 비유역비유 非有非非有 비유비비유
亦無亦非無 역무역비무 非無非非無 비무비비무。
離四句絶百非 여사구절백비。

사구(도는 있는 것도 아니고 없는 것도 아니다. 또한 있기도 하고 없기도 한 것과 있지 않은 것이면서 동시에 없지 않은 것도 아니다.)의 깨달음도, '백 가지 아닌 것(百非)'의 가르침도 넘는다.

—『선가귀감』 제78장

도무지 무슨 말인지 알 길이 없다. 하지만 깨달을 만한 사람에게는 도의 근방만 얘기해도 쉽게 깨닫는다. 이야기인즉슨 어떤 도인이 제자들에게 깨달음을 전하려고 강의를 하고 있는 중인데, 제자들은 깨닫지 못하고 지나가는 행인이 듣고 '아하!' 하면서 깨쳤다는 것이다. 그러나 깨닫고 못 깨닫는 것은 각자의 역량에 달려 있다.

도는 무엇인가

도를 얘기해보자. 이것을 얘기하기 전에 반드시 먼저 알아두어야 할 것이 있다. 깨달음이란 뇌의 현상이 아니라 영혼에서 이루어지는 것이다. 당연한 일이다. 몸이란 영혼이 입고 있는 옷에 불과한데 몸이 깨달을 수는 없는 것이 아닌가?

그리고 또 하나 알아둘 것이 있다. 도는 정보가 아니므로 그것을 듣는다고 깨닫게 되는 것이 아니다. 깨달음이란 안다는 개념하고는 완전히 다른 그 무엇이다. 차라리 '안다'고 하는 것보다 '된다'고 하는 것이 훨씬 근접한 설명이다.

> 修道證滅 수도증멸 是亦非眞也 시역비진야 心法本寂 심법본적 乃眞滅也 내진멸야。
> 故曰 고왈, 諸法從本來 제법종본내 常自寂滅相 상자적멸상。

> 도를 닦아 깨달음을 얻는다고 하는 것은 참된 깨달음이 아니다. 마음이 본래 고요한 것이야말로 참된 깨달음이다. 그러므로 모든 법이 본래 늘 그대로 깨달음이다.
>
> —『선가귀감』 제45장

깨달음이란 결국 영혼이 어떤 상태로 상전이(相轉移)를 일으키는 것으로 봐야 한다는 뜻이다. 즉, 상태의 변화를 말한다. 이리하여 그

전 영혼과는 다른 존재가 되어 공자가 말한 '저녁에 죽어도 좋다'는 상태가 되는 것이다.

어쨌건 좋다. 우리는 무엇을 알고 어떻게 해야 그런 상태가 되는지 알고 싶을 뿐이다. 그래야 깨닫기 위해 노력이라도 할 수 있을 게 아닌가? 명상도 깨달음을 위한 노력 중 하나이다. 명상이 깨달음에 이르는 유일한 방법은 아니라는 뜻이다. 깨달음의 방법은 무수히 많다. 단지 우리는 그중 하나인 명상을 택할 뿐이다.

앞서 얘기한 바 있지만 명상의 두 가지 목적 중 하나가 깨달음이다. 이것은 절대 명제이다. 신선이 되는 것도 좋지만 깨닫지 못한 영혼이 남들보다 오래 산다고 해서 큰 차이가 있겠는가? 깨달음은 무한한 가치가 있다. 영혼은 깨닫기 위해 존재하는 어떤 것일 뿐이다.

깨달음의 확장성

깨달음을 얻었다면 그 내용은 무엇일까? 그것은 정보가 아니기 때문에 전할 수도 없고 들을 수도 없다. 하지만 우리는 간접적으로 그것을 엿볼 수는 있다. 그렇다면 깨닫게 되면 무엇이 달라지는가?

우리의 영혼은 아무리 위대할지라도 일개 영혼일 뿐이다. 우주에는 이러한 영혼이 무수히 많다. 그러나 깨닫게 되면 이때부터는 한 개체가 아니다. 우주 전체가 바로 그 사람이 되는 것이다. 그렇게 된다면 내가 우주이고 우주가 바로 나이다. 이외에는 아무것도 없다.

명상의 목적은 깨달음에 있는바, 이는 곧 우주와의 합일을 뜻한다.

즉, 부분이었다가 전체가 되는 것이다. 이는 한 영혼의 죽음이 아니라 무한한 확장을 뜻한다. 그리하여 죽음도 삶도 초월하게 된다.

요점은 영혼의 수련을 통해서 깨달음에 도달한다는 것이다. 세상에 이보다 급하고 소중한 일은 결단코 있을 수 없다. 그래서 명상은 계속되어야 한다. 명상은 우주와의 합일, 나를 떠나 전체가 되는 행위이다. 이것은 우주 전체와의 관통, 공시성을 회복함을 의미한다.

고대 그리스의 철학자 플라톤은 이를 동굴에 비유하여 말했다. 범부의 삶이란 동굴 속에서 그림자를 보며 살아가는 것인데, 동굴 밖을 보는 순간 자신의 삶의 허상을 깨닫고 비로소 진실한 세계를 본다는 것이다. 그리고 그것을 보는 순간 허상을 떠나게 되고 진실한 세계와 합치된다고 했다. 또 부처는 이렇게 말했다.

見法即見佛 견법즉견불。

실로 법을 보는 자는 나를 보고 나를 보는 자는 법을 본다.

—『잡아함경(雜阿含經)』[22]

여기서 법(法)이란 삼라만상(森羅萬象)을 일컫는 것이고, 나라고 하는 것은 우주와 합일된 전체를 말한다. 명상은 겉보기에는 어딘가로 빠져드는 것처럼 보이지만 실은 탈출이다. 또는 자기 자신으로부터 탈출하여 전체인 자기로 승화하는 것이다. 우리의 영혼은 자기 속에 갇혀서 한정된 존재가 되어 있으므로 이를 깨뜨려야 한다.

어떻게 깨달음을 얻는가

깨달음은 가장 먼저 철저한 자기 부정에서 비롯된다. '나는 별 게 아니다. 나는 우주의 한낱 조각에 불과하다. 나는 꽉 막힌 사람이다. 나는 갇힌 사람이다. 나는 소인배이다. 나는 방황하는 존재이다. 나는 허깨비 세상에서 살고 있다. 나는 답답한 존재이다' 등등 나의 못난 점을 한없이 깨달아야 한다. 그리고 어떻게 해서든 이를 타파할 방법을 찾아야 한다.

명상은 사실 자신의 우월함을 확인하는 순간이 아니라 오히려 자기 비하의 순간이다. 자신의 잘남을 음미하는 순간 깨달음은 멀어진다. 내가 아무리 잘난 듯한 생각이 들더라도 '이것은 아니야'라고 생각해야 한다. 명상이란 반성의 시간이다. 특정된 어느 행위를 반성하는 것이 아니라 모든 것을 반성해야 한다. 심하게 말하면 (이대로) 살아 있다는 것마저 반성해야 한다.

그렇다고 죽으라는 것은 아니다. 영혼이란 죽으려야 죽을 수 없는 존재이다. 영혼의 죽음이란 영혼이 탁하고 혼미한 상태를 말하는바, 이는 뇌의 수면과도 비슷하다. 물론 더 깊은 수면이고 더 오래간다. 명상은 이를 경계해야 한다. 영혼이 수면에 빠지지 않도록 애쓰면서 한편으로 그런 자기를 반성해야 한다. 반성이란 고치겠다는 결의이다. 어떻게 고칠 것인가는 부차적인 문제이다. 그저 '지금 나는 잘못

되었어' 하고 반성할 뿐이다.

그럼에도 명상의 절차는 제대로 진행해야 한다. 간간이 잡념이 생기면 그 순간 반성하면 된다. 명상은 반성의 바다에서 고치기 위해 고된 항해를 하는 것과 같다. 물론 방향이 맞아야 하는데, 이것이 쉽지 않다. 모든 행위, 모든 방향이 틀린 것이다. 이에 대해 무엇을 말하고자 해도 정답이 아니다.

선불교에 큰 영향을 끼친 서원사명(西院思明)[23]의 일화 중에 이런 이야기가 있다. 종의(從漪)는 여기저기 선사들을 찾아다니며 "나는 선(禪)도 알고 도(道)도 안다"며 큰소리를 치고 다녔다고 한다. 그가 행각 도중 서원화상을 만나 겪은 이야기이다.

一日西院遙見召云 일일서원요견소운 從漪 종의!
平擧頭 평거두。 西院云 서원운 錯 착。
平行三兩步 평행삼량보。 西院又云 서원우운 錯 착。
平近前 평근전。 西院云 서원운 適來這兩錯 적래저량착, 是西院錯 시서원착 是上座錯 시상좌착?
平云 평운 從漪錯 종의착。 西院云 서원운 錯 착。

하루는 서원화상이 멀리서 바라보고 그를 불렀다.

"종의야!"

천평선사가 머리를 들자, 서원화상은 "틀렸다!"라고 말하였다.

천평이 두세 걸음 걸어가자 서원화상이 또다시 "틀렸다!"라고 말했다.

이번엔 천평이 앞으로 가까이 다가섰다. 그러자 서원이 물었다.

"조금 전에 두 번 '틀렸다!'라고 말하였는데, 서원이 틀렸는가, 상좌가 틀렸는가?"

천평이 말하였다.

"제가 틀렸습니다."

서원화상은 또다시 "틀렸다"라고 말하였다.

—『벽암록(碧巖錄)』 제98칙

종의는 그의 말을 듣고 뒤늦게 깨우침을 얻어 훗날 천평산에서 교화를 펼쳤다고 한다. 그렇지만 무엇을 해도 "틀렸다"라니, 그렇다면 아무 말도 안 해야 하는가? 그래도 좋다. 그렇다고 해서 말 안 하는 것이 정답이라는 소리는 아니다. 서원화상의 말처럼 생각을 해도 틀리고 생각을 안 해도 틀린 것이 도의 속성이다.

공연히 아무 말이나 지껄이는 것이 아닌가! 그렇지 않다. 나는 최대한 제대로 얘기하려 애쓰는 중이다. 비록 단순하게 정답을 말할 수는 없어도 최선을 다해 도의 모습을 그려보고자 하는 것이다. 명상은 어떻게 해도 그것 말고 더 좋은 방법이 있는 것이니 끊임없이 노력해야 한다.

28

인간답게 산다는 것

엉뚱한 문제이지만 과거에도 영혼의 구분이나 등급을 궁금해했던 사람이 있었다. 오래전 일이다. 16세기 초반 스페인 군대가 잉카 문명을 말살시킬 때였는데, 당시 스페인과 포르투갈의 정복자들은 원주민들을 학살하고 노예로 삼으면서, 그들을 '영혼 없는 짐승'으로 취급했기 때문에 아무런 죄의식이나 죄책감이 없었다. 이를 애처롭게 여긴 카톨릭 신부 바르톨로메 데 라스 카사스(Bartolomé de Las Casas)가 스페인 사람들이 라틴아메리카 원주민들에게 자행한 학살과 참상을 고발하기에 이른다.

그러나 그의 청원은 경제적인 이유로 쉽게 받아들여지지 않았고,

원주민 학살은 계속 자행되었다. 그러나 마침내 1530년 스페인 국왕은 그의 청원을 받아들여 신대륙에서 노예제도를 폐지하는 칙령을 내렸고, 교황 바오로 3세는 1537년 "아메리카 원주민도 하느님을 믿을 수 있는 이성적 존재이며, 따라서 그들의 종교적 권리도 그리스도교 신앙으로 보호되어야 한다"는 교서를 발표했다. 그러나 모두가 알다시피 잉카족은 멸망했고 현재는 그 유적만 존재할 뿐이다. 그리고 노예제는 이후로도 수백 년간 지속되었다.

영혼이 있는 존재끼리 이래도 되는 것일까? 백인들은 그들의 피부색뿐 아니라 영혼마저 흑인들보다 우월하다고 주장한다. 실제 그럴 리 없지만 이런 일화들을 보면 당시에 인간에 대한 평가를 육체뿐 아니라 영혼의 우월성으로 판명했다는 것만은 분명한 것 같다.

이처럼 영혼은 인류에게 오래된 화두였다. 기실 위대한 인간은 그 육체나 두뇌가 아닌 영혼이 남다른 것으로 보인다. 그럴 것 같다. 소크라테스는 죽음을 앞두고 제자들에게 이렇게 말했다. "몇 시간 있으면 나는 죽고 자네들은 살아남을 것이네. 누가 더 유리할까?"

만약 소크라테스가 영혼이 없다고 믿었다면 이런 말을 했을 리 없다. 죽음으로써 모든 것이 끝나는 마당에 유리고 불리고 뭐가 있단 말인가? 소크라테스는 또 이런 말도 남겼다. "너 자신을 알라."

소크라테스의 질문을 한번 생각해보자. 우리는 과연 무엇일까? 몸인가, 뇌인가? 아닐 것이다. 몸이나 뇌는 물질로서 장차 없어질 존재이다. 그게 뭐 어떻다는 것이겠는가? 소크라테스는 우리의 실체에 대해 말했던 것이다. 그것이 바로 영혼이다.

우리의 부모가 뇌를 다쳐 자식을 못 알아본다 해도 영혼이 있기 때문에 부모는 부모일 수밖에 없다. 흑인에게 영혼이 있느냐는 질문은 그들도 우리와 평등하다는 뜻이다. 또 백인이 흑인을 비하해서 흑인의 영혼은 그들과 다르다고 했는데, 이는 인간의 가치는 영혼에 있다는 것을 드러낸다.

삶이란 몸을 입고 영혼이 사는 것

우리의 삶에 있어 영혼의 작용은 드물지 않게 노출된다. 예를 들어 피카소는 초등학교 시절 이미 그림에 관한 한 그의 아버지를 능가했다. 그의 아버지가 미술 전문 교수였는데도 말이다. 이런 일은 피카소의 영혼이 특출했기 때문에 가능했을 것이다. 흔히 천재들은 그의 영혼의 힘이 발휘되는 법이다. 영웅이란 존재도 그 내면에 잠재하고 있는 영혼의 힘에 의해 그토록 위대할 수 있는 것이다.

우리에게는 영혼이 있다. 그리고 그것은 짐승의 영혼보다 뛰어난 존재일 것이다. 이에 대해 조금 얘기하자. 짐승에게 영혼이 있는가? 일단 있다고 하자(있을 것이다). 그런데 짐승의 영혼은 사람의 영혼에 비해 무엇이 다를까?

피아노를 생각해보자. 훌륭한 연주 소리가 들린다. 이때 그 훌륭함의 이유를 생각해보자. 어째서 피아노 소리가 그토록 훌륭한가? 이는 피아노 치는 사람 때문일 것이다. 물론 피아노라는 악기도 중요하다. 하지만 핵심은 연주 능력이다. 여기 비행기가 있다. 아무나 조종할 수 있는가? 비행기 조종은 자전거 타기보다 훨씬 어렵다. 비행기를 움직이는 주체는 자전거를 움직이는 주체보다 월등한 능력이 있는 것이다.

짐승과 사람의 관계도 이와 같다. 그 영혼 자체가 다른 것이다. 개가 인간의 뇌에 들어섰다고 했을 때 과연 인간만큼 뇌를 잘 사용할 수 있을까? 어림없는 일이다. 개의 영혼은 개의 뇌를 조종할 능력이 있을 뿐이다. 인간은 인간의 뇌를 조종할 능력이 있다.

만일 인간의 영혼이 개의 뇌에 들어갔다면 답답하기 그지없을 것이다. 모차르트가 건반도 몇 없고 조율도 되지 않은 피아노를 연주한다면 얼마나 괴로울까? 그 실력을 다 발휘하지 못할 것이다. 뇌는 뇌대로 중요하긴 하다. 또한 악기도 그만큼 중요하다. 그러나 그것을 다루는 실체(영혼)만큼 중요할 수는 없다.

영혼의 다른 문제를 보자. 어떤 사람의 뇌에 악령이 깃들었다고 하자(흔히 있는 일이다). 이럴 경우 그 사람은 확실히 다른 존재처럼 느껴진다. 주인이 바뀌었기 때문이다. 성격 등 그 사람의 특질은 뇌에도 조금 영향을 받겠지만 영혼만큼은 아닐 것이다.

소크라테스의 영혼은 그의 뇌를 능가할 것이 틀림없다. 그래서 성인이다. 성인이 고작 뇌의 작용을 일컫는 것이겠는가? 예수나 공자 또는 우리의 부모나 자식도 그 영혼을 지칭하는 것이지 몸이나 뇌를 말하는 것은 아니다. 뇌나 몸은 영혼의 소유물일 뿐이다.

"개는 뼈다귀를 쫓고 호랑이는 사람을 쫓는다"는 말이 있다. 이는 실체가 무엇인가를 비유한 것이다. 영혼이 실체이고 몸은 부속물에 지나지 않는다. 흑인에게 영혼이 있느냐를 묻는 질문은 뜻깊은 질문이다. 인간의 실체를 논하자는 것이다. 피부색이 다르거나 몸에 장애가 있는 사람이라도 우리는 영혼이라는 존재를 생각해야 한다.

가난한 사람에게도 같은 논리가 적용된다. 비록 돈이 없어도 영혼은 아주 훌륭할 수 있다. 소크라테스가 바로 그랬다. 그는 돈도 없고 권력도 없었다. 하지만 그의 영혼은 인류의 스승이었다.

그러니 우리의 삶은 몸이 사는 것이 아니고 몸을 가지고 영혼이 사는 것이라고 봐야 하지 않겠는가? 우리의 영혼은 얼마나 훌륭한 영혼일까? 이것은 인생에 있어 가장 중요한 질문이다. 그리고 우리는 이 질문에 대해 자랑스럽게 대답할 준비가 되어 있어야 한다.

29

고독은 영성의 상징

동물은 인간에 비해 고독이라는 것을 잘 느끼지 못하는 것 같다. 이는 영성(靈性)과 관련 있는 것이 틀림없다. 그런 면에서 인간에게는 거의 영성이 존재한다. 여기서 '거의'라고 얘기한 데는 그만한 이유가 있다. 어떤 사람에게는 영성을 찾아볼 수 없기 때문이다. 이는 어찌된 까닭일까?

인간은 몸은 동물이고 마음은 영적 존재인바, 영성이 없는 사람은 몸의 본능이 미미한 영혼의 관여를 능가한다. 이를 두고 '업장(業障)이 두텁다'는 표현을 쓴다. 이는 영혼이 과거의 일로 혼탁해졌다는 뜻이다. 인간이면서 영성을 느낄 수 없는 사람도 얼마든지 있을 수 있다.

이 문제는 여기서 논할 것이 아니다. 그저 영성이 높은 존재일수록 고독을 잘 느낀다는 얘기를 하고자 했을 뿐이다. 고독은 생의 본성이라고 말하기도 하고 생의 맛이라고도 말한다. 그런데 정작 고독이 무엇인지는 자세히 연구된 바가 없는 것 같다. 이에 대해 얘기해보자.

보아줄 사람이 없다는 것

나는 철들자마자 고독을 느꼈고, 나의 일생은 내 스스로가 책임져야 한다는 것을 알았다. 그래서 겁이 난 것은 아니고, 그저 고독이라는 것을 느끼면서 살았던 것이다. 고독은 어떤 상황에 몰두할 때는 잠시 사라진다. 그러고는 혼자 있을 때 은근슬쩍 나타난다.

이것은 도대체 무엇일까? 실례를 가지고 논해보자. 내 옆에 누가 잠들어 있다고 하자. 이 때문에 심심하거나 고독감을 느낄 때가 있다. 나 혼자라는 생각 때문이다. 잠자고 있는 사람은 나를 바라보고 있지 않으니 그럴 수밖에 없다. 잠자는 사람에 대해서는 내가 그를 바라볼 수 있을 뿐 그는 내가 무엇을 하든 상관없는 존재인 것이다.

여기에 실마리가 있다. 그가 깨어나면 좀 낫다. 서로 바라보니 고독은 약간 덜하다. 이를 무인도에 있는 상황이라고 해보자. 분명 한 사람이라도 있으면 고독은 약해진다. 만약 그 사람이 수면병이라도 걸려서 계속 잠들어 있다면 있으나마나 할 수 있다. 그렇다 하더라도 그가 깨어날 것이 분명하기만 하면 덜 고독하다. 언젠가는 그가 깨어난다는 기대가 있기 때문이다. 그리고 잠에서 깨어난 상대가 정신적으로 소통이 잘되는 사람이라면 고독은 더욱 사라진다.

결론은 무엇인가? 고독이란 결국 나를 바라봐주는 존재가 없을 때 느끼는 감정인 것이다. 상황을 바꾸어보자. 나는 잠들어 있다. 그 전에 내 곁에 영성이 있는 존재가 있다는 것을 확인해둔 상태이다. 이때 나는 고독을 면하면서 잠들 수 있다. 깨어나면 그 사람이 있을 테니까.

고독이란 나를 남에게 보이지 못하면 더 커지는 법이다. 수많은 사람이 있어도 내게 무관심하면 나는 고독해진다. 반면 그 사람들이 나만 바라보고 있으면서 박수까지 쳐준다면 그 순간은 든든한 마음과 함께 고독은 확실히 멀어진다.

게다가 나를 바라봐주는 사람이 서로 사랑하는 사이라면 그 효과는 극적으로 증대된다. 우주가 아무리 넓다 해도 그런 사람이 있으면 고독을 느끼지 못하는 법이다. 하지만 인간관계란 완벽할 수 없고, 따라서 세월이 흐를수록 점점 고독이 커질 따름이다. 가족이(예컨대 자식이라도) 많아도 고독할 수 있다.

결국은 내가 좋아하는 사람이 있고 그가 나를 좋아할 때 나를 보이면 고독을 면할 수 있다는 것이다. 고독함의 요점은 나를 바라보는 존재의 유무이다. 그러니 신(神) 같은 존재가 있어서 눈에 보이지는 않지만 나를 바라보고 있다는 것을 확인할 수 있다면 고독은 멀리 사라지게 되어 있다.

이런 존재라면 인간을 능가할 수도 있다. 무인도에서 혼자 살아도 그런 존재가 매일 매시간 내가 원할 때 나를 바라봐주고 나와 함께 시간을 보내준다면 고독은 정말 사라진다. '나를 바라봐주는 존재'에 방점이 찍혀 있음을 분명히 인식하고 다음 단계로 넘어가자.

나는 어려서 일찍이 고독을 알고 나서 이 때문에 허전함, 무상함 등을 느끼고 있었다. 차츰 철들어가면서 모든 사람이 다 그렇다는 것도 알게 되었다. 이것이 인생의 현실인 것이다. 이 문제는 참으로 불편한 것이었다.

고독을 면하기 위해 항상 나를 바라봐주는 존재에 의지하여 살아간다는 것이 그랬다. 하지만 나는 점점 더 고독해졌다. 왜냐하면 나를 나에게 알맞게, 예를 들어 나의 감정이나 나의 수준을 알고 알아주는 사람은 희박하다는 것을 느꼈기 때문이다. '나를 알아줄 사람은 세상에 없구나…….'

그래서 이제는 고독을 안고 살아가든지, 고독을 퇴치하는 방법을 터득해야겠다고 결심했다. 이것이 50년 전 얘기이다. 이때부터 나는 철학적 인간으로 변해갔고 급기야는 깨달음에 뜻을 두고 명상을 수련하기 시작했던 것이다. 그런데 이 몹쓸 고독함 때문에 명상할 때 불안함마저 느껴졌다. 혼자 있다는 것이 무서웠다. 물론 이는 초심자 시절의 이야기이다. 명상의 수준이 점점 향상되자 고독은 영원히 물러가버렸다. 분명 '영원히!'라고 말할 수 있다.

이는 명상으로 얻은 결과인데, 명상 중에는 천지 대자연이 나를 바라보고 있다는 것을 현저히 깨달을 수 있었기 때문이다. 책의 앞부분에서도 설명한 바 있듯이 '우물이 나귀를 보는' 것이다. 명상이란 자기 자신을 천지대자연에 완전히 노출시키는 상태이다. 그리하여 천지대자연의 본성인 영(靈)이 만물을 또렷이 바라보고 있는 것이다. 명상을 하려는 그 누구도 자신이 드러남을 피할 수 없다. 모든 것이 항상 비추어지는 것이다.

모든 것을 항상 바라보는 존재는 신 이상의 존재이다. 이 존재는 신까지도 바라보고 있기 때문에 신은 고독을 면하고 있는 것이다. 이는 우리 모두가 명상을 제대로 하면 알 수 있는바, 이로써 고독은 확실히 없어진다. 여기서 '제대로'라고 하는 말은 별다른 뜻이 있는 것이 아니다. 수준을 얘기하는 것도 아니다. 명상 중에 또는 명상 중이 아니라도 찰나의 끊어짐도 없이 항상 나를 바라보고 있는 존재가 있다는 것을 확인하면 그만이다.

고독하되 고립되지 않는다

이런 확인은 어렵지 않다. 그저 나 자신을 고립시키지 않으면 된다. 애써 나를 확인하지 말고 우주가 모두 함께 있으면서 서로 소통하고 있는 것을 인식하란 뜻이다. 실제가 그렇다. 명상은 '그런 것'을 '그렇다고 믿는 것'뿐이다. 명상의 세계에 비밀은 없다. 모든 것은 드러나 있기 때문에 고독이란 것도 공연한 생각일 뿐이다.

고독은 해결하려고 들면 더욱 고독해지는 법이고 내버려두면 오히려 나를 깨끗하게 만들어준다. 깨끗함이란 솔직함인바, 진실은 이미 나와 함께 있는데 무엇이 고독하단 말인가?

玄眞大道 현진대도 獨居而不孤 독거이부고 群居而不繁 군거이부번。

현진의 큰 도는 홀로 있어도 고독하지 않고 함께 있어도 번거롭지 않다.

―『옥허진경』

이는 우주가 내면으로는 다 함께 있다는 뜻이다.

玄眞如神窟 현진여신굴 故無所不通也 고무소불통야

천진한 진리는 신령한 동굴처럼 모든 것과 연결되어 있다.

―『옥허진경』

이는 완벽한 소통을 얘기하고 있는 것이다. 죽음과 삶이란 것도 실은 내가 그렇게 되는 것이 아니라 우주가 그렇게 되고 있을 뿐이다. 굳이 독립된 나를 고집한다면 고독만 쌓여가고 인생이 무상해지는 법이다. 아닌 것은 아니다. 우리는 본래 하나이다. 명상의 순간에는 더욱더 그렇다. 명상이란 것도 실은 내가 하는 것이 아니라 우주 대자연이 하는 것이다. 내가 한다는 것은 착각이다. 고독은 그 착각의 증상일 뿐이다. 부처는 세상에 태어나자마자 이렇게 선언했다고 한다.

天上天下천상천하 唯我獨尊유아독존。

온 세상에 오로지 나만 홀로 존재한다.

—『경덕전등록』

이는 부처 자신을 꼭 집어서 얘기한 것이 아니다. 세상엔 부처도 없고 중생도 없다. 모든 것이 일물(一物)에 지나지 않는다. 내가 나를 바라보고 있다면 이보다 더 확실히 나를 바라보는 존재는 있을 턱이 없다. 나의 실체를 보자는 뜻이다. 나는 우주이고 우주는 곧 나일 뿐이니, 고독이란 공연한 푸념이 아닐 수 없다.

옛사람이 말했다. "물속에 있어도 목이 마른 이유는 입을 벌리지 않아서"라고. 이는 고독을 고집하는 사람을 일컫는 말이다. 고독은 나 자신을 외면하고 바깥의 세상만을 바라보기 때문이다. 이럴 때는 이렇게 생각하게 된다. '나를 바라보는 존재는 왜 없지?'

있다! 내가 나를 보고 우주가 나를 보고 있다. 내가 우주이고 우주가 나이기 때문에 서로 바라보고 있는 것이다. 고독이란 남에게 보이려 하기 때문에 생기는 병이다. 만일 내가 나를 완전히 바라볼 수 있다면 고독이고 뭐고 있을 수 없다. 명상 중에는 고독을 털어내야 한다. 명상은 우주와 함께 하는 것이기 때문이다.

그러니 고독을 해결하려 하지 말고 그 고독을 더 절실하게 느껴보라. 그리하면 마침내 고독은 사라질 것이다. 이제는 이렇게 말할 수 있어야 한다. "더욱 고독해지기 위해 명상에 돌입한다"고. 이로써 '온 세상에 오로지 나만 홀로 존재한다[天上天下 唯我獨尊]'란 가르침을 확연히 깨닫게 될 것이다.

인간의 고통은 어디서 오는가? 얼핏 생각하기에는 세상일이 뜻대로 되지 않아서일 것 같다. 하지만 그게 아니다. 사람의 고통은 사람이 만들어놓은 기분에서 오는 것이다. 괴로워하지 않아도 되는데 일부러 괴로워한다는 뜻이다. 자동적으로 어떤 기분을 선택하는 습관을 버려야 한다. 괴로워도 괴로워할 문제라고 단정할 필요가 없다.

그저 그런 것이지 반드시 괴로워하라고 누가 시킨 것인가? 즉 고통은 밖에서 오는 것이 아니라 내가 일부러 만든 것이다. 이것을 벗어나는 것이 명상이다. 어떻게 하느냐? 뭘 어떻게 해야 한다는 것이 없다. 그냥 벗어나고자 하면 벗어날 수 있는 것이다.

30

명상의 적, 조급증

명상 중에는 여러 가지 방해가 등장하는 법이다. 갑자기 번민이 많아진다거나 소심해진다거나 뛰쳐나가고 싶다거나 하는 것인데, 평소의 마음이 명상을 계기로 드러나는 것이다. 이런 증세는 속세에서 생활하는 사람에게 현저하다. 도를 닦기 위해 세속을 떠난 수련인은 대개 세속의 욕망을 처음부터 체념했기에 그나마 덜한 것이다. 여기서는 명상의 현황에 대해 세심히 알아보자.

체념을 활용하는 방법

인간에게는 체념이라는 정신적 기능이 있다. 이 기능은 포기한다는 일면과 대단한 각오가 합쳐진 것으로, 아주 강력한 효과를 발휘한다. 예를 들어 죽을 각오를 한 사람은 대단히 용감하다는 것을 우리는 익히 알고 있다. 질 각오를 한 사람이 오히려 승리하는 경우가 많은 것도 바로 이런 순리이다. 물론 거짓 각오와 체념은 오히려 확실한 패배를 불러 오지만 말이다.

必死卽生 필사즉생 倖生卽死 행생즉사。

죽을 각오가 확실히 되어 있는 사람은 오히려 살고, 살려고 애쓰는 자는 오히려 쉽게 죽는다.

—『오자병법(嗚子兵法)』 제3편 〈치병(治兵)〉

이 말은 명상에도 적용되는 논리이다. 세속에 사는 일반인은 인생의 행복에 대한 체념이 안 되어 있기 때문에 명상 중에 불쑥 일어나 버리고 만다. 왠지 초조해서이다. '내가 할 일이 많은데 이렇게 앉아 있어도 되는 거야?' 혹은 '빨리 효과를 보고 다른 일도 좀 해야겠어!' 같은 마음이 생긴다.

이런 상태로는 당연히 명상이 잘 안 되는 법이다. 사람은 특히 체념이 안 되어 있으면 마음이 급해진다. 한 곳에 사로잡혀 있는 것이 갑갑하기 때문이다. 눈에 보이지 않는 명상은 세상의 모든 일 중에 가장 갑갑한 일이고, 앞날의 결과를 알 수 없기 때문에 자기도 모르게 조급해진다.

명상을 하는 사람은 내가 현재 명상을 할 뿐 특별히 뭔가를 추구하는 마음이 없어야 한다. 올림픽 출전 선수가 금메달을 따겠다고 각오하는 것과는 현저히 다르다. 명상은 절대 번뇌가 있어서는 안 된다. 심지어 깨닫겠다는 마음조차 번뇌인 것이다.

이렇게 되려면 미래를 완전히 체념해야 가능하다. 그래서 인생을 체념한 사람과 속세에 살면서 명상을 하는 사람이 차이가 나는 것이다. 특히 세속의 사람은 명상 중에 조급한 마음이 잘 일어나는데, 이는 명상의 가장 큰 적이다. 그래서 명상 시간으로 하루 15분을 권장했던 것이다. 오래 앉아 있으려고 하면 마음은 점점 더 조급해진다.

조급증은 영혼의 본성이다. 양이란 본시 가만있지 못하는 법이다. 평소 사람은 지금 순간에 머물지 못하고 항상 미래의 어느 순간으로 마음이 먼저 가 있다. 현재는 그냥 지나가는 시간으로만 느끼고 막연히 미래로 미래로 향하는 것이다. 명상 중에는 이것이 더 심해진다. 우리는 명상을 통해 이를 평정하고자 한다. 이에 대한 요령은 급한 마음을 제거하는 것, 즉 체념이다.

조급증이란 모든 동작을 최소한으로 했을 때 오히려 폭발하는 법이다. 명상의 시간을 길게 할 수 없는 것도 그 사람이 다른 일에 바빠서도 아니고 명상 그 자체가 힘들어서도 아니다. 오로지 조급증 때문에 명상을 박차고 일어나는 것이다.

조급증과 공포는 함께 온다

명상 중에 갑자기 무서운 생각이 들 때가 있다. 명상이란 아무도 없는 적막한 곳에서 하는 것이니 당연히 공포에 휩싸이기도 할 것이다. 그런데 공포도 실은 조급증에서 비롯되는 것이다. 공포란 단순한 조급증이며, 공연히 마음이 급해서 생기는 것이다.

예를 들어 산에 갔는데 갑자기 곰이 나타났다고 하자. 이 순간 우리는 공포에 질려 땀이 나기도 한다. 과학자들은 이런 상황을 유심히 살폈다. 이때 공포의 원인은 무엇일까? 곰 때문이라고? 그게 아니었다. 몸에 땀이 났기 때문에 공포심이 일었다고 생각하는 것이다.

땀은 왜 났을까? 그것은 조급증 때문이었다. 공연히 이 자리를 급히 피하고 싶은 생각이 문제였던 것이다. 과학자들의 연구는 우리들의 상식과 어긋나는 듯 보인다. 그러나 이런 결론들을 참고하면 공포를 다음과 같이 정의할 수 있다.

공포는 급한 마음 때문에 이어서 일어난 현상이 분명하다. 나도 이에 대한 실험을 해봤다. 40년 전쯤의 일이다. 어느 날 집을 향해 먼 길을 걷게 되었는데, 목적지까지 갈 수 있는 길이 두 가지였다. 한 길은 가로등이 있어서 걷기에 좋았고 다른 길은 숲 속이고 도중에 무덤가도 종종 있었으며, 좀 더 멀었다. 그렇기 때문에 나는 항상 가깝고 편한 가로등이 있는 길을 택했었다.

그러나 어느 날 생각해보니 내가 무서움 때문에 가로등길을 선택했다는 생각이 들었다. 자존심 상하는 일이다. 명색이 도인을 자처하는 사람이 공포가 있다는 것은 분명 모순이었다. 그래서 나는 일부러 산길로 향했다. 점점 무서워지는 것을 느끼면서. 특히 무덤 근처는 더욱 무서웠고 나도 모르게 걸음을 빨리했다.

그러다가 불현듯 한 생각이 떠올랐다. 빨리 걸어갈 필요가 없다는 것이다. 아직 귀신이 나오지도 않았는데 어째서 빨리 걷는가 말이다. 이렇게 생각한 나는 걸음을 천천히했다. 급할 것이 하나도 없었기 때문이다. 이때 께름칙한 지역을 통과하고 있었는데, 걸음을 천천히 하고 사방을 둘러보는 사이, 어느새 공포는 사라지고 없었다.

본능은 이 지역을 빨리 벗어나려고 걸음을 빨리하려 애쓰고 있는 중이었다. 그러나 나는 다리의 속도를 일부러 조절했다. 천천히 가면 안 무섭고 빨리 가면 무섭다는 것을 알게 된 나는 오히려 느리게 가려고 애썼다. 심지어는 그러다가 제자리에 서 있기까지 했다. 공포는 마침내 완전히 없어졌다.

이때 나는 한 가지 사실을 분명히 깨달았다. 마음이 조급하면 공포가 생긴다는 것을. 이때 나는 나의 명상이 자주 실패하는 이유도 깨달았다. 그것은 명상 중에 공연히 조바심이 나서 갑자기 자리에서 일어났던 것이다. 이후 나는 조바심, 즉 급한 마음을 탈피하려고 오랜 세월 수련을 했다. 특히 명상을 시작할 때 급한 마음을 없애려고 깊게 다짐하고 명상을 시작했다.

그날 이후 명상의 시간이 15분 이상으로 점점 늘어났다. 15시간 명상도 물론 가능해졌다. 급한 마음만 없다면 명상은 그리 어려운 것이 아니다. 마음이 급하면 영혼이 미래를 향해 날아가려고 발동이 걸린다. 그리하여 잡념이 생기거나 아예 명상을 박차고 일어나게 된다. 이는 두고두고 명상의 질을 나쁘게 한다. 명상 중이든 평소든 급한 마음은 독이 된다.

명상은 급한 마음만 없어져도 10년 세월이 길게 느껴지지 않는 법이다. 10년이면 우주의 시간으로 보면 찰나이다. 영원한 세계에서는 어디 간들 다 같은 곳이다. 불교 경전에 '염념보리심 처처안락국(念念普提心 處處安樂國)'이라는 가르침이 있다. 이는 깨달음을 향한 마음이 항상 투철하면 어디에 있든 그곳이 가장 좋은 곳이라는 뜻이다. 급한 마음이 없어지면 일생이 안정될 수 있다. 명상 중에는 오로지 급한 마음을 제거해야 한다. 여러 가지로 애쓸 필요가 없다. 급한 마음만 제거하면 명상은 성공하고 있는 것이다.

이미 급한 마음을 제거한 사람이라 할지라도 더 없애야 한다. 급한 마음을 없애는 것이 영혼을 제어하는 방법이고 이는 한없이 진행해야 하는 것이다. 급한 마음은 영혼의 본성이기 때문에 뿌리가 깊다. 그래서 다 된 것 같아도 더욱 수련해야 하는 것이다. 이는 적을 무찌르는 것처럼 해야 하는데, 이럴 때도 급히 할 필요는 없다. 우선 급한 마음이 명상의 가장 큰 적이라는 것을 알고 조금이나마 이를 제거하겠다는 마음을 가지면 된다.

중요한 것은 '조금씩' 해야 한다는 것이다. 한 번에 박살내겠다는 생각이 바로 급한 마음이다. 손자(孫子)는 이렇게 말한다.

立於不敗之地 입어불패지지 而不失敵之敗也 이부실적지패야。

지지 않을 위치에 서서 적의 패착을 놓치지 않는다.

—『손자병법(孫子兵法)』[24] 제4편 〈군형(軍形)〉

이는 급한 마음을 버리라는 말과 같다. 나를 굳건히 하고 적의 자멸을 노리는 것이다. 수없이 부딪쳐오는 적들은 나의 느긋한 마음 때문에 마침내 지치는 것이다. 명상 중에도 조급증 때문에 자주 흔들릴 것이다. 그러나 이를 참고 있으면 언젠가는 명상의 적, 즉 급한 마음이 물러간다. 여부를 확인할 필요도 없다. 자신의 마음 상태를 평가하려는 마음도 바로 급한 마음이기 때문이다.

급한 마음을 제거한 쉬운 사례

여기서 급한 마음을 완전히 제거한 사례를 소개하겠다. 이 존재는 조급증을 제거하는 데 있어서만은 인류의 스승이다. 그런데 그 존재는 인간이 아니다. 바로 고양이인데, 고양이는 조급증이 전혀 없다. 몇 십 년 고양이를 접하다보니 고양이의 품성을 알게 된 것이다.

고양이는 무서움이 없다. 고양이는 자기 몸의 몇십 배 크기인 악어를 보고도 겁내지 않고 오히려 악어를 쫓아낸다. 고양이가 혼자 있을 때는 그야말로 존경스러운 자세를 취하고 있다. 한 곳에 조용히 자리 잡고 몇 시간이고 그 자세를 유지한다. 어디론가 가지 않고 그 자리를 편안히 지킬 수 있는 이 마음을 명상가들은 배워야 한다.

나는 고양이의 침착성을 배우고자 한다. 50년이 넘도록 명상 수련을 했으나 아직 고양이의 평정에 도달하지 못한 것 같다. 부끄러운 일이지만 급한 마음 없이 천천히 전진해나갈 뿐이다. 일상생활에서도 이 마음은 계속 유지하고 있다.

조급증은 명상의 적일 뿐 아니라 인생의 적이다. 그리고 이는 확실한 정신병이다. 사람은 누구나 이 병을 앓고 있다. 치료가 불가능한 병은 아니다. 고치려고 마음만 먹으면 조금씩 개선이 되고 마침내 평정한 사람이 될 수 있다.

사람이 아닌 고양이를 예시로 들었다고 자존심 상해할 일이 아니다. 동물 중에 고양이와 반대인 성품을 가진 존재가 있는데, 바로 참새이다. 참새는 조급증 덩어리이다. 그래서 놀라기도 잘한다. 참새는 멀리서 인간이 망원경으로 바라만 봐도 놀라서 날아가버린다. 참새는 너무 잘 놀라는 존재라서 양식(養殖)이 불가능하다. 먹이를 주려 해도 놀라고, 그 앞에서 숨을 쉬어도 놀란다. 그러고는 아예 알을 낳지 않는 것이다. 오로지 도망갈 궁리만 한다.

인간도 참새 같은 성품을 가진 사람이 있다. 잠시도 가만히 있지 못하고 다른 상황으로 끝없이 이동한다. 이런 사람에게는 명상이 절대적으로 필요하다. 『손자병법』에 이런 말이 있다.

知彼知己 지피지기 百戰不殆 백전불태。

적을 알고 나를 알면 백 번을 싸워도 위태롭지 않다.

—『손자병법』 제3편 〈모공(謀攻)〉

이를 명상에도 적용할 수 있다. 이때의 적은 다름 아닌 조급증이다. 그리고 나는 명상가로서, 스스로 한없이 부족하다는 것을 알라는 것이다. 무엇이 부족한지는 백 번 말해도 같은 내용이다. 즉, 오로지 부족한 것은 평정이다. 명상을 통해서든 다른 수련을 통해서든 조급증을 완전히 제거한 상태가 되면 수명이 한없이 길어진다.

보통 사람은 조급증 때문에 순간 순간을 제대로 살지 못한 채 들떠서 막연히 어딘가로 가려고만 한다. 이런 식이라면 인생은 없는 것이나 마찬가지이다. 하지만 조급증 없는 평정을 터득한 사람은 하루 23시간 명상을 하고 나도 나머지 1시간만 쓰더라도 진정한 자기 시간을 산 것이다.

만약 인간이 1분 1초라도 편안히 자기 있는 공간과 시간에 머물 수만 있다면 이는 영원을 사는 것과 같다. 명상은 순간에 머물면서도 영원을 아우르는 행위인 것이다.

31

명상 중독의 위험성

명상이라고 해서 그 순간만 잘하면 되는 것이 아니다. 예를 들어 올림픽에 나가는 선수가 평소에는 태평히 지내다가 올림픽에 나간들 좋은 성적을 낼 수 있겠는가? 명상이란 것도 평소 꾸준히 인격을 닦는 사람만이 성공할 수 있는 법이다. 인격이 없으면 악인이 되고, 악인이란 꽉 막힌 존재와 같다. 이런 사람은 명상을 하나마나 결과는 뻔하다.

평상심이 도이다

옛 선사들도 도가 무엇인지 궁금했던 모양이다. 여기 그 질문과

답을 먼저 들어보자.

從諗問南泉 종심문남원 如何是道 하가시도?

南泉曰 남원왈, 平常心是道 상심시도。

조주종심(趙州從諗)[25]이 그의 스승인 남전보원(南泉普願)에게 '무엇이 도입니까?' 하고 물었을 때, '평상심이 곧 도이니라'고 대답했다.

—『무문관(無門關)』[26] 제19칙

이는 평소의 마음이 명상 수련 순간까지 이어진다는 뜻이 분명하다. 인격이란 사람을 바르게 만들고 또한 강하게 만드는바, 절대 소홀히 해서는 안 될 일이다. 명상은 바로 강한 사람이 성공할 수 있는 법이다. 악인은 그 자체로 정신이 흐린 존재로서 명상으로 얻는 이익이 없다.

예를 들어보자. A씨는 필자가 잘 아는 사람인데, 수십 년간 명상을 수련하고 있는 중이었다. 어느날 A씨는 수도인들의 모임에 참석했다. 이 자리에 모인 사람들은 대개 나이 많은 노인들이었고 학식과 수련이 깊은 사람들이 대부분이었다. 모임의 성격은 서로 안부를 묻고 친목을 도모하는 한가한 자리였다.

나는 연배가 가장 낮은 까닭에 끝자리에 앉아 있었다. 그런데 저 앞에 A씨가 보였다. A씨는 나와 같은 연배로서, 30년이나 알고 지낸 사이였다. 한가한 덕담이 한창 오고가고 있는 중이었다. 주로 어른들이 말을 주고받았고, 나는 경청하고 있었다.

그런데 A씨는 어른들이 말할 때 그쪽을 바라보지 않고 의자에 기대서 지긋이 눈을 감고 있었다. 그의 몰상식한 태도는 쉽게 남들 눈에 띄었다. 이런 자리에 왔으면 서로 바라봐야 하거늘 남이 말할 때 줄곧 눈을 감고 있었던 것이다. 턱을 앞으로 내민 자세는 누가 봐도 오만해서 어른들이 민망해하고 있었다.

A씨는 음식을 먹을 때에야 눈을 떴는데 어디서 말하는 소리가 들리든 웃음소리가 들리든 오로지 먹는 데만 열중했다. 이어 덕담이 시작되면 다시 눈을 감고 있는 것이었다. 처음 참석한 사람임에도 불구하고 통성명도 하지 않은 채 정면만 바라보고 있는 모습에, 여러 사람의 관심 표적이 될 수밖에 없었다. 남과 어울리지 않고 특별한 행동만 했기 때문이었다. 그는 오로지 눈 감고 음미하는 듯한 자세, 의젓한 자세, 혼자 상념에 잠겨 있는 자세를 취하고 있었다.

나중에 알고 보니 A씨는 불청객이었다. 나는 안면이 있기 때문에 인사를 건넸지만 A씨는 아는 척도 하지 않고 고개만 천천히 한 번 끄덕였을 뿐이다. 답답하기 그지없었다. 침묵과 부동과 눈을 감고 있는 자세가 주변의 그 무엇하고도 어우러지지 않았던 것이다.

그는 그러다가 일찍 자리를 떴다. 인사도 없이 지긋이 눈을 감은 자세로 혼자 끄덕이고는 획 나가버렸다. 그러자 그 자리에 있던 어른이 내게 물었다. "저 사람을 잘 아느냐"고. 나는 30년 전부터 알고 지낸 정도이고 최근 10년간은 보지 못했다고 대답했다. 그 어른은 또 물었다. "저 사람과 친합니까?" 나는 아니라고 대답했다. 여기까지 물어본 어른은 그제야 노여움을 드러내며 "저런 사람은 빨리 죽어버리는 게 낫다"고 일침했다. 나는 그 어른의 의견에 기꺼이 동의했다. 그 사람의 그런 행동을 10년 이상 봐왔기 때문이었다.

인격과 명상은 별개의 것이 아니다

그는 인격이 크게 잘못되어 있었다. 본래는 선한 사람이었는데, 어느날 그만 명상 중독에 걸리고 만 것이다. 명상 중독이란 명상하는 자세만을 좋아하는 일종의 병증(病症)이다. 그렇게 앉아 있으면 당장 자신이 아주 높아진 것처럼 느끼는 것이다. A씨는 그 느낌에 취해서 명상을 계속해온 것이었다. 나는 놀랐다. '20년이나 저런 자세를 취하다니!'

처음 보았을 당시에 그는 아주 사교적이고 명랑한 사람이었다. 특히 음악인이었기에 예술적 감각도 있었다. 그런 사람이 갑자기 사이비 명상에 사로잡혀 자기 자신에 중독되어버린 것이다. 일종의 자기도취인데, 명상과 어우러지면서 가장 심한 자기중독이 되어버린 것이다.

A씨는 스스로를 세상에서 가장 높은 사람이라고 생각하고 있었

다. 20년 전에 그와 길게 이야기를 나누다가 그 사실을 알게 되었다. 그런데 아직까지도 그때의 상태가 지속되고 있다니 놀라지 않을 수 없었다. 올바른 인격이라면 남과 화합할 수 있어야 하는 것이다. 저런 사람은 의학적으로는 과대망상 증후군에 해당되겠지만 평소 인격을 닦지 않는 자가 명상의 멋에 사로잡혀버리고 만 것이다.

A씨는 가정도 직장도 다 버리고 가는 곳마다 눈을 감고서는 자신을 과시하며 꿈속을 헤매고 있다. 명상가들 중에 그런 사람이 의외로 많다. 특히 산에서 도를 닦는다며 명상 중독이 되어버리는 것이다. 이런 사람은 정신과 치료가 필요하다. 그러므로 명상 수련자는 이와 같이 되지 않도록 각별한 주의가 필요하다.

君子和而不同 군자화이부동, 小人同而不和 소인동이불화。

군자는 화합할 뿐 소인과 같아지지 않으며, 소인은 군자의 겉모습은 따라하지만 화합하지 않는다.

—『논어』〈자로편〉

공자의 이 말이 A씨를 잘 설명하고 있다. A씨는 명상하는 모습을 보고 감동한 나머지 그 모습에 도취된 것이다. 필경 영화나 소설 같은 데서 도인의 모습에 감명을 받았으리라. 도인을 흉내 내려면 그 내면의 정신 상태를 따라할 것이지, 아쉬울 따름이다.

명상 수련자는 그것이 중독이 아닌 한 오히려 명랑해지고 사교성이 높아지는 법이다. 또한 온 우주와 소통하기 때문에 내가 아닌 타인을 소중히 대하는 자세도 배우게 된다. 악인이 평소 그 악을 고치지 않으면 아무리 명상을 하며 유난을 떨어도 성공할 수 없다. 생각해보자. 꼭 명상을 하지 않더라도 사람이 인생을 살면서 인격수양에 관심이 없다면 그저 먹고 자겠다는 것이 아니겠는가? 인격은 인생에서 최우선 명제가 아닐 수 없다.

따라서 인격도야(人格陶冶) 역시 명상의 지향점이다. 명상을 하면서 욕심을 없애고 화를 내는 마음을 고치고 좁은 시야, 즉 어리석음을 치유하는 것이다. 명상을 오래 하면 사람이 너그러워지는바, 너그러움은 큰 도를 성취하는 데 가장 기본이 된다. 너그러움이란 넓은 마음을 말하는 것이며, 또 넓어야만 깊어질 수 있는 법이다.

이는 땅을 파보면 알 수 있다. 땅을 깊게 파려면 지표에서는 어느 정도 넓게 잡고 시작해야 하는 것이다. 아주 깊이 파려면 당연히 아주 넓게 파기 시작해야 한다. 명상은 대개 깊은 것을 목표로 하는바, 평소에 인격이 있으면(마음이 넓으면) 명상 수련을 원만히 성취할 수 있다.

32

영혼의 감응, 단체 명상의 신비

우주는 끊임없이 작용하며 변해가고 있다. 미래를 향해 나아가고 있는 것이다. 이것의 최종 목적지는 있을까? 우주 작용의 최종 목적지는 역사의 목적지인바, 이는 도대체 어디일까? 이 문제는 철학적이고 종교적이고 또한 과학적이라고도 할 수 있다. 이 중에서 우리는 과학에 주목하자. 이제 이것을 자연의 목적이라고 표현할 수 있다. 역사는 어디를 향해 흘러가는가?

이 문제는 애매해보이지만 실은 아주 단순하다. 우주는 진화를 향해 가고 있는 것이다. 이는 지나간 오랜 생명의 역사를 보면 잘 알 수 있다. 세상에 존재하는 모든 생명체는 진화를 거듭해왔고 이는 아직 끝나지 않았다. 진화는 영원한 것이다.

인간도 진화의 과정 중에 태어난 존재에 불과한데, 단연 생명체의 정점에 있다. 물론 이는 지구만을 따졌을 때의 일이다. 그러나 우주에는 지구 말고도 수많은 생명체가 있다고 생각해야 한다. 지구도 우주의 일부이기 때문이다. 그 외에도 우주에 인간 외의 생명체가 존재할 이유는 많다.

생각해보면 세상에 유일한 것은 유일하지 않은 것보다 존재 이유를 찾기가 어렵다. 자연은 그야말로 자연스러운 것이다. 유독 지구만이 우주에서 유일하다는 생각을 한다면 지구를 자연, 즉 우주에서 배제해야 한다. 그러나 아무리 생각해도 지구는 우주 안에 있다. 그러므로 우주의 보편적 작용에 따라야 하는 것이다.

이에 대한 논의는 끝이 없다. 다만 우리는 인간이 유일한 존재이자 최고라는 생각을 버리고 광대한 우주 대자연을 바라보며 얘기해보자. 우주는 현재 계속 진화하는 중이다. 과거에도 그랬고 미래에도 영원할 것이다. 진화란 역사의 자연스런 지향점 그 자체이다.

물론 생물학자들은 진화에는 의도나 목적이 들어 있지 않다고 말한다. 지극히 옳은 말이다. 여기서 말하고자 하는 것도 그것이다. 진화는 그저 방향일 뿐 어떤 도착 지점이 아니다. 다만 진화의 결과는 그려볼 수 있다. 이에 대해 많은 표현이 있는데, 그중 하나가 "세상은 점점 쓸모 있게 변해간다"는 것이다.

쓸모 있게! 이는 모든 면에서 그렇다는 것이다. 경제적일 수도 있고 과학적일 수도 있고 또한 예술적일 수도 있다. 자연은 한마디로 살아 있는 것이다. 그중에서 인간은 만물의 영장이다. 이 말은 인간 유일주의를 뜻하는 것이 아니다. 역사를 보라. 인간이 진화할수록 사회도 더욱 커지고 서로 더욱 이어져왔으며 또 쓸모 있어졌다. 이를 통해 한 개인의 명상이 세계에 기여할 수 있는 가능성을 유추할 수 있는 것이다.

명상할 수 있다는 것은 축복이다

명상은 인간(고등생명체)의 절대 요소이다. 명상할 수 있는 존재만이 우주와 합일할 수 있기 때문이다. 우주에 어떤 존재가 있는데 이것이 명상을 할 수 없는 존재라면 이 존재가 무엇이든 우주 최고가치에서 제외될 수밖에 없을 것이다. 우리는 최고가치에 포함되는, 다시 말해 결국엔 합일되는 존재에 대해서만 얘기하자. 바로 우리 인간이다. 나는 여기서 이렇게 말하겠다. 명상을 할 수 있기 때문에 인간은 만물의 영장이라고.

명상에 대해서는 앞에서 많이 논의해왔다. 이것에 대해 객관적 가치를 좀 더 연구해보자. 여기 어떤 사람이 명상을 하고 있다고 하자. 이는 어떤 가치가 있는가? 이 사람은 계속 발전하고 나아가 우주와 합일한다고 말할 수 있을 것이다. 그렇다면 이를 바라만 보고 있는 사람에게는 무슨 의미가 있을까? 이 문제는 한 사람의 명상이 우주 대자연에 미치는 영향을 의미한다. 뜻밖의 문제이다. 하지만 이는 명상하는 개인을 떠나 또 하나의 질문이 될 수 있는 것이다.

명상 중에는 무슨 일이 일어나고 있을까? 그리고 이것은 우주에 어떤 파급효과가 있을까? 한 사람이 명상하고 있다. 저 멀리 어딘가에 또 한 사람이 명상하고 있다고 하자. 이때 일어나는 일은 무엇일까? 그것은 '감응(感應)'이다. 명상자끼리 서로 소통이 존재한다는 뜻이다. 이는 당연하다. 명상이란 우주와의 합일이므로 명상자끼리의 순간적 소통은 불가피하다.

생명체는, 특히 인간의 경우에는 우주의 내면, 즉 영의 세계와 통로가 뚫려 있어 언제나 소통 상태에 놓여 있다. 기실 생명체란 영의 세계와 뚫려 있는 존재를 의미한다. 흔히 정신이 맑다고 하는 것은 영과 소통이 잘되고 있다는 뜻이다. 영은 시간과 공간을 완전히 아우르고 있는 존재이다. 걸려오는 전화를 미리 느낄 수 있는 현상도 다름 아닌 영의 세계와 소통하고 있기 때문에 가능하다. 흔히 '꽉 막혔다'는 말은 영과의 통로가 작다는 뜻으로 쓰인다.

영혼의 진정한 소통

명상이란 달리 말하면 영과의 통로를 넓히는 작업이라 할 수 있다. 넓으면 통하고, 통하면 합일되는 것이다. 우리가 명상을 하고 있을 때는 영혼이 소통의 기운을 발생시키는데, 이것은 우주 끝까지도 전달된다. 우주 끝이라고 해서 먼 곳이 아니다. 우리가 바라보는 음의 세계는 빛이 공간을 날아가는 데에도 시간이 걸리고 에너지를 소모한다. 그러나 내면의 통로, 즉 영의 세계는 이곳이 바로 저곳이고 지금이 바로 영원이다. 그래서 모든 것은 즉각적이다.

그러한바, 명상의 맥동(脈動)은 모든 명상 중인 사람과 연결되게 되어 있다. 이것은 나의 명상이 남에게 영향을 미치고 또한 다른 사람의 명상이 나에게 영향을 미친다는 것을 뜻한다. 내가 명상 중이 아니라 하더라도 명상 중인 타인의 신호가 내게 닿을 수 있다. 서로 명상 중일 때는 그 힘이 더욱 선명해진다.

명상이란 나 자신의 수련인 동시에 우주 명상에 참여하는 것이다. 모든 명상 수련자가 그러하다. 이는 합창하는 것과 비슷하다. 서로 힘을 북돋아 주는 것이다. 남의 노래와 박자가 내게 도움을 주고, 나의 노래도 남에게 도움을 준다. 그리고 또한 합창 중에 남과 보조를 맞추기 위해 순간순간 나를 조절해가면서 완전한 화음으로 접근해 간다.

이것은 명상을 하고 있을 때와 완전히 같은 양상이다. 우주에는 필경 수준 높은 명상가들이 많을 것이므로 여간한 수련가들은 초보자급에 속할 것이다. 하지만 초보자들이 대가들을 방해할 수는 없을 것이다. 왜냐하면 명상은 제대로 된 것이 아니면 영의 세계로 파급하는 효과가 적기 때문이다.

명상 초보자들의 소란함은 저 자신의 세계에서만 그러할 뿐이다. 이것은 영의 세계로 파급되지 않으므로 저 혼자 열심히 하면 된다.

그러나 명상이란 것은 오래 하다보면 저도 모르게 점점 발전하여 높은 경지에 이르게 된다. 그리하여 마음내 우주 전역에서 수련하고 있는 명상가들과 합류하게 될 것이다.

명상은 집에서 하든 산속에서 하든 그 자체로서 우주 명상에 참여하는 것이므로 큰 의미가 있다. 먼 곳에서 오는 명상의 파장은 내게도 도움이 되고 나의 명상은 멀리 우주로 퍼져 나간다. 우주는 하나인 것이다.

명상은 함께할 때 그 힘을 단순 합산한 것보다 더욱 커진다. 양의 본성이 바로 이것이다. 양은 서로 흔들어주어 소통을 시키며 이것은 우주 자체로부터 새로운 힘을 유입시킨다. 그래서 명상은 어느 곳에 있든 참여(실행) 그 자체로서 우주의 거대 행사에 참여하는 것이 된다. 인간은 명상으로 우주를 돕고, 우주는 명상하는 사람을 돕는다. 이것은 영원한 행사이다. 물론 명상력(맑음)이 특별히 강한 사람은 그만큼 우주에 기여하는 것이 많은 것이다. 그래서 이런 말이 있다.

一佛成道 일불성도 法界無非此佛依正 법계무비차불의정。

한 부처가 깨닫는 순간 모든 세계가 다 깨닫게 된다.

—『금강비론(金剛錍論)』

또 이런 말도 있다.

心淨則 심정즉 衆生淨 중생정。

마음이 맑으면 중생이 맑다.

—『잡아함경』[22]

이는 내 마음이 맑은즉 그것으로 우주에 있는 다른 생명체의 마음도 맑게 할 수 있다는 뜻이다. 명상이란 나를 깨끗하게 하는 수련이지만 이는 남의 영혼을 맑게 하고 나아가 우주를 맑게 하는 것이다. 비슷한 이야기가 『유마경(維摩經)』에도 나온다.

心淨國土淨 심정국토정。

마음이 맑으면 땅이 바르게 된다.

—『유마경』

명상은 나 혼자 하는 게 아니다. 자리에 앉아 고요한 세계에 들어서는 순간 우주와의 통신, 즉 명상공명(冥想共鳴)이 시작되는 것이다. 이는 능력 있는 만큼 남에게 주고, 또한 능력 있는 만큼 받을 수 있다. 그러므로 명상을 옳게 하는 사람은 우주의 본령(本領)과 접속이 강하게 되고 이로써 모든 영혼과 통신(영파의 맥동) 상태에 있을 것이고, 또한 이 때문에 남에게 유리한 결과를 가져올 것이다.

하지만 명상을 한답시고 오로지 앉아만 있는 사람은 본령과의 접속은 되지 않은 상태에서 공연히 애쓰고 있을 뿐이다. 명상은 진실되어야 한다. 겉보기에 힘쓰지 말고 세심하게 정도(正道)를 밟아야 하는 것이다. 처음부터 큰 욕심을 내서는 안 되는 것이 명상이다. 자신의 명상이 조금이라도 옳은 면이 있다면 이것이 씨앗이 되어 반드시 발전하는 법이다.

명상은 양(量)보다 질(質)이 우선한다. 오래 앉아 있는 것으로 명상을 잘한다고 생각해서는 안 된다. 조금이라도 제대로 된 명상을 실행해야 하는 것이다. 그리하여 광대한 우주 명상과 접속되어야 한다.

33

명상으로 위기를 극복한다

예전에는 사람을 만나려면 오랜 세월 동안 세상을 돌아다녀야만 겨우 만날 수 있었다. 그 당시는 딱히 사회라는 것도 없어서 세상은 한가롭고 평화로웠다. 물론 인간끼리의 삶이 그렇다는 뜻이다. 그 당시라면 자연과의 싸움 때문에 인간의 생활은 몹시 힘들었을 것이다.

그러나 오늘날처럼 인간끼리 싸우는 세상은 아니었다. 이에 비해 오늘날은 어떠한가? 자연은 거의 정복했다고 말할 수 있으나 그보다 더한 인간끼리의 무서운 싸움이 계속되고 있다. 오늘날은 하루아침 사이에 세상이 멸망할 수 있다. 이 모든 것의 원인은 사람일 뿐이다.

인간은 어째서 이토록 싸움을 하지 않을 수 없는 존재가 되었을까? 그것은 인간의 지혜가 발달했기 때문이다. 이는 진화의 결과이거니와, 그 때문에 우리 인간은 또 한 번 위기를 맞이하고 있는 것이다. 이러한 위기는 일찍이 없었다. 먼 옛날 자연계의 위험은 극복했지만, 지금의 위기는 그리 쉽게 극복할 것 같지가 않다.

명상으로 인간의 위기를 극복한다

인간은 진화를 거듭한 끝에 지혜가 극대화되고 세상을 지배하는 존재로 우뚝 서게 되었다. 하지만 필연적으로 인간 자체가 인간을 해치는 그런 세상이 되었다. 말하자면 역사의 진화 속도를 인간의 영혼이 따라잡지 못하고 있는 것이 문제이다. 이 문제 외에는 인간 앞에 어려운 문제란 없다.

이 문제를 어떻게 해야 할 것인가? 인간은 이런 문제를 해결하기 위해서 진화의 과정을 더 밟아야 하는가? 아마 그럴 것이다. 아직까지 인간은 각자 지혜는 가졌으나 그것을 인류 전체 혹은 우주를 위해 사용하고 스스로를 제어하는 힘은 덜 발달해 있다. 그것은 앞으로 해결해야 할 절대 명제이다.

그렇다면 무엇이 문제인가? 간단히 말하면 질서이다. 인간은 지혜로운 동물이지만 질서 있는 동물이라기에는 많이 부족하다. 그것은 이제 막 시작한 진화의 방향인 것이다.

질서는 우리 몸의 생리체계 속에 그 방법이 이미 들어 있다. 그것은 다름 아닌 뇌와 말초의 소통이다. 사회적 언어로는 상하의 소통을 뜻한다. 우리 사회의 문제는 언제나 상하가 서로 의견이 다르기 때문에 발생한다. 정부와 국민, 회사와 노동자, 부모와 자식, 학생과 선생 등 모든 문제는 상하의 불통에서 발생하는 것이다.

그렇지만 바로 이 점이 명상을 더욱 가치 있게 한다. 명상은 본래의 질서를 회복하려는 움직임이며 그 이전에 소통의 길을 닦는 수련이다. 그러니 저마다 옳은 것만을 주장하지 말고 상하의 소통에 힘써야 할 것이다.

살다 보면 비록 당시에는 옳지 않은 의견이라도 소통을 위해서 채택될 때가 있는 법이다. 그러나 소통하려는 의지를 멈추지 않는다면 정의는 그 뒤에 자연스럽게 바로세워진다. 그것이 자연의 섭리이자 이치이다. 세상의 정의도 중요하지만 그전에 소통이 없는 정의란 없다는 사실을 잊지 말았으면 한다.

34

명상의 오랜 논쟁, 간화선과 묵조선

화두(話頭)라는 말을 들어보았을 것이다. 화(話)는 말이자 이야기를 뜻하며, 두(頭)는 그저 '말'이라는 의미의 접미사이다. 이는 불교의 선문답(禪問答)에서 나타나는 어떤 문제를 말하는데, 다시 말하면 '옛 스님들이 쓰던 독특한 언어' 정도로 풀이할 수 있다.

여기에 세월이 덧입혀지면서 수많은 화두가 생겨났고, 이를 해결하면 깨달음을 얻기를 바라면서 현재도 많은 사람이 화두에 매달리고 있다. 이쯤에서 유명한 화두의 예를 하나 들어보자. 야부(冶父) 스님의 게송(偈頌) 중에 이런 구절이 있다.

西川十樣錦 서천십양금
添花色鮮轉 첨화색선전。
慾知端的意 욕지단적의
北斗南面看 북두남면간。

서천(西川)의 열 가지 무늬 비단에 꽃을 더하니
색이 더욱 영롱해라.
명백한 의미를 알고자 하는 이는
북두성(北斗星)을 남쪽을 향해 볼지어다.

—『금강경』〈야부송(冶父頌)〉

'북두남면간(北斗南面看)'이라는 말은 남쪽을 향해서 북두칠성을 바라보라는 뜻인데, 참으로 이상하다. 북두칠성은 북쪽에 있는 것인데 이를 보려면 남쪽을 바라보라니, 상당한 모순이다. 남쪽을 아무리 바라본들 어찌 북두칠성을 발견할 수 있을 것인가? 하지만 남쪽을 바라보고 북두칠성을 찾아내야만 깨달을 수 있다는 것이다.

물론 이는 비유이다. 여기서 문제는 그 뜻이 무엇이냐 하는 것인데, 그것을 알게 되든 혹은 정말로 남쪽에서 북두칠성을 발견하든 깨달음에 이를 수 있다는 것이다. 어떤 사람은 화두를 통해서만이 유일하게 깨달음에 이를 수 있다고 하여 화두에 몰두한다.

이것을 이름하여 간화선(看話禪)이라고 한다. 간화선 수행자들은 명상의 자세에서 오로지 화두만 생각한다. 그런 식으로 오랜 세월을 지내면 깨달음을 얻을 수 있다는 것인데, 온 정신을 집중해야 하는 것은 물론이다.

'남쪽을 바라보면서 북두칠성을 찾으라'는 말은 도대체 무슨 뜻일까? 이것을 필사적으로 생각하게 되면 모든 것을 잊고 그 문제 하나만 뇌에 남게 된다. 어쨌건 한화선을 하다보면 잡념은 없어질 것이 틀림없다.

이는 상사병에 걸린 사람이 한 여인만 생각하기 때문에 아무것도 머리에 들어오지 않는 것과 닮아 있다. 실제로 상사병에 걸린 사람은 죽음에 이르기도 한다. 그 여인 외에 머릿속에 들어오는 것이 전혀 없으니 뇌의 기능이 멈춰설 수밖에 없을 것이다. 마약 중독자도 오로지 마약 한 가지만 생각하기 때문에 같은 상황이 된다.

간화선은 명상에 좋은 방법인가

화두는 이런 상황을 자초하여 깨달음에 이르고자 한다. 이는 화두라는 문제가 너무 궁금하여 반드시 해결하고 싶다는 욕망이 있어야만 가능하다. 도중에 시들해지면 안 된다. 아예 화두 자체가 불가능한 사람이 있는데, 이 사람은 화두를 신기해하지도 않고 도통 재미를 못 느낀다. '그래서 이게 무슨 문제야?', '이거 웃기는 문제 아니야?' 이렇게 생각하면 화두는 무용한 일이 되고 만다. 하지만 이런 태도는 옳지 않다. 세상에는 문제가 많은 법인데, 그것에 전혀 관심이 없다면 호기심이 없는 사람으로서 생명력이 크게 저하되어 있는 것이다. 생명력이란 의욕을 말하는 것으로 이것이 없다면 우울증마저 생긴다.

간화선은 화두에만 몰두하기 때문에 그 외의 생각은 없어지는 것은 분명하다. 물론 완벽하게 한 문제, 즉 화두에 몰두해야 효과가 있는 것이다. 어떤 사람은 간화선에 대해 '가만히 앉아 엉뚱한 문제에 도전하면서 깨달음을 기다리는 행위'일 뿐이라고 폄하하기도 한다. 그래서 간화선을 대오선(待惡禪)이라고 부르기도 한다. 이는 깨달음을 기다리는 게으른 행위라고 비웃는 것이다.

화두라는 것, 이것은 하나의 문제에 몰두하는 것으로, 명상 수련자(깨달음을 얻고자 하는 사람)들 외에도 그렇게 하는 사람이 있다. 바로 과학자들이다. 과학자들은 한 가지 문제를 해결하기 위해 모든 생각을 치워버리고 오로지 자신의 문제에 몰두한다. 이렇게 하면 문제가 풀리기도 하고 또는 평생 헛수고를 하기도 한다.

명상 수련자도 같은 상황에 빠질 수 있다. 깨달음은 얻지 못하고 평생 시간만 보낼 수도 있다는 뜻이다. 실제로 많은 수련자들이, 아니 거의 모든 수련자들이 화두로 일생을 덧없이 보내고 있다. 과연 이대로 좋은 것일까? 화두, 즉 간화선은 명상에 좋은 방법일까?

무술을 수련하는 사람이나 신선이 되고자 하는 사람은 화두 자체가 잡념이다. 실은 깨닫고자 하는 사람에게 화두는 또다른 잡념이다.

화두의 효과는 인간의 모든 판단을 제거하여 그 때문에 어쩔 수 없이 깨달음을 얻게는 하지만 필연성이 없다. 즉, 화두로 깨달을 수는 있지만 화두가 깨달음을 보장해주지는 않는다는 뜻이다.

이외에 묵조선(默照禪)이라는 것도 있다. 묵조선은 간화선과 대조적인 방법인데, 이는 아무 생각 없이 앉아 있는 것을 말한다. 이른바 무념무상을 추구하는 것이다. 묵조선은 능동적으로 직접 무념무상으로 달려간다는 의미가 있다.

여기서 나는 단언하겠다. 명상에는 화두가 필요 없다. 깨닫기 위해서는 무수히 많은 방법이 있는바, 굳이 명상을 해치면서 화두를 유지할 필요는 없다. 명상은 순수해야 한다. 깨닫겠다는 마음을 갖는 것 자체가 깨닫지 못하도록 방해할 뿐이다. 명상은 바로 묵조선이다. 묵조선이 깨닫게 하느냐 마느냐는 다음 문제이다. 명상 자체만을 논할 때는 간화선보다 묵조선이 낫다.

명상은 묵조선이다

명상은 비록 깨달음을 얻지 못하더라도 다른 많은 이익이 있기 때문에 하나의 목표(깨달음)에 목매어서는 안 된다. 명상은 명상일 뿐이다. 명상은 우주 저 먼 곳에서 명상하는 사람과 감응하는 것도 또한 보람 있는 일인데, 간화 상태에서는 다른 명상 주체와 감응이 일어날 리가 없는 것이다. 왜냐하면 간화선은 마음이 뇌에 있어서 영혼이 열려 있는 상태가 아니기 때문이다.

재차 강조하는 바이지만 아무 생각 없이 평범하게 명상을 하는 것이 가장 좋은 방법이다. 묵조선이나 간화선이 깨달음을 줄 수 있다는 것을 부정하지 않는다. 두 가지 방법은 일장일단이 있으나 깨달음에 이르게 하는 데는 큰 차이가 없다. 다만 간화선은 명상의 다른 목표를 방해하기 때문에 권장하고 싶지 않다. 묵조선은 그 자체가 순수하기 때문에 다른 목표를 해칠 일도 없고 또한 깨달음을 방해하지도 않는다.

항간에는 깨달음을 위해 저마다 하나의 화두를 정해서 집단으로 모여 화두 명상, 간화선을 하는 경우도 있다. 애써 그럴 필요가 있을까? 화두는 일상생활 가운데 얼마든지 실행할 수 있는 것이다. 일을 하다가도, 책을 읽다가도, 연애를 하다가도, 잠을 자다가도 문득문득 화두가 떠오르면 집중하면 된다. 이러한 방법이 앉아서 몰두하는 것보다 훨씬 더 효과가 있다.

그리고 화두를 하는 데 있어 반드시 앉아서 해야 하는지도 의문이다. 사실 명상 자세를 취하고 있다는 자체도 하나의 집중으로서 앉아서 화두를 하는 것은 두 개(혹은 그 이상)의 생각에 집중하는 것과 마찬가지이다.

화두는 걸으면서 하는 것이 훨씬 더 효과적이다. 또는 의자에 편히 앉아서 하면 된다. 억지로 명상 자세를 취할 필요가 없는 것이다. 명상 자세는 그 자체로서 또 하나의 행위이기 때문에 화두에 방해가 된다. 화두는 제멋대로 아무렇게나 그때그때 편한 자세로 하는 것이 가장 효과적이다. 소위 상주좌와(常住坐臥)에서 화두하는 것이다.

명상은 반드시 앉아서 하는 것이니 화두와는 다른 개념이다. 결국 명상이란 다름 아닌 묵조선을 일컫는 것일 뿐이다. 회양선사가 제자인 마조에게 앉아만 있으면 깨달을 줄 아느냐고 질타한 바 있지만, 그것은 깨달음이란 모든 곳에 있으므로 억지로 작위하면서 하나만 고집하면 안 된다는 뜻에서 한 말이다.

한마디로 간화선은 명상이 아니다. 묵조선만이 명상인데, 그렇다 하더라도 깨달음에 이르는 유일한 수단이란 뜻은 아니다. 다시 말하거니와 명상은 자기만을 위하는 것이 아니고 우주의 수많은 주체가 공유하는 것이다. 명상은 수련이고 또한 참여이다. 간화선은 참여가 아니고 고립인 것이다.

그리고 또 하나 알아둘 것은 애당초 화두가 쓰여졌을 때 그 목적은 잘난 척하는 사람을 질타하기 위해 만들어진 것이다. 말하자면 "네가 그렇게 잘났으면 이 문제를 풀어봐라!" 하는 식이다. 이것이 바로 화두였다. 후에 화두는 깨달음을 위한 용도로 변질되었던 것이다. 화두는 『벽암록』, 『무문관』 등 모음집이 있었는데 『벽암록』을 저술한 원오극근(圜悟克勤)의 제자 대혜종고(大慧宗杲)는 화두가 잘못된 용도로 쓰이는 것을 개탄하여 『벽암록』을 수거하여 불태워버렸다. 그는 아예 목판까지 없애버렸는데, 후세에 겨우 복원된 것이다.

이는 화두가 잘난 척, 아는 척을 막기는커녕 오히려 화두를 제멋대로 해석하여 더 큰 잘난 척, 더 큰 아는 척을 양산하기에 이르렀기 때문에 생긴 일이다. 화두에는 이렇듯 병폐가 많다. 이제는 명상마저 화두에 손상을 입고 있는바, 이는 크게 경계할 일이다. 화두를 품고 하는 명상, 이른바 간화선은 명상을 해친다는 것을 명심해야 한다.

그리고 꼭 화두를 해야겠다면 평소에는 하고 싶은 대로 하고 명상 중에서만큼은 화두를 버리고 완전히 무심한 명상을 수련해야 할 것이다. 필자도 『벽암록』, 『무문관』 등을 통해 수백 가지의 화두를 섭렵했지만 명상 중에는 이마저 버리고 순수 상태에서 수련해왔다.

간화선과 묵조선에 대한 문제는 묵조선이 옳다고 다시 한 번 단언하겠다. 명상은 뇌를 다스리는 기술이 아니다. 오히려 뇌를 사용하지 않는 상태로 돌입하는 것이 명상의 목표이다. 화두는 번뇌이니 반드시 떠나야 한다. 그리하여 우주에서 명상하는 수련가들과 실시간 소통이 이루어져야 한다.

35

깨달음 너머에는 무엇이 있는가

옛날에 이런 일이 있었다. 불교의 위대한 선각자 의상대사(義湘大師)와 원효대사(元曉大師)의 이야기이다. 두 사람은 초학 시절에 함께 중국에 유학을 가려고 길을 나섰다. 이 당시는 중국을 간다고 해도 비행기나 자동차로 가는 것이 아니고 걸어서 가는 것이었다. 그렇게 하는 것 또한 수행이어서 두 사람은 천천히 멀고 먼 중국을 향해 걸어가고 있었다.

그러던 어느 날 무덤가에서 하룻밤을 지내게 되었다. 이날 원효는 한밤중에 심한 갈증을 느껴 잠에서 깨고 말았다. 마침 근처에 물이 들어 있는 바가지를 발견해 시원하게 마시고 난 뒤 다시 잠이 들었다. 그런데 아침에 깨어 보니 지난밤 마셨던 물이 다름 아닌 인간의 해골에 담겨 있는 물이었던 것이다.

원효는 이를 아는 순간 구역질이 나서 지난밤 마신 물을 다 토해 냈다. 그러고 나서는 한참을 기분이 상해 있었는데 그 순간 어떤 깨달음이 찾아왔다. 어제는 그토록 시원하고 달았던 물이 오늘은 어째서 구역질이 난단 말인가? 이는 오로지 마음의 작용이라는 것을 원효는 즉각 파악했던 것이다.

心生卽種種法生 심생즉종종법생 心滅卽種種法滅 심멸즉종종법멸。

마음이 있은즉 가지가지 사건이 있고 마음이 없으면 가지가지 사건이 소멸하는 것이다.

—『능가경(楞伽經)』

이는 마음에 따라서 사건에 대한 인식이나 기분이 달라진다는 것이다. 일체유심조(一切唯心造), 즉 '모든 것은 마음이 지어낸다'는 뜻이었다. 원효는 이를 경험하고 속으로 쾌재를 불렀다. 그리고 이어 생각했다. '모든 것이 마음의 장난이거늘 중국에 가서 배울 것이 더 무엇이겠는가?'

이런 생각을 하게 된 원효는 중국 유학을 단념했다. 이제 깨달았으니 중국에 갈 필요가 없다는 것이었다. 그래서 의상 혼자 중국에 가게 되었다. 원효대사가 생각했던 요점은 모든 것이 마음에 있으니 밖으로 애써 돌아다닐 필요가 없다는 것이다.

이 문제를 좀 더 깊게 짚어보자. 원효 같은 선각자에게 감히 불경을 저지르는 것이지만 나도 한 수행자로서 감히 이야기하고 싶은 것이 있다. 나는 원효가 깨달음을 얻었더라도 중국에는 가야 했다고 본다. 깨달음을 얻었으면 이제 중국에 가서 견문을 넓히면 될 것이 아니겠는가? 깨달음은 스스로 간직하면 그만이다. 애당초 중국엘 가려던 중에 깨달은 것이니 끝까지 방향을 틀지 않고 중국에 간들 무슨 손해가 있을 것인가? 오후수행(悪後修行)이란 것이 있다. 이는 깨달음 후에 수행하는 것으로, 그야말로 진짜 수행에 해당된다.

오후수행

깨닫기 전에는 무엇을 모르는 상태에서 이것저것 마구잡이로 해보는 정도였을 것이다. 그러나 깨닫고 나면 세상의 이치를 훤히 궤뚫어 보기 때문에 수행의 방법을 선택하는 일도 아주 뛰어날 것이 분명하다. 깨닫기 전에는 마치 아이가 멋모르고 행동하는 것과 같지만 깨닫게 되면 수행의 차원이 다를 것이다.

"깨달은 사람이 수행할 것이 무엇이 더 있단 말인가?" 이는 당치 않은 질문이다. 깨달음의 뜻을 잘 모르고 하는 어리석은 질문일 뿐이다. 예를 들어 보자.

지난 2010년 남미 칠레의 산호세 탄광에서 역사상 가장 심각했던 광산 붕괴사고가 일어났다. 광부 33명이 지하 700미터 깊이의 땅속에 갇히게 된 것이다. 이들은 69일 동안이나 땅속에 갇혀 있었다. 매몰된 지 17일 만에 광부들의 생존을 확인한 칠레 정부는 필사적인 구조작업을 벌였고, 전 세계 사람들이 안타까워하며 이 광경을 실시간으로 지켜보았다.

그러나 갇힌 사람은 바깥 상황을 알 길이 없어 절망에 빠져 있는 상태였다. 그러던 중 힘들게 구멍을 하나 뚫게 되었다. 사고 현장과 바깥세상이 연결된 것이다. 동굴에 갇힌 사람들에게 이제 한 가닥 희망이 생겼다. 뚫린 구멍으로는 제일 먼저 통신선이 내려갔고, 이어 생필품이 보급되기 시작했다. 그렇게 33명 전원이 안전하게 가족의 품으로 돌아갔고, 사람들은 이를 '칠레의 기적'이라 불렀다.

뻔한 과정이지만 수행에서 깨달음도 이와 같다. 깨달음이란 갇힌 곳(나 자신)에서 천지 대자연과 연결된 것을 의미한다. 이는 동굴에 갇힌 사람이 외부와 연결된 것과 완전히 합치되는 내용이다. 이를 두고 플라톤은 가상의 세계에서 실세계를 깨닫게 되었다고 말한다.

동굴 상황을 더 보자. 이곳에 갇힌 사람은 위기가 끝난 것이 아니다. 아직 밖으로 나오지 못했기 때문에 앞날은 알 길이 없다. 당국은 구멍을 넓히는 작업을 계속했고, 마침내 그들을 생환시키는 데 성공했다. 깨달음이란 것도 마찬가지 상황이다. 조그만 깨달음이 있었다면 이를 시원하게 뚫어야 할 것이고, 또한 동굴에서 완전히 떠나야 할 것이다. 『옥허진경』에서는 이렇게 말한다.

> 修道者心必廣窄通也 수도자심필광착통야 入道門則窄矣 입도문즉착의 入道屋則廣也 입도옥즉광야。

> 수도자의 마음은 좁고 넓은 것을 통달해야 하는바, 처음에 뚫고 들어가 깨닫고 후에는 그것을 넓히는 것이다.
>
> —『옥허진경』

실상 깨닫고 나서 하는 수행은 더욱 값진 것을 얻을 수 있기 때문에 깨달음을 얻은 많은 성자(聖者)들은 오후수행에 더 역점을 둔다. "이제 드디어 수행할 때가 온 것이구나!" 이것이 깨달은 사람의 마음이다. 중국에 가면 배울 것도 많을 것이다. 깨달음 그 자체는 더 배울 것이 없다 치더라도 깨우침을 더 확장하는 작업은 큰 나라에 가서 경험해보는 것도 좋았을 것이다.

깨달음을 확장하는 작업이 바로 오후수행이다. 그리고 깨닫지 못했다 하더라도 방편을 크게 넓히는 것은 크게 바람직한 일이다. 명상도 그렇게 해야 함은 물론이다.

36

주역과 명상

사물을 표현하기 위해서는 언어가 필요하다. 인류 문명에서 문자의 발명은 다른 그 무엇보다도 위대한 성과가 아닐 수 없다. 언어로 모든 것을 나타낼 수 있기 때문이다. 언어는 사물의 뜻을 분명히 할 뿐만 아니라 그것을 영구적으로 보존할 수도 있다. 이 때문에 우리는 먼 옛날 성인의 가르침도 시간을 초월하여 배울 수 있게 된 것이다.

만약 언어가 없었다면 인류가 문명을 이룩할 수 있었을까? 문명의 발전은 반드시 언어를 필요로 한다. 언어는 인간을 만물의 영장으로 발돋움하게 해준 절대적 요소이다. 우리는 언어로써 사물을 지칭할 수도 있고 마음속의 심오한 뜻도 전달할 수 있다.

다만 현재 인간이 발명한 언어는 아직도 발전 중에 있어서 사물을 완벽하게 표현하지는 못하는 것 같다. 논리학자에 의하면 인간은 언어로 표현할 수 있는 것만 생각할 수 있다고 한다. 이는 언어의 위대성을 뜻하는 것이 아니다. 실은 언어가 아직 미완성이어서 마음속에 있는 것을 다 표현하지 못한다는 의미이다.

子曰자왈, 書不盡言서부진언, 言不盡意언부진의。
然則연즉, 聖人之意성인지의, 其不可見乎기불가현호?
子曰자왈, 聖人立象以盡意성인입상이진의, 設卦以盡情僞설괘이진정위, 繫辭焉以盡其言계사언이진기언, 變而通之以盡利변이통지이진리, 鼓之舞之以盡고지무지이진。

공자가 말하였다.

"글은 말을 다 담을 수 없고, 말은 마음을 다 담을 수 없구나."

그러자 호연이 물었다. "그러면 성인의 뜻은 어찌 알 수 있습니까?"

그 말에 공자가 답하기를, "성인은 상(象)을 세워 뜻을 다 나타내고, 괘(卦)를 설(設)하여 정위(情僞)를 다 나타내며, 계사(繫辭)를 하여 그 언(言)을 다 나타내고, 변(變)하고 통(通)하게 하여 리(利)를 다 나타내며, 북을 치고 춤을 춰서 신(神)을 다 나타내는 것이다."

—『주역(周易)』〈계사전〉

이는 심오한 성인의 뜻을 글로써 다 표현하지 못했을까 걱정하는 마음을 말하는 것일 것이다. 기실 언어는 한계가 있다. 그래서 책으로 읽는 것보다 저자를 만나 직접 강의를 듣는 것이 나을 때가 있다. 불교의 경우 부처님의 뜻을 기록한 경전도 해설이 필요한바, 이 모든 것이 언어의 한계성을 말하는 것이다.

주역으로 명상을 풀 수 있다

명상도 마찬가지이다. 대개 마음속에 있는 일을 말로 전달하려 할 때 그 뜻이 잘 안 잡히는 경우는 허다하다. 명상이라면 마음이 행하는 아주 깊고 비밀스러운 내용일 터인즉 더더구나 표현하기가 어렵지 않겠는가?

이렇기 때문에 명상에 대해 그 기법의 세세한 것까지 정확히 설명하기 위해서는 비상한 방법이 필요하다. 마침 세상에는 그런 것이 나와 있다. 바로 주역인데, 주역은 만물의 뜻을 규명하려는 데서 탄생한 학문이다. 따라서 절대적인 표현을 구사하고 있다.

주역의 표현 방법은 인간의 언어를 초월하여 그 어떤 의미라도 전달할 수 있다. 명상의 기법은 인간 정신의 가장 깊은 내용을 말하는 것이어서 주역의 괘상이 아니면 표현할 방법이 없다. 인간의 언어는 미흡하기 그지없다. 우리의 생각은 언어로 표현할 수 있어야만 그 뜻이 명확한 법인데, 명상의 뜻은 언어의 능력을 넘어선다.

주역이 구체적으로 어떻게 되어 있는지는 단숨에 설명할 수는 없다. 하지만 주역을 모르는 사람이라도 잠깐만 생각해보면 그 뜻을 짐작할 수 있다. 이는 주역이 아주 조직적으로 구성된 언어이기 때문이다.

공자는 일찍이 드넓은 견문을 통해 우주 대자연의 섭리를 다 파악하고 있었다. 하지만 인간의 언어로써 그 모든 것을 완벽히 표현하는 것이 불가능함을 알았다. 이러던 중 공자는 주역을 만났다. 이후 공자는 주역을 통달했고 주역의 괘상으로 성인의 뜻을 다 표현할 수 있다고 밝혀놓은 것이다.

예부터 뜻글자로 이루어진 한문은 심오한 것을 표현하는 데 아주 편리하다고 알려져 있다. 하지만 한문은 보이는 것들의 형상에서 비롯된 글자이다. 즉 이해할 수 있는 내용만 문자로 표현할 수 있을 뿐이다. 한문의 표현 능력은 무한하지 않다. 그렇기 때문에 한문의 표현 밖에 존재하는 사물에 대해서는 상상조차 할 수 없었다.

이제부터는 주역의 괘상을 사용하여 인간 정신의 심오한 내면을 조명할 것이다. 주역을 모른다고 조금도 걱정할 필요가 없다. 차제에 주역의 괘상도 공부할 수 있어 더욱 다행스러운 일이다.

세상에는 공부할 것이 참으로 많다. 그러나 인생에서 가장 중요한 공부는 두 가지뿐이다. 첫째는 명상으로, 이는 세상을 초월하여 근원을 깨닫는 방법이다. 둘째는 온 세상의 사물의 뜻을 규명하는 것이니, 이것은 바로 주역이다. 공자는 아침에 도를 들으면 저녁에 죽어도 좋다고 선언한바, 이는 명상의 목표와 일치한다. 그런데 공자는 만물의 근원을 탐구하는 것 못지않게 주역 공부에도 몰두한 바 있는데, 이는 깨달음의 세계 못지않게 이 세상도 중요하다는 것을 가르치고 있는 것이다.

다시 강조하거니와 인생은 두 가지 공부를 통해 완벽한 경지에 도달할 수 있다. 뿌리를 깨닫고(명상) 그 줄기를 파악한다면(주역) 이보다 더한 것이 어디 있겠는가? 명상과 주역은 모든 도인의 수행 목표가 아닐 수 없다. 주역을 통해 명상의 뜻을 밝히고 또한 그것을 기필코 달성한다면 체(體)와 용(用)을 다 갖추는 것이 될 것이다. 이로써 우리는 성인의 영역에 다가설 수 있다.

주역의 괘상으로 알아보는 명상의 실체는 4부에서 다루겠다. 세상은 나와 우주가 있는바, 성인의 경지에 이르게 되면 우주와 나는 일치하게 될 것이다. 또한 삶과 죽음도 하나가 되니 우리의 가치는 영원하지 않겠는가?

누가 능히 탁류를 고요히 가라앉혀

천천히 맑게 할 수 있겠는가?

또 누가 능히 안정된 것을 움직여

천천히 생동하게 할 수 있겠는가?

제 4 부

깊은 곳으로 나아가라

주역의 괘상으로 알아보는 명상의 목표

37

부동심이란 무엇인가

1985년 나는 미국에 있었는데, 그곳에서 한 아이를 만났다. 이 아이는 열네 살 전후였는데, 아주 특이했다. 나는 일행과 함께 이 아이를 대동하여 길을 걷고 있었다. 그런데 갑자기 천둥과 함께 소나기가 쏟아졌다. 그야말로 눈 깜짝할 사이! 일행 모두는 "이크!" 하면서 몸을 움츠렸다. 차가운 빗방울과 커다란 천둥소리 때문이었다. 이렇게 놀라는 것은 대개 반사적이라고 말한다. 사람은 생리적으로 잘 놀라게 되어 있는 것이다.

하지만 함께 있던 아이는 미동도 하지 않았다. 놀라기는커녕 방금 천둥이 쳤는지 빗방울이 머리에 떨어졌는지 전혀 눈치 채지 못한 것 같았다. 우리는 잠시 후 천둥보다는 아이의 태도에 더 놀랐다. 어찌 이런 일이 있을 수 있을까?

그 아이의 고모가 옆에 있었는데, 그 아이는 어려서부터 스스로 놀라지 않는 훈련을 했다고 한다. 어째서 그런 훈련을 했는지는 모르지만 그 아이는 세상에 어떤 일도 놀라는 법이 없다고 그 고모는 말한다. 대단한 경지에 이르렀다고 말할 수 있을 것이다.

이와 비슷한 얘기가 있다. 『삼국지』의 관운장(關雲長)이 뼈가 썩어서 수술을 하게 되었다. 화타(華陀)라는 의사가 뼈를 칼로 긁어내고 있었는데 관운장은 조금도 놀라거나 찡그리지 않고 태연히 바둑을 두고 있었다고 한다. 관운장도 오랜 세월 수련을 통해 그런 경지에 이르렀을 것이다.

일본의 검성(劍聖) 미야모토 무사시(宮本武藏)는 마음이 흐트러지지(놀라지) 않아야 한다는 것을 강조한 바 있다. 검술에서는 흔히 놀라서 동작이 흐트러지는 경우가 있다. 격투 중이었다면 이 때문에 목숨을 잃을 수도 있는 것이다.

놀라는 일은 우리의 인생사에 아주 흔한 일이다. 그리고 놀라는 것 때문에 건강을 상하거나 사업이 망가지는 경우도 흔하다. 사람이 놀라면 대개 혼란스러워서 이어지는 다음 상태에 영향을 미치게 된다. 운동경기에서는 치명적이다. 음악을 연주하는 사람도 놀라게 되면 흐름이 망가질 수밖에 없다. 김연아의 경우 잠깐 실수가 있어도 놀라지 않고 태연히 다음 동작을 이어나가는 것을 볼 수 있었다.

놀람이라는 것은 인생의 모든 분야에서 나타나 흐름을 방해한다. 군사작전이나 연애에 있어서도 놀란다는 것은 아주 위험한 일이다. 이는 극복해야 할 중요 대상이 아닐 수 없다. 놀라지 않는 마음을 흔히 부동심(不動心)이라고 한다. 이것을 완전히 터득하면 성인의 경지라고 말하기도 한다. 물론 놀라지 않는다고 당장 성인이라고 할 수는 없을 것이다. 다만 위대한 사람들은 놀라거나 쉽게 마음을 바꾸지 않는다는 것을 이해할 수는 있다.

'놀라는 것'을 다른 말로 '요동친다'고도 한다. 이것을 자제시키는 훈련은 도인의 수련 중에서도 아주 중요한 과제이다. 요동을 자제할 능력을 갖추게 되면 이를 굳건하다고 말하거니와, 맹자가 말한 부동심(不動心)도 다 같은 뜻이다.

태산과 같은 마음

부동심은 사람에 따라 무한한 차이가 있다. 선천적일 수도 있지만 후천적으로 열심히 수련함에 따라 부동심을 키워나갈 수도 있다. 변덕이 심한 사람, 화를 잘 내는 사람, 말이 많은 사람, 겁이 많은 사람 등은 모두 부동심이 결여되어 있는데, 이는 사는 데 불편함은 물론이려니와 인격 수양에 크게 지장을 받는다.

여기서 부동심을 묘사하는 주역의 괘상을 보자. 괘상으로 사물을 묘사하면 함축된 무한한 뜻을 일견(一見)할 수 있기 때문에 이는 최종적 표현이 된다. 부동심은 주역의 괘상으로는 천산돈(天山遯, ䷠)에 해당되는데, 이는 산이 하늘을 바라보고 있는 형상이다. 이때 산이 하늘을 따라 요동하는가? 산은 그저 산일 뿐, 하늘의 일에 미동도 하지 않는다. 여기서 하늘이란 세상 또는 세상만사(世上萬事)인데, 그에 대해 산처럼 부동의 자세로 견지하라는 가르침이 함축되어 있는 것이다.

주역을 아예 모르는 사람을 위해 덧붙이자면 괘상이란 그저 하나의 언어체계라고 보면 된다. 주역의 괘상은 인간이 사용하는 모든 언어를 초월하여 대자연의 섭리를 보여주고 있는 최고의 언어이다. 그래서 예부터 주역을 천문(天文)이라고 일컬어왔다. 명상을 표현하는 데 있어서도 괘상이 아니면 다 담을 수 없는 내용이 있기 때문에 부득이 괘상을 사용하는 것이다.

하늘 아래 산 같은 자세, 이를 부동심이라고 표현하지만 그저 하늘 아래 산 같은 자세로 직접 이해하는 것이 수련에 크게 도움이 된다. 눈 감고 단정히 앉아서 마음은 하늘 아래 산처럼 하라는 것은 어려울 것이 없다. 그 모습을 상상하면 그로써 배움이 있는 것이다. 하늘은 시간을 상징하기도 하는바, 그 아래 산은 세월이 가도 흔들림 없이 그 자세를 유지하고 있다. 흔들림은 수행이 부족한 사람에게 나타나는 일반적인 현상이다. 이로써 마음의 많은 것이 무너지는 것이므로 도인은 이것을 바로잡는 것을 게을리하지 않는다.

명상에서 우선 목표로 삼아야 하는 것이 바로 부동심이다. 부동심이란 밖으로 흔들리는 마음을 경계하는 것으로, 이를 우선하는 까닭은 마음을 먼저 내면에 가두어 흔들리지 않게 한 다음에 차차 다른 덕목을 갖추고자 함이다. 이는 야생마를 길들이는 것과도 닮아 있는데, 아무 방향으로나 마구 달리는 것을 진정시켜야만 그다음 훈련이 진행될 수 있는 것과 같다.

흔들림이란 종류가 너무 많아서 일일이 다 열거할 수가 없다. 조금 예를 들자면 어둠을 보고 공연히 무서워한다거나 작은 일에 화가 난다거나 예쁜 여자를 보고 가슴이 두근거린다거나 은행에 쌓여 있는 돈을 보고 침을 삼킨다거나 등은 모두 마음이 흔들린 것이다. 최영 장군은 "황금 보기를 돌같이 하라"고 말한 바 있는데, 이것도 마음의 흔들림을 경계하라고 가르친 것이다.

마음의 경솔함을 단련하는 것은 평소 생활에서도 가능하지만 앉아서 명상을 할 때는 마음을 집중하여 크게 각오를 다지면 미래의 요동까지도 제어할 수 있게 된다. 마음의 요동은 영혼의 속성에 기인하는바, 이를 훈련시켜 부동의 상태가 되도록 만들려면 많은 훈련이 필요하다. 딱히 몇 년 정도가 걸릴지는 잘라 말할 수 없다. 사람마다 크게 차이가 있을 것이다. 다만 부동심은 끝이 없기 때문에 평생을 수련해야 한다.

앞서 말한 어린아이는 불과 열네 살의 나이에 심오한 경지에 이른 것처럼 보인다. 아이의 고모에 의하면 그는 종종 명상을 한답시고 장시간 눈감고 앉아 있기도 하고 일부러 위험한 곳에 가서 마음 흔들리지 않는 실전 훈련을 한다고 들었다. 1985년의 일이니 지금쯤 그 아이는 태산 같은 도인이 되어 있지 않을까?

부동심을 닦는 사람의 예를 더 들어보자. 내가 직접 만나본 사람의 얘기이다. 1970년쯤 나는 명동의 어느 술집에 간 적이 있었다. 그곳에서 조폭들끼리 싸움이 붙어 술집이 아수라장으로 변했다. 이때 나는 아주 이상한 광경을 목격하게 되었다. 한 젊은이가 그 아수라장에서 태연히 앉아서 술을 마시고 있었다. 주변에 맥주병이 날아다니고 사람이 피투성이가 되고 식당 시설은 계속 파괴되고 있는 중이었다. 식당 안의 손님 수십여 명은 벌써 피했고, 식당 밖에서조차 위험을 느껴 사람들은 멀찌감치 피신해 있었다.

그런데도 이 사람은 그 위험 속에서 미동도 하지 않고 술을 계속 마시고 있는 것이다. 두려움 같은 것은 찾아볼 수 없었고, 사람이 부딪쳐올 때도 피하지도 않고 손으로 접근을 막는 정도였다. 멀리서 구경하던 사람들은 처음엔 싸움이 난 곳을 쳐다보다가 나중에 이 사람을 발견하고는 그곳만 보고 있었다. 진짜 구경거리가 이 사람이었던 것이다.

조폭들도 마침내 이 사람을 발견했고 그들도 의아스럽게 생각하며 잠시 구경하던 사이 싸움은 저절로 멈추었다. 마침 경찰이 출동해서 조폭들은 황급히 피신해버렸다. 그러나 그 사람은 계속 술만 마실 뿐 주변을 돌아보지 않았다. 이 사람에게는 조폭이든 경찰이든 관심 없었다. 술이 너무 좋아서 다른 것은 보이지 않는 것일까? 나는 상황이 정리되자 그 사람에게 다가가 어째서 이렇게 위험한 곳에 태평히 앉아 있었느냐고 물었다. 그는 대답했다. "나도 무섭긴 하죠. 그러나 나는 부동심을 수련 중이라서 그냥 버텨본 것이지요, 뭐……."

그랬었다. 그는 부동심을 수련하는 중이었기 때문에 갈 데까지 가 보는 것이었다. 도인의 자세가 바로 이런 것이 아닐까? 산처럼 버티며 세상 일을 하늘 바라보듯 하는 것이다. 흔히 명상을 무심에 비유하기도 한다. 이는 마치 마음이 없는 것처럼 동요함이 없다는 뜻으로 쓰인다. 그러나 무심이란 단어에는 다른 뜻이 많이 포함되어 있어서 단순히 부동심을 무심이라고 말하기는 어렵다. 부동심을 좀 더 알아보자. 『장자』에는 이런 표현이 있다.

形固可使若槁骸형고가사약고해, 固可使若死灰乎심고가사약사회호?

육체를 마른 나뭇가지처럼 만들 수 있고, 마음을 죽은 재처럼 만들 수 있는 것입니까?

—『장자잡편』 제24장 〈서무귀〉

이것은 부동심을 아주 적절하게 표현한 말인 것 같다. 물론 "마음을 죽은 재처럼"이란 말은 "죽은 자의 마음처럼"(없는 마음)이라고 하는 것이 나을 것이다. 산은 바로 그런 뜻으로 사용하고 있는데, 죽음이란 것과 육중함을 함께 표현하고 있다. 죽으면 동요할 일이 없으니 부동심을 말할 필요가 없다.

하지만 살아 있는 채로 부동심을 얻기는 매우 어려운 법이다. 그래서 산으로부터 부동의 자세를 배우라고 하는 것이다. 이를 여여부동(如如不動)이라고 하는바 명상의 목표 중 하나가 바로 이것이다. 괘상 천산돈(天山遯, ䷠)은 하늘이 산을 흔들지 못하고 또한 산이 하늘을 따라가지 않는다는 뜻이니 이로써 다 표현한 것이다.

그럼 여기서 부동심이 우리에게 반드시 필요한 이유를 조금 깊게 생각해보자. 그러기 위해서는 영혼의 속성을 이해할 필요가 있다. 영혼이란 무엇인가를 한번에 다 얘기하기는 어렵다. 하지만 우리는 이제 영혼의 성질 하나쯤은 확실히 논할 수 있다. 영혼은 본시 양(陽)의 속성을 지니고 있는 존재라는 것이다. 그래서 잠시도 멈추지 않고 요동하고 있는 것이다. 이는 영혼의 가벼움을 얘기한 것인데, 이 때문에 영혼은 항상 당황하는 상태로 존재한다.

이것을 멈춰야 하는 것이다. 그래야만 영혼이 제 능력을 발휘할 수 있다. 명상에서 우선 목표로 부동심을 정한 것은 이런 이유에서이다. 무한히 요동치는 것을 일단 잠재워서 천천히 그 실체를 규명하고자 하는 것이다.

38

영혼이 어떻게 신체를 장악하는가

세계 최대 뉴스채널 방송국인 미국 CNN의 창설자 테드 터너(Ted Turner)는 상당한 재력가로 많은 부동산을 소유하고 있는데, 그중에는 제주도 면적보다 네 배나 넓은 거대한 땅도 있다고 한다. 제주도의 네 배이면 나라를 세우기에도 충분한 크기이다. 그런 땅을 도대체 어떻게 소유하고 있는 것일까? 그것은 바로 서류 한 장이면 가능하다. 그 광대한 땅이 미국 법원에 누구의 소유라고 명기되어 있는 것으로 그의 소유가 가능한 것이다.

이로써 그만이다. 그 땅의 소유주는 필경 자기 땅을 모두 답사해 보지도 못했을 것이다. 제주도 네 배 크기라면 자가용비행기로 대충 겉모습만 살핀다 해도 장시간이 걸릴 것이다. 자동차라면 며칠을 다녀도 그 땅의 모습을 다 파악하지 못할 것이다. 그 땅에는 산도 있을 것이고 강도 있을 것이고, 벌판이나 호수도 있을 것이고, 어쩌면 여기저기 많은 원주민이 살고 있을 수도 있다. 그들에게는 그 땅의 소유주가 신처럼 여겨질 수도 있고, '우리 땅은 조상이 물려준 것'이라며 그의 존재를 아예 인정하지 않을 수도 있을 것이다.

땅의 소유자는 그저 소유할 뿐, 구체적으로 그 땅을 관찰하거나 만져보지는 않을 것이다. 이래도 과연 소유한다고 말할 수 있을까? 그런데 이보다 더한 경우도 있다. 옛날 중국의 황제는 그 광활한 영토의 주인이었다. 오늘날의 대통령처럼 그 땅의 대표자가 아닌 그 땅의 실소유자인 것이다. 중국의 황제는 황제 교육을 받을 때 '하늘 아래 모든 땅이 폐하의 소유입니다'라고 배운다. 그리고 평생 그런 생각으로 살아간다. '그 모든 나의 땅 안에 백성들이 살고 있구나' 하고 말이다.

소유란 개념은 실로 애매하다. 실제 사물이 나 자신과의 접촉도가 아주 빈약할 때는 소유의 느낌 또한 점점 감소할 수밖에 없다. 세상엔 아주 이상한 소유도 있다. 이런 것을 과연 소유라고 해야 할지 모르겠으나 버젓이 소유물 행세를 하고 있다. 예를 들자면 광활한 땅보다 더 큰 존재, 말하자면 행성을 소유하는 것이다.

별을 사고파는 회사가 있다. 저 끝없이 멀리 있는, 인간이 영원히 가볼 수 없는 별을 파는 것이다. '온라인 스타 레지스터(Online Star Register)'라는 스위스 회사는 주인 없는 별을 구매자가 선택하면 일정 금액을 받고 구매자가 지은 이름과 천체 사진이 담겨 있는 등록증을 만들어준다. 이로써 그 별은 그 사람의 소유가 되고, 구매자가 붙인 이름으로 불리게 된다. 구매자는 별에 직접 가볼 수는 없지만 등록증에 있는 좌표를 참고해 언제든지 그 별을 망원경으로 바라볼 수 있다.

하지만 사람이 갈 수도 없는 곳(별)을 소유한다는 것이 가능할까? 말로는 가능하다. 소유증서까지 발행해주는 데다 이것을 다른 사람에게 팔 수도 있다. 하지만 실상은 소유증만 있는 소유권! 실제로 땅은 있으나 영원히 가볼 수 없는 곳, 이런 곳을 소유했다고 했을 때 과연 이를 소유했다고 할 수 있을까?

좀 더 가까운 현실적 소유에 대해 생각해보자. 자동차가 있다. 이것이 내 것이면 바라볼 때마다 확실히 소유감을 느낀다. 은행에 있는 돈은 어떤가? 확실히 내 소유이지만 지갑에 있는 돈보다는 소유감이 덜하다.

물론 이것은 관념의 문제이지 감각의 문제는 아니다. 제주도 네 배만 한 땅을 소유할 때, 감각은 소용이 없다. 자그마한 나의 정원은 어떤가? 여기서는 내 땅이란 것, 이곳이 내 세상이란 것을 느낀다. 담장이 둘러져 있다면 소유감은 더 커진다. 소유란 이런 것이다.

신체 감각에 대하여

그렇다면 인간에게 있어 가장 큰 소유감을 느끼는 것은 어떤 것일까? 손에 사과 하나를 쥐고 있을 때 이것은 강력한 소유감을 느끼게 한다. 어린아이들이 장난감을 가지고 놀 때도 강한 소유감을 느낀다. 몸에서 가까우면 소유감이 강해지는 것이다.

여기서 생각해보자. 사람에게 있어 가장 강한 소유감을 느끼게 하는 것은 어떤 것일까? 그것은 다름 아닌 우리 몸 자체이다. 우리는 몸을 통해 강한 소유감을 느낀다. 세상에 이보다 더한 소유의 느낌은 없다. 이 소유감은 너무나 강해서 그 자체가 자기가 된다. 몸은 나의 것이지만 느낄 때는 자기 자신 그 자체가 된다.

이것은 뻔한 얘기이지만 아주 중요한 사실을 담고 있다. 이는 너무나 당연하여 '그렇구나' 하는 것조차 모른 채 평생 살아간다. 갓 태어난 어린아이는 자신과 세상의 차이를 느끼지 못한다. 그러나 1년도 채 되지 않아 자기 몸과 세상의 차이를 확실히 구분하기 시작한다. 이때 어린아이가 구분하는 것은 나의 몸과 세상이 아니라 나와 세상의 차이이다. '나'와 '내 몸'의 구분은 애당초 없었다는 것이다.

이는 고도의 철학적 문제이지만 인생에서 고도의 수련 단계에 이르게 되면 나와 나의 몸을 구분하는 것은 절대적 명제가 된다. 특히 명상을 하는 데 있어서는 나와 나의 몸을 구분하는 것이 모든 것에 우선한다. 내가 명상을 하는가, 아니면 나의 몸이 명상을 하는가? 이것을 분명히 해두어야 한다. 그래야만 명실공히 명상이라는 실제에 도달하는 것이다.

지금부터 이 문제를 심도 있게 고찰해보자. 나의 몸을 소유한다는 것, 이것은 다름 아닌 삶을 의미한다. 삶이란 영혼이 몸을 소유하고 있는 동안만 존재하는 것이다. 여기서 소유란 서류상 권리가 아니라 현재진행형으로 온전히 소유를 느끼고 있는 상태를 일컫는다.

이것은 흔히 감각이라고 하는데, 감각은 지각하고는 아주 큰 차이가 있다. 예를 들어 보자. 내 다리에 물방울이 떨어졌다. 이것을 보고 있노라면 지각이 발생한다. 우리의 생명체는 감각 말고도 지각이란 것을 운영하고 있다. 하지만 안다는 것과 느낀다는 것은 큰 차이가 있다.

느낀다는 것은 소유감 그 자체를 말하는 것이고, 또한 생명체 특유의 기능이기도 하다. 로봇은 자기 몸을 가지고 있다는 것을 지각을 통해 알 수는 있으나 인간의 몸처럼 느낄 수는 없을 것이다. 우리 인간은 자신의 몸을 감각적으로 온전히 소유하고 있는바, 이것이 곧 삶이라는 것은 두말할 나위가 없다.

감각적 소유는 그 소유물 자체와 나 자신을 하나로 묶는 성질이 있다. 이는 신경계의 신비이거니와 이 문제는 명상을 수련하는 사람이라면 항상 접하는 절대 명제이다. 감각은 영혼을 끌어들여 이리저리 현상에 몰입시킨다. 이 때문에 우리의 영혼은 항상 몸에 휘둘리는 것이다. 그리고 이 휘둘림은 감정을 유발시키는데, 이 감정이 영혼을 삶에 더욱 깊게 빠져들게 한다.

명상은 이런 삶의 상태 속에서 주체성을 상실하지 않기 위해 수련하는 것이다. 감각에 이어 발생하는 감정은 무한히 많은 문제를 야기한다. 여기서는 소유성 문제에만 집중하자. 생물적 소유란 분명 일체감을 유발시키는데 이것은 명상의 중요 관문이 된다. 우리가 명상을 할 때 몸을 소유한 채 어떤 영혼의 자세를 유지하는 것이 목표이기 때문이다. 우리는 분명 우리의 몸을 소유하며 일체감을 느낀다.

그렇다면 일체감이라는 것은 모든 사람이 동일할까? 내가 몸을 느끼듯이 남도 그와 똑같이 느끼느냐를 묻는 것이다. 잠깐 생각해보면 그럴 것이라고 생각할 것이다. 하지만 몸의 느낌은 사람마다 아주 다른 것이다. 이는 남의 몸속에 들어가 보지 않고서는 실감이 나지 않겠지만 논리적으로 규명할 수 있다.

여기서 잠깐 짚고 넘어갈 것은 몸에 대해 길게 논하는 이유가 명상의 본질 또는 중요 단계로 이끌어가기 위함이라는 것이다. 다소 복잡한 논의가 전개되고 있으나 대충 이해하고 따라가면 된다. 소설을 읽듯 자연스럽게 내맡기면 되는 것이다. 몸에 대한 감각, 이것이 논의의 핵심이다.

우리는 발과 치아 가운데 어느 것을 더 가깝게 느낄까? 사람마다 다를 수도 있지만 대개는 치아를 더욱 가깝게 느낄 것이다. 이를 '소유의 거리'라고 해두자. 소유의 거리는 대개 뇌와의 공간 거리가 가까울수록 감각적 거리도 가까워진다. 이는 생물학적 기능이지만 명상에 있어서도 절대적으로 중요하다.

우리는 어디에 있는가? 여기에 있다. 여기가 어디인가? 바로 몸 안에 있다. 구체적으로 몸의 어디에 있는가? 이에 대한 답은 사람마다 다를 수 있다. 어떤 사람은 현재 실연을 당해서 영혼이 가슴 근처에 머물 수도 있는 것이고, 또 어떤 사람은 재미있는 상상을 하느라 머릿속 어딘가를 더듬고 있을 것이다.

요점은 이렇다. 우리 몸은 영혼이 볼 때 상당히 넓은 영토에 해당된다. 그 모든 곳에 동시에 있을 수는 없다. 몸의 대부분을 조견할 수는 있지만 그 모든 곳을 일일이 다녀본다는 것은 쉽지 않은 일이다.

이는 광활한 땅을 소유한 사람이 자기 땅을 다 파악하지 못한 상황과 닮아 있다. 우리는 우리의 몸을 속속들이 다 파악하고 있는가? 모든 순간에 우리 몸 모두를 확실히 장악하고 있는가? 우리가 몸을 장악했거나 파악한다는 것은 실시간으로 몸을 느낄 수 있어야 한다. 모든 곳을 말이다.

이 문제를 다른 각도에서 조명해보자. 내가 병원에서 수술을 받기 위해 하반신마취를 했을 때, 그 순간부터 나는 하반신을 바라볼 수는 있어도 느낄 수 없었다. 그 순간은 악몽 같았다. 나는 그때 상체만 있고 하체는 없는 것이나 마찬가지였다. 의사가 칼로 하반신을 깊숙이 파헤쳤지만 나는 그것을 전혀 느끼지 못했다. 이때 나는 하반신을 소유하지 못한 것과 마찬가지였다.

느끼지 못한다는 것은 자기 확인을 할 수 없다는 것이다. 자기 확인이란 소유 확인이란 뜻이지만 몸의 경우는 아주 생생한 절대 감각인 것이다. 삶이란 바로 이것이 아닐 수 없다. 자기 존재에 대한 끊임없는 확인, 장악, 느낌, 일체감 등이 바로 그것이다.

신체를 온전히 장악한 자의 명상

여기서 명상의 순간을 고찰해보자. 우리는 이때 몸을 느끼는가? 다른 말로 몸을 소유하고 있는가? 대부분의 명상가들은 명상의 순간 정신을 무감각 상태로 몰아넣는다. 그리고 모든 것과의 단절을 시도한다. 하지만 이것은 아주 잘못된 수행법이다. 불교에서는 이런 상태를 낙공(落空)이라고 말한다. 그야말로 무의미한 허공으로 떨어지는 것이다. 그래서 찔러도 아픈 줄 모른다고 야유를 받기도 한다. 명상을 할 때 우리는 깊숙이 몸 아래에 몰두하게 되는바, 이 때문에 수면 상태에 빠지게 되는 경우가 종종 생긴다.

어떤 명상 지도자들은 명상 중에 잠에 떨어져도 좋다고 하는데, 이는 큰일 날 소리이다. 명상은 자신을 버리는 행위가 아니다. 명상 중에는 반드시 깨어 있어야 하며, 깨어 있다는 것은 자신의 존재를 확인하고 있다는 뜻이다. 필요 없는 생각을 하지 말라는 것을 무작정 생각하지 말라고 알면 안 된다.

잘 생각해야 한다. 평생을 이런 상태로 수행하며 만족해야겠는가? 이는 잠자는 것과 전혀 다르지 않다. 차라리 잠을 자는 것이 낫다. 수면 중에는 외부와 단절하고 평온한 상태를 유지해주므로 건강에 아주 좋다. 명상에서 얻고자 하는 것은 수면 중에 다 얻을 수 있다. 아예 전신마비 상태로 해두면 잡념이고 뭐고 없다. 느낄 것이 아무것도 없으니까. 더 좋으려면 죽어버리면 된다.

그러나 낙공이나 마비, 죽음 등은 제대로 된 명상이 아니다. 명상이란 살아 있는 채로 수행하는 것이다. 다시 한 번 강조하지만 명상에서 잡념을 버리라고 하는 것은 공연히 머리를 굴리고 그 감정에 빠져드는 것을 경계하는 것이지 모든 것을 망각하라는 것이 아니다.

명상의 순간은 살아 있는 것이고 자기 몸을 확연히 느끼고 있어야 한다. 즉 자기 자신을 유지하고 있어야 한다는 뜻이다. 물론 명상은 여러 단계가 있어 나중에는 자신을 이탈할 수도 있는 것이다. 하지만 그 전에 자기를 확인하는 수련 단계를 반드시 거쳐야 한다.

앞서 명상의 목적 중 심신 단련(신선도)이 있음을 말했다. 이 장의 요점은 명상 중에 차분히 자기 자신을 음미하라는 것이다. 이는 마치 영혼이 자신의 몸 전체를 어루만지는 것과 비슷하다. 피부뿐 아니라 몸속 깊은 곳, 예를 들면 신경이나 뼈, 뇌, 장부 등 몸의 모든 상태를 음미하여 장악하는 것이다.

요가에서는 특히 이런 수련을 중시하는데, 요가 수련이 곧 명상 수련과 일치하는 것은 아니지만 자기 전체를 어루만진다는 것은 명상에서도 중요하다. 어루만진다는 것은 깊게 얘기하자면 휩쓸고 지나가면서 자기 소유라는 것을 확인하는 과정이다.

이는 주역의 괘상으로 풍산점(風山漸, ䷴)이라고 하는바, 존재와의 접촉을 의미한다. 우리의 영혼은 우리의 몸을 포기하거나 망각을 해서는 안 된다. 흔히 잘못된 명상을 오래 하다보면 자기를 확인할 기력이 없어서 자기를 놓치고 만다.

명상이란 몸 없는 귀신이 하는 것보다 살아 있는 상태, 즉 몸을 가지고 하는 것이 천 배 만 배 훌륭하다. 자기를 속속들이 휩쓸고 지나갈 수 있는 능력은 중요하다. 우리의 몸은 제주도의 네 배 정도가 아니라 천 배 만 배 더 넓고 깊다. 이를 모두 장악하려면 자기 몸에 대한 여행이 필요한바, 이것이 곧 풍산점이다.

풍산점은 먼지를 쌓아 산을 만들고 있는 모습을 보여준다. 우리 속담에 "티끌 모아 태산"이란 말이 있는데 그것이 바로 풍산점을 설명한 것이다. 어린아이가 조금씩 성장하여 어른이 되는 것도 바로 이것이다.

세상의 모든 일은 침착하게 한걸음씩 나아가면 모든 일이 이루어진다. 큰 건물을 짓는 현장을 가보라. 처음엔 시시한 몇 가지 일로 시작한다. 나중에는 거대한 건물이 만들어지지 않는가? 공부도 이렇게 하는 것이다. 천천히 조금씩 꾸준히. 모름지기 명상 수행가들은 존재를 겁내서는 안 된다. 오히려 다가가서 자신이 자유자재하다는 것을 확인해야 한다. 그리고 진정한 자유자재는 적(몸)과 함께 있을 때 터득할 수 있는 경지인 것이다.

39

명상의 경지를 넓히려면

현재 우리는 저마다의 경지에 있을 것이다. 이를 넓히는 일에 대해 얘기하자. 어떤 사람은 바다 한가운데서 저 아래 빛을 봤을 것이다(이 사람은 제대로 수련하고 있는 사람이다). 바다도 못 가고 빛도 못 본 사람도 상관없다.

바다에 홀로 나갔다고 생각하면 되고, 또한 그 밑 저 심연 아래로 빛을 봤다고 생각하면 그만이다. 어차피 모든 것은 마음이 지어낸 것이니 유리한 쪽으로 생각하면 된다. 좋은 방편은 성공으로 이끌어 주는 법이다.

이제 저 심연의 광채로부터 시작하자. 계속 광채를 바라보는 수련을 했다면 그다음은 어떻게 되는가? 20년쯤 계속 빛을 바라봤다고 생각하자. 그렇다면 다음 단계로 넘어가도 좋을 것이다(20년이 아니고 2년이라도 상관없다). 여기서 물어보자.

"나는 지금 어디에 있는가?"

"바다 한가운데 떠 있다."

"무엇을 보는가?"

"저 아래 광채를 보고 있다."

"내 마음속 몸은 얼마나 큰가?"

"실제 몸과 똑같은 크기이다!"

그런데 세 번째 문제에 대한 답은 틀렸다. 우리의 영혼은 크기가 없다. 이는 무한하고 또한 한없이 작기도 하다. 영혼은 양(陽)이기 때문이다. 양이란 줄기도 하고 늘기도 하는 존재이다. 그렇기 때문에 영혼은 우리가 마음먹기에 따라 크기가 달라진다.

그러니 이왕이면 마음을 크게 먹고 영토를 크게 해도 좋을 것이다. 가령 우주만큼 크다면 어떤가? 우리는 너무나 오랜 세월 동안 영혼의 크기를 몸의 크기에 맞춰 한정시켜 놓았다. 이제 그것을 탈피할 때가 되지 않았을까?

명상의 목표는 우주 대자연과 합일하는 것이다. 우리가 영혼을 몸

만큼 작다고 생각한다면 영혼은 실제로 그렇게 변하며, 명상은 하나 마나이다. 궁극적 목표를 포기한 채 무슨 명상을 한다는 것인가? 그런 까닭에 우리는 필사적으로 영혼을 확대시켜야 할 것이다.

이는 가능하다. 명상 중에 바다가 있고 그 밑에 광채가 발현 중이다. 이때 우리는 바다 끝까지 날아가봐야 한다. 가도 가도 끝이 없기는 하다. 그러나 끝없는 것을 넘어서는 방법이 있다. 우리는 그것을 터득하여 바다를 우리 몸(또는 영혼) 밖에 놔둘 것이 아니라 그것을 우리 손 안에 둘 수 있어야 한다.

『서유기』에서 손오공은 부처님과 멀리 날아가기 시합을 벌인다. 손오공은 근두운의 속도를 최대한으로 높였다. 그리하여 세상 끝이라고 생각되는 곳까지 도달했고, 그곳에 있는 기둥에 표시를 해두었다. 그런데 알고 보니 그곳은 부처님 손바닥 안이었다. 손오공은 아무리 멀리 날아갔어도 결국 부처님 손바닥 안에 있었을 뿐이다. 이는 우리가 명상 중에 바다를 벗어나려는 상황과 많이 닮아 있다. 그렇다면 어떻게 하는 것이 좋을까?

그것은 바다를 한없이 달리는 것이 아니다. 오히려 바다를 한없이 축소해보라! 눈에 보이는(상상하는) 모든 바닷물이 나의 몸 안으로 계속 들어오도록 해보라. 어떻게? 이는 간단하다. 그렇게 생각만 하면 된다. 처음엔 잘 안 되겠지만 매일매일 명상 수련 중에 바닷물을 몸(실제로는 영혼) 안에 끌어들이는 상상을 하면 된다.

내가 어디론가 달려가는 것은 이미 지고 나서 경기를 하는 것과 같다. 하지만 바다를 축소하겠다는 노력은 이미 이겨놓고 싸우는 것과 같다. 기세가 다르지 않은가? 우리의 영혼은 내가 억지로 작다고 여기지 않는 한 원래 무한한 것이다. 바다가 아무리 커도, 또는 무한하다 해도 영혼은 더 크고 더 무한하다. 바다가 내 몸 안으로 다 들어오면 이제 내가 우주 밖으로 나선 것이다. 부처님의 손바닥을 넘어선 셈이다.

이러한 상태는 주역의 괘상으로 설명할 수 있는바, 이 괘상은 수택절(水澤節, ䷻)에 해당된다. 이는 물이 그릇에 담겨 있는 모습이다. 여기서 물은 바다이고, 그릇은 부처님의 손바닥이다. 나는 그릇 밖으로 나와 그릇에 담겨 있는 물(바다)을 바라본다. 그릇 안에서는 은은한 빛이 나오고 있는 중이다. 나는 처음엔 그곳에 있었다가 지금은 나와 있다. 이래야 끝이 난다.

40

감정에 휩쓸리지 않으려면

사람은 자기와 자기의 감정을 분리해내지 못한다. 우울증에 빠진 사람을 보라. 그들은 자기 몸에 깃들어 있는 감정 때문에 자살까지 시도하는 것이다. 겉에서 보기에는 아무 이상 없는 멀쩡한 몸이다. 하지만 영혼이 그것을 우울하게 느끼면 그 순간 그의 인생은 당장 우울증에 빠진다.

논리적으로 따지면 참으로 우스운 일이다. 우울이란 감정은 세상과는 관계 없이 스스로의 기분 때문에 그렇게 느끼는 거짓된 감정이다. 이론적으로는 확실히 그렇다. 하지만 영혼은 나름대로의 맛을 느끼고 그것을 자기 자신의 실제 상태로 인식한다. 영혼에 그런 능력이 있기 때문에 삶이란 꿈이 아닌 생시로 느껴지지만 우리는 감정의 포로 상태를 면할 수 없다.

우리가 사는 곳은 도시나 산 속이 아니다. 바로 우리 자신의 감정 속이다. 아니, 단순히 그 속에 사는 정도가 아니다. 아예 감정 그 자체가 그 사람이 된다. 이런 말이 있다.

> 凡夫取境 범부취경 道人取心 도인취심。

범부는 경계를 취하고 도인은 마음을 취한다.

—『선종영가집(禪宗永嘉集)』

여기서 경계란 바로 기분을 말하는 것이다. 사람은 누구나 기분과 일치되어 살아간다. 그런데 도인은 기분과 자기를 분리할 수 있다는 것이다. 여기서 마음이란 기분에 완전히 몰입하여 하나가 된 곳에서 자신을 분리해낸 상태를 말한다. 그 마음이란 도대체 무엇이란 말인가? 지금은 감정과 내가 하나로 밀착되어 있다는 것에 주목하자.

공자가 "군자는 화합하되 같아지지 않는다[君子和而不同]"고 말한 것도 같은 맥락이다. 이는 군자가 감정을 가질 수 있으나 이입되어 있지 않다는 것이다. 철학자 스피노자(Baruch De Spinoza)는 감정이 자기 자신과 분명 다른 존재라는 것을 깨닫고 필요할 때만 감정을 느끼고 그렇지 않을 때는 감정에서 떠날 수 있음을 말했다.

감정을 다룰 수 있는가

예부터 많은 도인이 감정을 다루는 일에 한없는 노력을 기울였다. 명상의 목표 중 하나도 바로 이것이다.

여기서 주어진 상황을 주역의 괘상으로 표현해보자. 문제는 감정으로부터의 해탈이다. 이는 천수송(天水訟, ䷅)에 해당된다. 이 괘상은 아래에 구름(☵)이 있는바, 이는 감정을 뜻한다. 위에 있는 하늘(☰)은 우리의 영혼을 뜻한다. 이 괘상에서는 영혼이 감정을 떠나 있는 모습을 보인다. 또한 구름(☵)은 혼돈을 뜻하는바, 감정과 섞여 있어서 혼란이고, 이것을 떠나 하늘(☰)만 홀로 있는 것은 감정으로부터 해탈된 청정한 마음 자체를 보여준다.

이를 비유한 일화 하나를 소개하겠다. 나는 50여 년 전쯤 비행기를 처음 타보았다. 창 밖을 내다보니 아래에는 하얀 구름이 바다를 이루고 있었고 위로는 태양이 노출되어 있어 하늘은 한없이 밝고 맑았다. 참으로 아름다운 광경이었다. 이런 하늘을 보고 있으니 왠지 들뜨고 마음이 상쾌해졌다. 시원하고 행복한 느낌, 그리고 높은 곳에 오르니 모든 것을 떨쳐낼 수 있구나 하는 생각으로 마치 깨달음을 얻은 기분이었다.

비행기는 마침내 땅에 내려앉았다. 이때 나는 다시 하늘을 바라보았는데, 구름이 많이 껴 있었고 날씨가 흐렸다. 이에 따라 기분도 다소 우울해졌다. 신나는 기분, 모든 것을 떨쳐내었다는 기분은 사라지고 혼란 속에 들어선 느낌이었다. 그러나 그 이후로 나는 저 높은 하늘 위에 항상 밝음이 있다는 것을 잊지 않았다. 구름이 하늘을 잠시 가릴 수는 있어도 태양 가까이 높은 곳은 영원히 밝은 것이다. 먼 훗날 이 광경을 회상하면서 마음과 감정의 관계를 음미했었다. 감정이란 구름과 같은 것이지 하늘 자체는 아닌 것이다.

명상이란 어떠한 감정 상태에도 빠져들지 않도록 순수한 자기 자신을 단속하는 일이다. 이는 명상의 두 번째 목표이다. 영혼의 요동을 막고 부동심을 이루었으면 다음 단계로는 영혼이 어딘가로 빠져드는 것도 경계해야 한다. 명상은 겉에서 보면 한 가지 모습으로 보인다. 그러나 그 안에 아무런 내용이 없다면 그게 어찌 명상이겠는가? 앉아서 쉰다는 것만으로는 마음 수련이 될 수 없다.

명상에는 많은 목표가 있다. 하지만 그것을 하나씩 수련하는 것은 아니다. 동시에 많은 목표로 향해 가야 한다. 물론 처음엔 명상의 경지를 하나씩 분류해서 수행해도 좋다. 그러나 나중에는 그 모든 경지가 한 번의 명상으로 동시에 정복될 날이 올 것이다.

41

나를 고스란히 드러낸다

우리의 의식은 원래 밖으로 향하기를 좋아한다. 내 주변 상황을 파악하기 위함이다. 물론 생명체는 가급적 자신은 감추고 세상 밖에 있는 것은 알고자 하는 본능이 있다. 이는 살아가는 데 유리하기 때문에 진화된 것이다. 노출은 일단 위험하다고 봐야 한다.

그 때문에 우리는 감추기를 좋아하고 아예 자기 자신을 알기를 애써 피한다. 그러면서 자기 자신이 상당히 대단한 존재라고 믿고 있는 것이다. 하늘이 알아주는 존재, 세상에서 가장 가치 있는 존재, 너무 잘났으니 평가받을 필요가 없는 존재, 이런 식으로 자신을 감추고 또한 속인다. 이렇듯 영혼은 자기 자신을 속이고 있는 존재인 것이다.

사람은 왜 자신을 드러내는 것을 겁내는 것일까? 그것은 실망할까 봐 그런 것이다. 평가받거나 자기 정체를 알게 되어 별 볼 일 없는 존재가 드러날까 두려운 것이다. 부끄러움이라는 것도 자기 노출이 두렵다는 것에 다름 아니다. 자신을 드러내지 않고 감춤으로써 편안히 살아가고 싶은 것이다. 현실도피가 바로 그런 것이다.

영혼 또한 자기도피의 본능이 있다. 그렇게 하면 편하기는 할 것이다. 자신이 나쁜 영혼이어서 벌 받게 될 것을 미리 알게 되면 얼마나 무서운가? 그래서 이래저래 자신을 드러내지 않는 것이다. 그러다보니 종국에는 자기 자신마저 속이는 자기기만(自己欺瞞)을 일삼게 되기도 한다. 즉, 본래 자신의 목소리도, 마음의 상태도 외면한 채 살아가는 것이다.

이렇게 살아가면 당장은 편할 수는 있을 것이다. 그러나 이는 본질을 등지고 영원히 방황하는 존재로 남기를 원하는 것뿐이다. 발전을 기대할 수 없음은 물론이려니와 자신이 무서워지기조차 하지 않겠는가? 자신이 귀신인지, 악마인지, 쓸모 있는 존재인지, 위대한 존재인지, 별 볼 일 없는 존재인지(그렇다면 고쳐야 하지 않겠는가?), 멸망으로 가는 존재인지, 발전하는 존재인지는 반드시 알고 살아야 하는 법이다.

명상은 이를 목표로 한다. 자기 자신을 노출시켜 하늘이 알고 또한 자기 자신이 알고자 하는 것이다. 이를 주역의 괘상으로 표현하면 천택리(天澤履, ䷉)에 해당된다. 이 괘상은 자신을 진실하게 드러내 보임을 뜻한다. 하늘 아래에 있는 연못을 보라. 훤히 드러나 있지 않은가?

괘상 천택리(䷉)는 위에 하늘(☰)이 있고 그 아래에 연못(☱)이 있다. 명상에 들어가 있을 때는 거짓 꾸밈을 버리고 자기 자신을 천지 대자연에 노출시켜야 한다. 그렇게 하는 것이 자신에게 하늘의 섭리가 와 닿는 것인바, 하늘마저 피한다면 세상에 갈 곳이 없다.

하늘에 자신을 완전히 그대로 드러내는 것은 마치 창문을 열고 환기를 시키는 것과도 같다. 이렇게 함으로써 대자연과 소통하는 것이다. 하늘 아래 연못처럼 자신을 열어놓으라. 눈을 감고 앉아 있는 것은 세상으로부터 회피하기 위함이 아니다. 오히려 그 순간이야말로 진실하게 살아 있어야 한다. 하늘에 감추지 않고 자기 자신에게도 감추지 않고 있는 그대로 순수한 자신의 모습을 온 우주에 드러내야 한다. 명상은 이렇게 하는 것이다.

42

흩어져 있던 것이 한데 모인다

영혼을 찾는 명상에 대해 논해보자. 지금 자리에 앉아 눈을 감고 명상을 막 시작했다. 이때 물어보자. 당신은 현재 어디에 있는가? 뇌 속에 있는가? 아니면 배 안 깊은 곳에 내려가 있는가? 혹은 여기에도 있고 저기에도 있다고 대답해두자.

이제 다시 묻자. 당신은 얼만큼 큰가? 이는 몸의 크기를 묻는 게 아니다. 영혼의 크기를 묻는 것이다. 크기? 앞서 영혼, 즉 양은 부피가 없다고 하지 않았던가? 맞는 말이다. 하지만 지금 질문은 그게 아니다. 양이란 자기 자신은 크기가 없지만 머무는 곳을 자기의 크기로 삼는다.

예를 들어 우리가 하늘을 바라보며 '참 넓구나' 하고 느꼈을 때 이는 자기가 현재 몸 안에 있기 때문에 몸과 비교해서 그렇게 느꼈을 뿐이다. 몸 없는 영혼은 이런 느낌이 없다. 아예 자신이 어디에 있는지조차 모른다. 영혼은 잠시도 머무르는 법이 없기 때문에 도무지 어디 있는지 모르는 것이다. 그래서 자신의 크기(영혼이 머무는 영역)도 알 수 없게 된다.

영혼의 크기 문제는 아주 중요하다. 미리 말해두지만 영혼은 원래 크기가 없다. 이는 점 하나처럼 작다는 뜻이 절대 아니다. 작기도 하고 크기도 한 것이 영혼이다. 작기로 말하면 세균보다도 작고 크기로 말하면 우주보다도 크다. 이것이 바로 영혼이다.

명상 중 우리는 여러 곳에 있게 되어 있다. 삶 중에도 마찬가지이다. 예를 들어 경치 좋은 곳에서 식사를 한다고 해보자. 이때 우리는 기분이 한결 좋아진다. 우리의 영혼은 주변으로 확산되기 때문에 이런 것을 느끼는 것이다. 우리는 눈으로 보고 영혼은 그곳으로 잠시 떠난다.

이를 알아보기 위해 한 가지 실험을 해볼 수 있다. 아주 따뜻한 물에 발을 담가보자. 이때 우리는 따뜻함을 느낄 것이다. 편안하고 아늑한 느낌! 이 때문에 순간적으로 기분이 좋아진다. 내가 달라진 것은 없고 오로지 나의 발이 따뜻한 곳에 있을 뿐인데 이 순간 우리는 따뜻함 속에 있다는 느낌을 갖는 것이다.

이것이 바로 영혼의 위력이다. 영혼은 주변 상황에 쏠려 그것을 자기와 일치시킨다. 이를 영혼의 몰입성(沒入性)이라고 한다. 이 때문에 우리는 현실을 느낄 수 있는 것이다.

이제 상황을 바꾸어보자. 발을 찬물에 담가보는 것이다. 이때 우리는 오싹한 느낌과 함께 마음이 위축된다. 몸이 위축되기 때문에 마음도 그렇게 되는 것이다.

그다음엔 상황을 섞어보자. 한쪽 발은 차가운 물에 담그고 다른 한쪽은 더운 물에 담그는 것이다. 이때 어떤 일이 일어날까? 이때는 춥기도 하고 따뜻하기도 하다. 마음이 어정쩡해지는 것이다. 그러나 이 순간 마음을 한 곳으로 집중시켜보라. 우리는 마음먹기에 따라 특별한 곳에 집중할 수 있다. 이것이 바로 영혼이 가진 위대성(몰입성)이다.

나는 찬물 쪽으로 정신(영혼)을 집중했다. 그랬더니 온 몸에 차가움이 느껴지고 마음이 오싹해졌다. 다른 한쪽 발은 순간적으로 잊혔다. 나는 이 순간을 지속적으로 이어갈 수 있었는데, 다른 한쪽 발은 아예 느껴지지 않았던 것이다.

우리의 의식은 원래 이런 식으로 되어 있다. 한 곳에 몰두하다 보면 그 외의 모든 것을 잊어버리는 것이다. 이를 다른 곳에 한눈팔 새가 없다고 표현하기도 한다. 나는 더운 것을 느낄 새도 없이 찬 발에만 집중하고 있었다. 계속 추위를 느낀 것은 당연했다.

이때 나는 찬 곳에서 빠져나와(실제로 영혼이 빠져나온 것이다) 더운 곳으로 들어가봤다. 그러자 갑자기 따뜻함이 몰려오고 위축된 마음이 풀리면서 아늑함을 느꼈다. 나는 이 순간을 오래 지속하며 편안함을 느꼈다. 다른 한쪽 발은 여전히 찬물에 담겨 있었으나 그것은 영혼에 접수되지 않았다.

우리 영혼은 이런 식이다. 마음먹으면 얼마든지 원하는 곳으로 의식을 돌릴 수 있다. 전쟁 중 포로로 잡혀 고통을 받고 있는 중에도 고향에 있는 사랑하는 사람을 생각하고 있음으로 해서 현실을 비껴갈 수 있다. 현실이란 영혼이 그곳에 집중했을 때 온전히 느낄 수 있는 법이다. 이렇듯 우리의 영혼은 여러 곳에 몰입할 수 있으며 또한 단절할 수도 있다.

영혼이 본연의 상태로 돌아가면

이는 자기 자신이 아닌 자기 밖의 허상에 깊게 집착하기 때문에 발생한다. 이런 것이 바로 자기 아닌 자기로의 몰입이다. 이로써 남과 다른 존재로 점점 자리매김하는 것이다. 이렇게 자리매김된 것이 바로 우리가 말하는 '나'라는 존재이다. 원래 나는 어디에 몰입되어 엉뚱한 개성을 갖게 되는 그런 존재는 아니었다. 살아가다보니 그렇게 된 것뿐이다. 일생이 아니다. 영원처럼 긴 세월, 또는 전생, 전생의 전생을 통해 길들여진 것이다.

우리는 한곳에 치우친 우리의 영혼을 본연의 상태로 되돌려놓아야 한다. 천풍구(天風姤, ䷫)로 표현되는 이 괘상은 한 곳에 빠져 있다가 넓은 곳으로 나아감을 뜻한다. 부분에서 전체가 되는 것이다. 거짓된 나로부터 탈출하여 진정한 자기를 발견하는 것과 같은 뜻이다.

원래 우리의 영혼은 우주처럼 넓은 존재였다. 그런 것이 살다보니 편협되어버린 것이다. 괘상 천풍구 (䷫)는 하늘 아래 바람이 부는 모습으로, 모든 것이 하늘에 근원을 두고 있음을 보여준다. 여기서는 하늘이 바로 영혼이다. 그리고 바람이라고 하는 것은 우리가 쏠린 그곳이다. 바람 때문에 하늘이 흔들리는 것을 본 적이 있는가? 하늘은 모든 바람의 밖에서 그 위대한 모습을 간직하고 있다. 우리의 영혼도 이처럼 모든 것에 통하고 있건만 공연히 한 곳에 몰두하여 그것을 자기로 삼아버리고 있는 것이다.

바다의 섬을 보자. 멀리멀리 떨어져 있지만 그 뿌리는 바닷속에서 서로 이어져 있다. 다중인격 상태라는 것도 실은 하나의 영혼에 뿌리를 두고 있지 않은가? 하늘의 바람이 고요해지면 본래의 하늘이 나타나듯이 우리의 영혼도 어디로 쏠리지 않으면 영원한 자기 본연 그 자체와 합일될 수 있을 것이다. 무한히 넓은 하늘처럼 영혼도 바로 그렇다. 그곳이 바로 우리의 진정한 고향이었다. 이제 그곳을 발견하고 마음을 되돌려야 할 것이다. 부분의 나가 아닌 전체, 그것과 합일하는 것은 참으로 중요하다. 명상 중에 그런 훈련을 해야 한다.

물론 이때 영혼의 일부는 눈에 남아 있다. 이는 마치 연이 하늘 높이 날고 있을 때 끈이 땅에서 누군가에 의해 잡혀 있는 것과도 같다.

멀리 날건만 잡혀 있기 때문에 요동을 하지 않는 것이다. 따라서 우리의 영혼도 눈에 머물러 있기 때문에 보이는 곳으로 확산되어도 안정이 유지된다.

자기 상실을 주의하라

우주 비행사들은 우주에 나가 있을 때 한 방향만 계속 바라보는 것이 금지되어 있다. 우주가 너무 넓어 바라보는 중에 자기상실을 일으킬 염려가 있기 때문이다. 우리의 영혼은 항상 몸 근방에 있어야 된다는 뜻인데, 이를 명상 중에 역으로 활용할 수 있다. 우리의 영혼은 무한한 곳으로 확산할 수가 있다. 잘하면 우주 전 영역으로 넓힐 수도 있다. 이때는 나와 우주가 하나가 된다. 다만 아직 성숙해지지 않은 영혼으로서는 자기상실로 인한 요동에 빠질 수 있다.

자기상실! 이것은 참으로 난감한 문제이다. 이는 표류하는 것과 같은데, 충분히 경계해야 한다. 요점은 자신을 깨어 있는 상태를 유지하는 것이다. 깨어 있으면서 어딘가(아랫배)에 몰두한다는 것은 연을 날리되 끈을 놓쳐서는 안 되는 것과 같다. 이래서 명상은 참으로 어렵다. 자칫하면 수면에 빠지고 요동으로 인한 정신분열 상태에 빠지기도 하는 것이다.

이에 대한 또 다른 예를 들어보자. 다중인격이란 것이 있다. 이는 성격이 다르게 나타나는 것인데, 정신분열의 일종이다. 하지만 정신이 잘게 쪼개지는 것이 아니다. 계통별로 영역이 나눠지는 것이다.

이는 마치 국가의 정부가 바뀌는 것과 비슷하다.

우리는 어떤 사람과 오래 마주치다보면 그 사람의 성격이든 뭐든 어느 정도 파악하게 된다. 그래서 그 사람을 알고 있다고 말할 수 있다. 물론 상대방도 나에 대해 그렇게 생각하고 있다. 이것이 바로 소통이며 교제이다. 그런데 그 사람이 갑자기 변한다. 아니 변하는 정도가 아니라 그 사람이 송두리째 바뀌어 도저히 알아볼 수 없게 되는 것이다. 아예 낯선 사람을 새로 만나는 것과 같다. 나의 친구가 이런 사람이라면 아예 사귈 수조차 없을 것이다. 애인이라면 얼마나 황당할 것인가?

다중인격장애(多重人格障碍, multiple personality disorder)는 우리 세상에서 종종 발견된다. 이는 마치 여러 영혼이 한 몸에서 살고 있는 것처럼 보인다. 옛사람은 다중인격에 대해 귀신이 들어갔다고 여겨 이를 쫓아내려고 갖은 방법을 다 썼다. 하지만 다중인격은 한 영혼이 여러 종류의 개성을 다발적으로 운영하는 것에 불과하다. 영혼이 변했다거나 다른 영혼이 몸에 들어간 것은 결코 아니다. 단지 영혼이 여러 갈래로 세상과 접하고 있을 뿐이다.

다중인격이어서 좋은 일도 가끔은 있다. 흔히 광인(狂人)들이 천재적인 능력을 발휘할 때가 있지 않은가? 평소에 멀쩡하다가 돌연 사람이 변하는 듯하면서 초능력이 발휘되는 것은 우리 주변에 흔하다. 음악에 심취한 사람이라거나 시를 쓰는 순간이라든가 평소 실력 이상이 발휘될 때는 그 사람이 완전히 바뀌게 되는 것이다.

어쨌든 좋다. 여기서 유의할 것은 그 모든 개성이 실은 하나의 영혼에 속한다는 것이다. 여기서는 '속한다'는 것이 중요하다. 영혼 그 자체가 아니라는 뜻이다. 영혼은 그 본연의 모습이 있다. 하지만 이것은 너무나 맑아서 그런지 밖으로 쉽게 쏠리고 자기 자신을 쉽게 잊어버린다. 이것이 바로 우리의 영혼인 것이다. 쉽게 쏠리고 자기를 잊어버리고 다른 정신이 되어버리는 것은 영혼의 속성들이기 때문에 우리는 자기 자신조차 발견할 수가 없다.

모든 곳(뇌)을 떠나 황정에 진입하는 순간에도 자기 자신과의 일체감을 항상 느끼고 있어야 한다. 훗날 우리가 명상의 최고 경지를 이룩한다면 잠시 몸(뇌)을 떠나 우주 밖을 여행할 수도 있을 것이다. 이때에도 주의해야 할 것은 내 자신(영혼)이 모든 곳에 동시에 있을 뿐이지, 어딘가로 떠난다는 느낌이 있으면 안 된다는 점이다.

항상 모든 곳에 있는 것, 이는 명상 중에 뇌와 황정, 또는 몸의 여러 가지 감각 등을 하나로 느끼라는 뜻이다. 일체감을 말한다. 여기에는 시간의 흐름도 포함되는데, 제대로 된 명상에는 시간의 흐름도 존재하지 않는다. 그윽한 절대 현재, 즉 모든 곳에 존재하는 것이고, 공간적으로는 모든 곳에 존재하는 것이다.

떠다니지 않되 한곳에 고이지도 않는다

다만 이런 순간에도 자기 일체감을 놓쳐서는 안 된다. 명상 중에는 꿈도 꾸게 되고 별의별 기분에 빠지기도 하는바, 이때 자기 자신은 꽉 붙잡아놓아야 한다. 황정에 집중하고 또한 그곳에서 모든 것과 함께 공존하여 모든 것과 자기가 하나가 되는 것은 명상의 최고 경지이다.

그러나 이 순간에도 함정은 있다. 자기도 모르게 어느 지점에 빠져 있는 것이다. 예를 들어 황정에 정신을 집중할 때, 그곳에 매몰되어 있으면 안 된다. 집중은 하되 그 가운데 움직여야 한다. 이때의 움직임은 요동이 아니다. 오히려 집중 상태로 멈춰 있다면 이는 빠져든 것이자, 굳은 상태이다. 이 함정은 신선의 경지에 도달한 자라 할지라도 경계해야 한다. 흔히 명상가들이 한 곳(황정)에 몰두하면서 돌처럼 굳은 상태가 되는데, 이는 제대로 된 명상이 아니다.

좀 더 쉬운 예시로 검도의 정중동을 생각해보자. 몸을 움직이지 않고 고요히 자신을 지키고 있을 때도 그 정지에 빠져들지 않고 정신이 활동한다는 뜻이다. 무엇을 생각하고 있다는 뜻은 아니다. 그저 살아 있다는 뜻이다.

孰能濁以靜之徐清 숙능탁이정지서청?
孰能安以久 숙능안이구, 動之徐生 동지서생?

누가 능히 탁류를 고요히 가라앉혀 천천히 맑게 할 수 있겠는가?
또 누가 능히 안정된 것을 움직여 천천히 생동하게 할 수 있겠는가?

—『도덕경』 제15장 〈현덕(顯德)〉

명상은 굳어 있는 것이 아니다. 오히려 활력이 넘치는 상태이다. 단지 요동을 멈추기 위해 황정에 들어가 있을 뿐이다. 하늘을 날고 있는 연의 자유스러움, 그리고 끈에 잡혀 있는 안정과 같은 것이다. 정중동이란 것도 바로 이 상태를 말하는 것으로, 이는 정지했지만 자유가 있고 자유 중에도 한계가 있는 것이다. 한계란 황정이고 자유란 깨어 있는 것으로 볼 수 있다.

자연에는 이런 정중동의 예가 아주 많다. 겉으로는 변하지 않는 것처럼 보이는 모든 것들이 살아서 움직이고 있는 것이다. 흔한 예시로 동적평형(動的平衡)이 있다. 고여 있는 물이 표면에서부터 기화(氣化)하여 수증기로 변해 공기 중으로 달아나고, 또 공기 중에서 붙잡힌 수증기가 수면에 붙잡혀 액화(液化)하는 과정이 활발하게 일어나고 있다. 하지만 겉보기에 수면은 그저 고요할 뿐이다.

또는 진동상태에 있다고 할 수도 있는바, 진동이란 것은 요동과는 다르다. 이는 영혼이 떠나고자 하는 힘과 잡는 힘의 균형을 말한다. 카오스(chaos) 이론에는 '한계순환(limit cycle)'이라는 말이 있는데, 매달린 진자의 궤적이 제멋대로인 것 같으면서도 결국은 궤적을 크게 벗어나지 않고 한 지점을 향해 수렴하는 것을 말한다.

이 한계순환이라는 말을 명상에 적용한다면 황정을 떠나지 않고 그 범위 내에서 마음이 자유스러운 상태를 뜻할 것이다. 붙잡혀 있으면서(한계를 지키면서) 자유(요동이 아닌)로울 수 있다면 이는 자유자재의 경지라고 말할 수 있다.

명상은 겉으로 보기에는 단순히 앉아 있는 것이지만 그 안에 우주가 들어 있는 것이다. 이를 주역의 괘상으로 표현하는 것도 역시 천풍구(天風姤, ䷫)인바, 이는 무한한 하늘이 한 곳과 통해 있다는 뜻이다. 좀 더 이야기하자면 하늘의 섭리가 한 곳으로 집중된다는 것을 의미한다. 여기서 하늘의 섭리란 무한한 영혼을 말한다. 명상 중에 영혼이 뇌를 떠나 황정에 이르게 되면 오히려 자유도가 증가하는 것이다.

43

달뜬 영혼이 제자리를 찾는다

명상의 목적은 크게 두 가지로 나누어질 수 있는바, 하나는 깨달음을 얻는 것으로 불교에서 말하는 좌선(坐禪)이다. 명상은 이것 외에도 특별한 목적이 하나 더 있다고 말한 바 있다. 그것은 영혼으로 몸의 기능을 극대화하는 것이다. 이것도 가능한 얘기이다. 명상의 첫째 방법은 몸을 사용해 영혼을 안정시키는 것이므로 반대로 영혼을 사용하여 몸을 활성화할 수도 있는 것이다. 신선도가 바로 이것인데 이를 수련하는 사람은 아예 정신보다도 육체의 단련에 더 큰 비중을 두고 있다. 신선도의 목표는 불로장생으로, 명상의 중대한 목적 중 하나이다.

어떤 명상이 더 중요한가에 대해서는 정답이 없다. 각자가 선택할 일이다. 다만 제대로 명상을 한다면 두 가지 목적은 동시에 이루어질 수 있다. 중요한 것은 오로지 제대로 된 명상을 추구해야 한다는 것이다.

영혼이 안정을 찾는 과정

앞서 논의한 내용을 복습해보자. 명상은 영혼의 안정부터 추구해야 하는바, 이는 영혼을 몸의 아래쪽으로 계속 하강시키는 것이다. 어디까지 내려가야 하는 것일까? 이는 선도의 가장 중요한 요점인데, 그곳을 흔히 단전(丹田)이라고 부른다. 영혼을 단전에 머물게 하는 것이다. 즉, 단전은 영혼이 머무는 방 같은 곳이다.

문제는 우리의 영혼이 이곳에 있지 않고 집 밖(뇌)으로 돌아다닌다는 것이다. 영혼 하강의 목적은 양(영혼)의 요동을 막기 위함인데, 영혼을 뇌에 놔둔 채로 억제하다보면 공연히 뇌의 압력만 증가하고 영혼의 안정은 효과를 거둘 수 없다. 그래서 잘못된 명상을 오래 하면 두통이 생기고 머리가 답답한데, 이는 앞서도 언급한 바 있는 상기증이라 부르는 명상병의 증상이다. 명상병, 즉 상기증은 산에서 수도하는 스님들에게는 널리 알려져 있는데, 이는 마음이 단전에 머물지 못하고 뇌에 그대로 남아 있기 때문에 발생한다.

여기서는 양의 기운이 충만한 영혼을 몸의 아래 음의 기운이 충만한 곳으로 집어넣어야 한다는 것에 유의하면 된다. 영혼이 뇌에 있으면 뇌의 자동활동에 부화뇌동하여 영혼이 휘둘리게 되는데, 마음이 몸의 아래쪽에 있으면 영혼은 상당히 안정된다. 이 상태에서 필사적으로 영혼에 대한 자제력 연습을 하는 것이다. 이는 마치 어린 아이가 위험한 밖에서 머물지 않고 안전한 방에 들어서야 안정을 유지하는 것과도 같다.

요점은 영혼의 하강

요점은 영혼을 뇌가 아닌 몸의 아래쪽, 즉 단전으로 내리는 것이다. 다만 단전의 위치를 확실히 잡아내야만 영혼의 안정을 이룰 수 있는 것이다. 단전의 위치는 과연 어디일까? 수도인들이나 과학자들, 요가 수행자들에 의해 많은 연구가 이루어졌는데, 해부학적으로는 복부의 명치 아래, 신경다발이 다량 모여 있는 태양신경총(太陽神經叢)[27]이라는 곳으로 추정하고 있다. 사실 여부는 의학자들의 몫으로 남겨두자. 수행자로서는 그곳에 도달하는 것이 중요할 뿐이다.

영혼을 하강시키는 것은 단전에 집중하는 것 말고도 여러 가지 방법이 있는데, 핵심은 영혼을 아래에 둔다는 것이다. 이는 주역의 괘상으로 지천태(地天泰, ䷊)라고 하는데, 이는 아래쪽에 하늘(☰, 영혼)이 있고 위쪽에 땅(☷, 몸)이 있다. 이처럼 항상 마음이 아래로 가라앉도록 해야 하는 것이다.

지천태는 소위 혁명을 상징하는 괘상이기도 하다. 이는 기존에 있던 상태를 뒤집고 새로운 질서를 세운다는 뜻이며, 본래의 것으로 되돌아가는 것이면서도 더욱 쓸모 있는 방향으로 진화하는 것이다. 영혼이 늘상 있던 뇌를 떠나 황정으로 되돌아간다는 것은 지천태의 괘상으로 잘 설명할 수 있다.

평소 생활할 때도 그래야 하는 것이지만 명상 중에는 허리를 세우고 앉아 있기 때문에 훨씬 더 쉽게 목적(영혼 하강)을 이룰 수 있다. 지천태(䷊)라는 괘상은 양과 음이 서로 기운을 교류하는 것을 상징한다. 여기서 특히 마음이 단전에 머물게 되면 몸의 기능이 극대화되는 것에 주목해야 한다.

신선도의 수행자들은 영혼의 안정은 둘째이고 오로지 영혼이 아래로 내려와 몸의 비기(秘機)를 일깨우는 데 그 수행 목적이 있다. 물론 그들은 나중에 그 단계로 돌입할 때 영혼을 안정시키겠다는 뜻을 가지고 있다. 좋은 방법이라고 생각한다. 하지만 마음이 먼저인지 몸이 먼저인지는 수행자 자신이 선택할 문제이다. 내용은 둘이 아니다. 영혼을 아래로 내리는 것으로, 이에 대해 더욱 정교한 방법은 다음 장에서 소개하겠다.

44

영혼을 단단히 붙들어맨다

옛 이야기로 시작해보자. 먼 북해 바다에 봉래섬(蓬萊島)[28]이라는 곳이 있는데, 이곳에는 곤륜산(崑崙山)[29]이라는 거대한 산이 있다. 이곳이 바로 단전이 있는 곳이다. 다만 신선도에서는 전문 용어로 표현하는바, 황정(黃庭)이라 일컫는다. 황정이 곧 단전이다.

이제 문제는 황정을 찾는 것이다. 황정은 황금의 뜰로서 영혼이 이곳에 도달하면 그 자체로 이미 선도는 완성으로 접어든다. 황정은 우리 몸의 가장 신비한 지역으로서, 이곳에 영혼이 들어오면 모든 요동은 멈추게 되고 몸은 신선이 된다. 얼마나 간단한 일인가? 마음 닦는 일이 쉽지 않거늘 그저 황정에 머물기만 하면 되는 것이다. 물론 황정을 찾는 것은 그리 녹록한 일은 아니다.

전설을 더 보자. 곤륜산 정상에는 천녀(天女)가 내려오는데 목표지점은 황정이다. 그러니까 천녀가 내려오는 곳이 황정인 것이다. 명상은 먼저 북해 바다를 항해하는 것으로 시작해야 한다. 이는 마음이 아랫배에 머무는 정도로 이루어졌다고 할 수 있다.

영혼이 황정으로 저절로 빨려든다

이때부터는 봉래섬을 찾아야 한다. 명상의 시작은 결국 봉래섬에서 이룩되는 것인데, 이 산은 의학적으로는 태양신경총에 해당하는 것으로 알려져 있고, 인도의 요가에서는 군다라니라고 부른다. 이곳에 도달하려면 배 쪽이 아니라 허리(척추) 쪽으로부터 찾아나서야 한다. 마음이 허리 쪽에 있으면 호흡은 저절로 깊어지고 마음의 동요도 사라진다. 명상의 초보 단계는 허리 뒤쪽으로부터 시작하고 이후 차츰 배 안(반드시 허리 쪽으로 진입해야 한다)으로 들어가는 것이다.

첫 목적지인 봉래섬에 도달하는 것은 그리 어렵지 않다. 허리 쪽에 마음을 내리다보면 유난히 편안한 곳이 있다. 그곳으로 진입하면 바로 봉래섬에 도달하는 것이다. 지금 전설을 얘기하는 것이 아니다. 전설에 나타난 봉래섬을 찾는 것으로, 이는 실제적으로 쉽게 찾을 수 있다. 요령은 허리 아래쪽으로부터의 진입인데, 이것이 되는 순간 가히 명상 수련가라고 할 수 있는 것이다.

다음 단계로는 곤륜산을 찾아야 한다. 하지만 이것은 급하지 않다. 철두철미하게 봉래섬에 머무는 것이 중요하다. 봉래섬에는 유난히 정신이 맑아지는 지점이 있다. 그곳이 바로 곤륜산이다. 봉래섬에 도달하면 마음이 안정되고 곤륜산에 도달하면 마음이 맑아진다.

이로써 명상의 조건은 완전히 갖추어진 셈이다. 이제부터는 명상을 더 깊게 하기 위해 황정에 들어서야 한다. 이는 명상의 최고급 단계에 속하는바, 이곳을 찾기 위해서는 심혈을 기울여야 하고 인내심도 절대적으로 필요하다. 황정을 찾는 일은 어렵기도 하고 고독하기도 하기 때문이다.

전설을 다시 보자. 곤륜산 정상에는 천녀가 하강하는바, 이는 곤륜산을 찾는 데 길잡이 역할을 한다. 전설에 의하면 곤륜산의 천녀는 구름사다리를 타고 하강한다고 한다. 하늘에서 구름사다리가 내려오려면 바람이 없어야 한다.

전설이 뜻하는 바는 무엇일까? 첫째, 여기서 말하는 하늘은 뇌를 말한다. 그리고 곤륜산은 아랫배 한가운데(태양신경총 하단부)를 말한다. 바람이 없다는 것은 정신의 고요이다. 그리고 구름사다리는 호흡이 끊어지지 않고 길게 깊숙한 곳으로 이어진다는 뜻이다.

천녀는 무슨 뜻일까? 이는 영혼을 뜻하는데 이것에 주목할 필요가 있다. 영혼이란 본시 양인데 음을 상징하는 여자로 표현했기 때문이다. 이는 영혼이 고요해져서(요동을 멈추어서) 음의 상태, 즉 여자와 같은 상태가 되었다는 것을 말한다.

종합하면 이렇다. 우선 영혼이 크게 안정되어야 한다. 그리고 호흡이 가지런해져야 하고, 아랫배로 깊게 이어져 곤륜산에 도달해야 한다. 이런 상태가 되면 우리의 영혼은 곤륜산에 도달한다. 그다음부터는 쉽다. 곤륜산 근방을 영혼이 배회하면 특별히 안정된 장소를 느낄 수 있다. 물론 여기에는 오랜 수련과 정밀성이 요구된다.

이로써 명상은 아주 깊은 단계에 도달한 것이고, 이때부터는 몸의 비기(秘機)가 작용하여 몸은 신선이 되고 영혼은 저절로 황정으로 빨려들어가게 되는 것이다. 이처럼 곤륜산의 전설은 그저 단순한 얘기가 아니다. 신선의 수련법이 은유적으로 담겨 있다.

이와 비슷한 전설은 우리나라에도 있는데, 하늘에서 선녀가 내려와 나무꾼과 사는 얘기이다. 선녀는 즉 천녀이고 나무꾼은 우리 몸을 말한다. 선녀를 만나면 당연히 나무꾼은 행복해지는바, 『황정경』에서는 이를 몸에 경사(慶事)가 있다고 말한다. 몸의 경사는 영혼의 기운에 의해 몸이 신선이 되었다는 뜻인바, 이다음부터는 영혼의 안정은 시간이 갈수록 저절로 이루어지게 되는 것이다.

영혼을 몸의 특별한 장소, 즉 아랫배 중심 황정이란 곳에 집중시켜야 한다. 이는 주역에서 풍뢰익(風雷益, ䷩)으로 표현한다. 바람이 불어와 우리의 힘을 키운다는 이 괘상은 남는 것을 부족한 것에 더하고 흩어진 채 남아 있는 것을 모아 쓸모 있게 만드는 것을 상징한다. 또한 농사를 지을 때 곡괭이나 삽이 땅속으로 파고드는 것을 상징하는바, 이를 본받아 명상 중에 아랫배 내면을 파고드는 수련을 하는 것이다.

우리의 아랫배 깊숙한 곳은 태어난 이래 한 번도 영혼이 도달하지 못했던 막혀 있는 지역이다. 이 때문에 우리의 몸도 천부적으로 숨겨져 있는 기운을 사용하지 못하는 것이다. 우리는 잠재되어 있는 기운 99퍼센트를 방치해놓고 평생 실없는 노력을 하며 지낸다. 인간의 운동이 아무리 잘되었다고 해도 이는 껍데기의 운동일 뿐이다.

명상은 몸의 껍데기가 아닌 진정한 핵심인 몸의 뿌리, 즉 황정을 활성화시키는 것이다. 인생에 있어 이보다 더 소중한 것은 없다. 명상은 가히 인생의 목적이라고 할수도 있다. 명상을 하지 않는 인생은 그저 세월을 흘려보내는 것이다. 이왕 태어난 인생을 영혼의 발전에 기여시킨다면 이보다 더한 행복은 없을 것이다.

45

시간의 제약을 초월한다

예부터 성인은 영원 속에 존재한다고 했는데, 이는 바로 절대 현재에 성인이 존재한다는 뜻이다. 성인에게는 과거나 미래가 따로 없다. 그 모든 시간이 현재(흐르지 않는 시간)인 것이다. 주역의 괘상 지산겸(地山謙, ䷎)이 바로 그런 뜻이다. 산은 본래 땅 위에 있는 것을 일컫거늘 이것이 땅속에 잠겨 있는 형상이 바로 지산겸이다.

산이란 원래 고요한 존재이다. 그런데 가뜩이나 고요한 산이 땅속에 잠겨 있다. 그냥 잠겨 있는 정도가 아니다. 자기 자신을 산처럼 완전히 굳어 있게 만든 것이다. 이는 시간을 애써 정지시키려는 것이 아니다. 시간이 흐르든 말든 나는 그것에 관심도 없고 참여도 없이 그저 나 자신 속에 그윽이 머물 뿐이다.

이런 상태가 되면 1초가 영원일 수 있다. 지산겸의 명상은 시간의 흐름을 완전히 망각하여 기다림을 없앰으로써 영원과 합일하는 데 그 목표가 있다. 영혼은 원래 그것을 찾으면 알 수 없는 존재이다. 그러나 나 자신을 시간의 흐름 속에서 완전히 빼내오면 영혼이 원래 그대로임을 깨닫게 된다.

우리의 영혼은 기다림에 몰두하여 시간의 흐름 안에 영원히 표류하는 것이다. 이것을 바로잡아야 한다. 명상이란 기다리기 위해 앉아 있는 것이 아니다. 초탈(超脫)하여 영혼의 실체와 만나고자 하는 것이다.

임은 등 뒤에 이미 와 있는데 그것을 모르고 막연히 먼 곳을 바라보며 기다려서야 되겠는가? 기다리면 초조할 뿐이고, 와도 보이지 않는 법이다. 영혼은 원래 영원한 과거부터 나 자신과 함께 있었다. 내가 바로 영혼인 것이다. 기다리면 나와 내가 분리된다. 나를 보지 않고 먼 곳을 보니 당연하지 않은가?

모든 것이 현재이다

기다림을 없애는 수련 역시 지산겸 괘상으로 표현할 수 있다. 이 괘는 밖에서는 시간이 흐르지 않고 나 자신은 그것마저도 단절한 것을 뜻한다. 시간이 흐르지 않으니 현재가 곧 미래이고 미래도 현재인 것이다. 여기서 말하는 현재란 흐르는 시간 속에 존재하는 것을 뜻하는 것이 아니다. 영원이자 현재, 즉 절대 현재를 뜻한다.

영혼은 처음부터 모든 시간 속에 편안히 존재했을 뿐이다. 영혼은 시간 속에서 차례차례 존재하는 것이 아니다. 우리가 시간을 쫓아다니지 않으면 시간도 영혼도 요동하지 않게 된다. 이른바 땅속의 산처럼 되어야 하는 것이다. 산은 땅 위에 있어도 고요한 법인데 세상과 마주하는 것이 싫어서 아예 땅속으로 들어갔다면 이는 완전한 단절이 아닐 수 없다.

명상 중에는 절대 밖을 생각해서는 안 된다. 또한 내가 지금 상태를 벗어날 때를 기다려서도 안 된다. 지산겸 괘는 세상사에 비유하면 바깥문을 완전히 닫고 안에서는 전깃불을 꺼놓은 것과 같은 상태이다.

이런 상태라면 바깥에 시간이 흐르든 말든 완전히 망각되어 있지만 기절을 했거나 잠이 든 것은 아니다. 명상은 잠든 것도 아니고 기절한 것도 아니고 죽은 것도 아니다. 영혼은 맑게 존재하건만 세상에 관여하지 않을 뿐이다.

46

어떤 환경에서도 깨달을 수 있는가

내가 겪은 경험 한 가지를 말하고자 한다. 명상의 중요 단계이기 때문이다. 나는 열여덟 살 수학여행지에서 바다를 처음 봤다. 이때 나는 광활한 바다를 바라보며 몹시 충격을 받았는데, 자리에 주저앉을 정도였다. "세상에, 이렇게나 넓은 곳이 바다였던가? 저 멀리 끝없이 펼쳐진 깊고 신비한 바다……. 세상이 바로 이런 것이구나!" 나는 부끄러우면서도 가슴이 벅차올랐다. 우물 안 개구리인 줄 모르고 저 잘난 생각 속에 살았다는 것은 부끄러웠지만 한편으로 무한한 대자연의 신비에 도전하고 있었던 것이 뿌듯했던 것이었다.

이로부터 5년쯤 지나자 나는 고독을 이기려는 구도행각을 벌였다.

우선은 유명한 곳을 찾아다니면서 전국의 바닷가를 헤매었다. 산에 대해서는 그동안 많이 섭렵했지만 바다는 끝없이 넓다는 데 마음이 끌렸던 것이다.

그러던 중 낙산사에 이르렀다. 나는 저절로 감탄했다. 바다가 아닌 그곳의 경치 때문이었다. 관동팔경(關東八景) 중 하나인 낙산사는 과연 절경이었다. 신비하게 어우러져 있는 바위들, 꿈틀거리는 해안선, 소나무 숲 등 아름답기 그지없었다. 나는 의상대에서 멀리까지 바라보고 나서 바닷가에 직접 내려가서 한동안 경치를 즐겼다.

나는 그동안 내가 가본 여러 바닷가를 생각했는데, 그 바닷가들은 낙산사 주변 경관에 비하면 맥이 좀 빠지는 듯했다. 만약 내가 낙산사를 먼저 보고 다른 곳을 나중에 봤다면 실망했을 것이다. 하지만 순서가 제대로 이루어져 가는 곳마다 좋았고 낙산사에서는 그야말로 감탄을 금치 못했다.

그때 나는 이렇게 생각했다. '이곳이 관동팔경 중 최고라 하니 나는 이제 바닷가는 볼 만큼 봤구나. 이제는 산으로 가야겠다.' 경치로 말하면 산이 더 풍부한 맛이 있을 것이다. 단지 산이라는 것은 탁 트인 장관은 없었다. 때로 절벽 아래 평야를 볼 수 있지만 이는 바다에 비할 바는 못 되었다. 산의 경치는 근거리를 바라보면 확실히 바다보다 낫다. 하지만 넓게 봤을 때는 바다가 훨씬 낫다.

나는 당시 경치에 대한 욕심이 아주 많았는데, 이는 내가 오래 머물 곳을 찾고자 하는 마음이 있어서였다. 소위 도를 닦을 장소를 구하고자 했던 것이다. 충분히 좋으면 일생 동안 그곳에 머물 수도 있을 것이다. 자, 이제 어디로 가야 할 것인가? 이런 생각을 하면서 낙산사 근방 바닷가를 세심히 살폈고 또한 멀리 바닷가도 바라보았다.

아름답고 시원하구나! 나의 마음은 한마디로 이것이었다. 그러고는 다시 한 번 감동을 느꼈다. 하지만 이때 나는 또 하나의 생각에 사로잡혔다. 바닷가는 가는 곳마다 달랐고, 이곳 낙산사가 가장 좋았다. 그런데 바다는 어떻던가? 바닷가의 돌과 나무, 언덕, 해안선 등 말고 바다 그 자체 말이다.

'아, 이것은 어느 곳이든 모든 곳이 다 같다'는 생각이 나의 머리를 강타했다. '모든 곳이 같구나!' 바다, 혹은 바닷물에 이르는 길은 모두 달랐지만 바다에 이르고 보니 그 내용(바다)은 다른 것이 하나도 없었다. 만약 더 멀리 바다 한가운데로 가면 사방이 물이고 세계 어느 곳을 가든 경치는 똑같을 것이다.

나는 여기까지 생각하고 크게 실망을 느꼈다. 똑같은 것을 보기 위해 그토록 여러 곳을 다녔던가! 왠지 속은 기분이었다. 어디 간들 바라볼 때 보이는 곳은 넓다는 것, 그리고 아래에는 물이 있을 뿐이었다. 세상에! 참으로 허무했다. 나는 무엇 때문에 이곳저곳을 돌아다녔던가? 막연히 무엇인가 얻으려고 했는지 아니면 한 곳에 있으면 좀이 쑤셨는지는 알 길 없다. 하지만 나는 근사한 여행을 계속한 것이 아니고, 방황하고 있었던 것이다. 방황을 느끼지도 못하면서…….

다시 바라본 낙산사 근방의 정경은 이제 시시해보였다. 화도 났고

허탈하기도 했다. 그러고는 다시 바닷물을 바라보았다. 이 순간 내게 어떤 깨달음이 몰려왔다. 분명 깨달음이라고 표현해도 좋을 것이다.

어딜 가든 오직 깨달음만이 문제이다

'세상의 근원도 바로 이런 것이구나.' 나는 이렇게 느꼈다. 삼라만상은 제각기 다르다. 하지만 그 모든 것이 근원에 이르면 다를 것은 하나도 없는 것이다. 오로지 하나의 모습뿐이다. 온 세상의 땅은 다 달라도 멀리 보이는 바닷물은 같은 것이다. 모든 강물은 결국 바다로 모여든다. 세상의 모든 사물은 똑같은 근원으로 귀결하는 것이다.

이런 생각을 하자, 이제는 실망이 아닌 환희를 맛보면서 승리감에 도취되었다. '세상의 이치가 바로 이런 것이구나!' 이런 생각을 하고 있을 때 하나의 글귀가 떠올랐다.

萬法歸一 만법귀일 一歸何所 일귀하소?

모든 것(法)은 하나로 돌아가는데, 그 하나는 어디로 돌아가는가?

—『경덕전등록』

이 글은 조주종심의 유명한 화두인데, 나는 바닷가에서 이것을 실감했다. 온 세상이 종래에는 하나로 귀착할 것이다. 그런데 그 하나는 도대체 무엇이란 말인가?

여기까지 생각한 나는 다시 허탈감에 빠졌다. 그동안 공연히 돌아다니기만 했지 문제의 핵심은 한 번도 생각해보지 않았던 것이다. '나는 바보로구나. 이제부터 온 세상이 귀일(歸一)하는 그것을 탐구해야 할 것이야.' 이런 생각이 마음에 가득 찼다.

그런데 그 순간 고독이 싹 사라졌다. 본래 고독이란 오히려 남과 있을 때가 더욱 고독할 수 있는데, 대부분은 남을 바라보며 고독을 잊으려 한다. 고독이란 언제나 있는 것이다. 고독의 원인은 온 세상의 근원과 내가 합치하지 못했기 때문이다. 엄마의 자궁을 떠났을 때 허탈했던 것도 근원과 멀어지는 느낌이었을 뿐이다.

나는 낙산사 이후 도를 닦는 장소에 구애받지 않게 되었다. 그저 이왕이면 좋은 경치를 구하고자 했던 것이다. 요는 마음이었다. 경전에 다음과 같은 글이 있다.

頓捨貪瞋癡 돈사탐진치
常歸佛法僧 상귀불법승
念念菩提心 염념보리심
處處安樂國 처처안락국。

탐진치를 버리고 깨달음에 귀의하여 생각 생각이 보리심(菩提心)이면 곳곳이 안락국(安樂國)이니라.

—『화엄경(華嚴經)』 사구게(四句偈)

안락국은 극락을 말한다. 진리를 추구하는 마음, 삼라만상이 귀일하는 그것을 탐구하는 마음이 투철하면 고독할 새도 없고 좋은 경치를 생각할 겨를도 없다. 이를 깨달은 나는 여행을 집어치우고 한적한 곳을 찾아 명상을 시작했다. 돌아다닐 필요 없이 앉아서 승부를 내자는 결심을 했다.

명상에 돌입한 나는 바다 한가운데 둥둥 떠다니는 존재였다. 깊은 물속으로 빠지지 않고 그 위에 있는 나는 한없이 고독했다. 그러나 이는 평소의 고독과는 다른 무엇이 있었다.

막막한 바다 한가운데 어딜 가나 마찬가지였고, 오로지 깨달음만 문제였다. 무한히 광활한 바닷물은 나의 번민이었다. 나는 명상 중에 번민을 벗어나 그 위에 있었던 것이다. 나의 번민은 바닷물처럼 많지만 나는 그것에 빠지지는 않았다. 단지 이제부터 갈 곳이 문제였다. 하지만 이 또한 문제랄 것도 없었다. 어딜 가든 마찬가지일 터이니 지금의 자리에 앉은 채로 모든 것을 해결해야 하는 것이다.

이 상태는 주역의 괘상으로는 뇌수해(雷水解, ䷧)라 한다. 이 괘상은 번민으로부터 탈출한 상태를 보여준다. 명상 중에는 이 상태를 유지해야 한다. 번민이라는 것은 일부러 떠나려고 할 필요 없이 그저 자기 자신이 망망대해 한가운데 떠 있다는 것만 계속해서 생각하면 된다. 명상 중에는 오로지 이 상태를 유지하면 다른 문제는 저절로 풀리게 되어 있다.

물론 어떤 깨달음을 얻었다 하더라도 물 위에 떠서 앉아 있는 상태를 또다시 계속해야 한다. 나는 명상 중에 항상 이런 상태를 유지한다. 그 결과는 참으로 좋았다. 일단 모든 번뇌가 물이라는 하나의 사물로 단순화되기 때문에 모든 번민이 하나의 번민으로 변했다. 또한 번민에 빠지지 않으려 애쓰는 대신 단순히 물 위에 둥둥 떠 있다는 관념을 지켰다.

고독이라는 것도 물 위에서 그저 기다리면 되는 것뿐이다. 여기서 기다림이라고 표현한 것은 무엇이 멀리서 나타날 것을 기다리는 것이 아니다. 그저 모든 것을 잊고 그 상태를 유지하는 것뿐이다. 뇌수해는 언 땅이 풀리듯 굳은 마음이 녹아내리고 꼬여 있던 문제가 해소된 상태, 즉 진정한 자유를 상징하는 괘상이다. 요동치며 여기저기 떠도는 것은 자유가 아니다. 소속이 없는 불안함을 느껴본 적이 있는 사람들은 어디에라도 구성원으로 소속되고 싶어하지 않는가? 이처럼 매여 있지 않아도 갑갑하고 혼란스러운 법이다. 그러나 명상을 통해서 얻는 자유는 스스로 얻어낸 질서 안에 있는 자유이다.

이처럼 명상은 그 자체로도 이로운 점이 아주 많아서 독자들에게 특별히 권하고 싶다. 물론 명상에는 많은 방법이 있어서 뇌수해 의 상태를 유지하는 것만이 전부는 아니다. 단지 이 상태는 명상의 핵심에 쉽게 도달하게 해준다. 이 상태가 잘 유지된다면 평소의 고독이 없어지고 우주에 홀로 당당히 존재하는 자신을 느낄 수 있다.

47

적극적인 운기의 경지

거룩한 성자의 머리 둘레가 빛난다는 이야기는 익히 들어봤을 것이다. 이것을 '오라(aura)'의 빛이라 하는데, 성자의 머리 근방에서 뿜어져 나오는 영혼의 빛이다. 이는 먼 옛날 우리의 조상들이 관찰한 바를 문헌이나 구전으로 전해왔기 때문에 사실 자체는 틀림없을 것이다. 성자의 머리를 화환처럼 감싸는 오라의 광채는 위대하고 성스럽다. 그런데 이 빛은 도대체 무엇일까? 이 장에서는 그 빛의 정체에 대해 깊게 고찰해보고자 한다.

알려진 바에 의하면 머리 주위에 나타나는 오라의 빛은 누구에게

나 있다고 한다. 단지 그 빛이 약하기 때문에 감지하지 못하고, 또 인간의 눈이 미세한 광채를 파악하지 못하기 때문에 보지 못하는 것이라고 한다. 성자의 오라는 아주 강력하여 누구에게나 보인다. 이는 눈의 문제가 아니다. 광체의 강도 때문일 것이다.

그런데 오라의 정체는 무엇일까? 그것을 알기 위해 아직 우주가 생기기 전으로 돌아가 보자. 이때는 무엇이라 규정할 수 없는 상태라는 것을 앞서 논의한 바 있다. 이는 노자가 말한 '명부득상부득(名不得狀不得)'의 상황이고 서원의 '말하기도 전에 틀린' 상황이다. 여기서 상태라고 말하지 않고 상황이라 표현한 것은 논의는 할 수 있으나 규정할 수 없다는 의미이다. 그러나 이 상황은 실제 있는 것은 아니다. 이 상황도 논의하기 전에 다른 상태로 바뀌기 때문이다.

영혼이 빛을 낸다

이제는 상태라고 말할 수 있다. 이는 우주의 시초라고 할 수 있는데, 이름하야 양(陽)이다. 영(靈)이라 부를 수도 있는 이것은 부피도 무게도 없지만 시공의 뿌리이다. 영은 굳이 얘기하자면 모든 곳에 동시에 존재하는 빛과 같은 것이다. 하나이면서도 동시에 여럿이다. 영은 우주가 생기고 나서도 그 상태를 유지하면서 필요하면 여러 곳에 출현할 수 있다.

이 출현의 순간을 보자. 출현이라고 말하려면 무엇인가 있어야 할 것이다. 이것은 시간과 공간에 영향을 미친다. 공간의 흔적 또는 시간의 흔적이다. 그런데 오늘날 과학에 의하면 시간과 공간은 분리할 수 없는 존재인바, 영의 흔적은 시공간에 은은히 나타난다.

이것은 정확히 빛은 아니지만 빛처럼 나타날 수밖에 없다. 시공에 미치는 흔적은 그것이 무엇이든 간에 빛의 모습을 띄기 때문이다. 흔적이 남았다는 것은 공간을 흔들어놓았다는 것을 뜻한다. 곧 시공에 진동을 일으킨 것인데, 시공의 진동이란 다름 아닌 빛에 해당되는 것이다.

영의 흔적으로서의 빛 '오라'는 조명에 쓰는 빛과는 전혀 다른 것이다. 이 빛은 저 스스로 빛날 뿐 다른 곳을 밝힐 수가 없다. 그저 은은한 모습으로 희미하게 성자의 머리에 출현하는 것이다.

이 빛은 그리 밝지 않다. 하지만 인간의 어떤 조명 아래에서도 섞이지 않고 뚜렷이 나타난다. 심지어는 태양 속에서도 그 흔적을 나타낸다. 이것은 시공의 가장 내면에 있고 또한 그 무엇도 이것에 영향을 미칠 수 없으므로 어디서나 광채를 보일 수 있다.

영의 빛! 이것은 누구에게나 있다. 인간이 바로 영적 존재이기 때문이다. 단지 그 힘이 너무 미약할 뿐이다. 미약하다는 것은 인간이 아직 성역(聖域)에 도달하지 못했다는 것을 뜻한다. 플라톤이 여기까지 추측하지는 못했겠지만 오라의 빛은 우주 내면에서 나온 것으로, 동굴 속의 비유에 딱 맞아떨어진다. 물론 이때 동굴이란 우주 시공세계이고 밖이란 영의 세계이다.

영은 정확히 말해 세상의 가장 밖이면서 또한 가장 내면의 세계이다. 영은 안팎이 하나로 이어져 있는 것이다. 이것은 현실세계에 오라의 빛으로 나타나는바, 수련이 깊을수록 더욱 빛날 것이다. 그러하므로 오라의 빛은 그윽할 뿐이다. 태양광처럼 번거롭지 않고 저 스스로 영원히 빛난다. 세상에 이보다 강한 빛은 없다. 그러나 '오라'는 강렬한 빛의 형태로 출현한것은 아니다. 그저 '있구나' 정도이다.

오라의 빛은 근본적으로는 황정에서 발생하는 것인바, 이것은 몸의 위쪽으로 솟구치는 것이다. 최종적으로 뇌의 근방까지 빛이 나타난다. 이 빛은 조명이 아니다. 그리고 열도 발생시키지 않는다. 그저 영의 흔적일 뿐인데, 가끔씩 사진에 상이 맺히기도 한다. 생명의 빛, 오라의 광채는 분명히 존재하며 우리는 이를 강화시키는 데 주력해야 한다. 이 빛은 우리 몸을 활성화시키고 영혼의 안정을 유도한다.

신체에 단을 만든다

구체적으로 명상의 순간을 상정하자. 이때 우리는 마음속으로 배안 깊숙한 곳 아래, 즉 황정에서 이 빛이 발현되는 것을 상상할 수 있는데, 이것을 내면에 보존해야 한다. 생명력의 근원인 이 빛은 내면에 있을수록 그 작용은 극대화된다. 명상은 이 빛이 밖으로 방출되지 않도록 단속하는 것이다.

이 빛은 온도가 없다. 그저 은은하게 광채를 발휘할 뿐이다. 명상중에 이것을 상상하면 좋다. 그렇게 하면 우리의 의식이 황정에 머무는 효과가 있다. 우리는 이 빛이 배꼽 이상으로 올라오지 않도록 가볍게 억누르는 기분을 가지면 된다. 이렇게 하면 하체가 뜨거워지는 것은 아니지만 활력을 띠게 된다. 이때 상체가 어떻게 되는지는 일체 신경 쓸 필요가 없다. 오로지 하체에 오라의 빛을 가득 채우는 것을 목표로 하면 된다.

선도에서는 이를 "단(丹)을 만든다"고 말한다. 실제로 몸에 어떤 물질이 쌓이는지는 알 수 없다. 하지만 그 효용은 확실하다. 굳이 의학적으로 얘기하자면 몸의 세포에 ATP라는 물질이 많이 쌓이게 되고 태양신경총이 활성화된다. 이때 우리의 의식은 아래쪽으로 깊게 전개된다. 이로써 명상은 최고 단계로 돌입하게 되는 것이다.

이를 주역의 괘상으로 표현하면 수화기제(水火旣濟, ䷾)가 되는데, 이 괘상은 불 위에 물이 있는 것으로 가벼운 것을 내리고 무거운 것을 올린다는 뜻이 있다. 또는 밝음을 내리고 고요한 것을 올린다고 말한다. 가벼운 것을 내리고 무거운 것을 올리는 것을 반복하면 그 다음에는 스스로의 힘으로 순환이 이루어지는 것이다. 한의학 용어로는 수승화강(水昇火降)이라 하여 최적의 건강 상태를 일컫는다.

더 정확하게는 오라의 빛을 복부에 가두고 그것이 올라오지 못하도록 어두운 기운(고요함)으로 감싸두는 것이다. 이런 수련은 상상 이상으로 신체에 변화를 일으키는 것인바, 적극적인 수련의 의미가 있다. 성자들의 머리 근방에 광채가 서려 있는 것을 일부러 의식할 필요는 없다. 몸의 내면에 오라의 기운이 쌓이면 종래에는 넘쳐흐르게 되어 머리까지 올라오는 것이다.

48

명상의 완성을 향하여

산속에서 완전히 수련에만 몰두하는 사람이 가장 먼저 해야 하는 것이 있다. 그것은 세속 생활에 대한 체념이다. 이것은 매우 어려운데, 궁금증을 완전히 배제하고 고독을 이긴 경지이기 때문이다. 입산수도는 그것을 선택한 것이 아니라 평범한 인생을 포기한 것이다. 이로써 이미 도의 경지로 들어선 것이 된다.

앞서도 이야기했지만 도심에 사는 사람이 15분을 체념할 수 있다면 이 또한 충분히 수련가라고 말할 수 있다. 물론 1년 정도는 유지해야 할 것 같다. 어쩌다 생각나면 한 번씩 앉아보는 것은 수련이 아니다.

만약 천 명의 사람이 하루 15분씩 묵상을 결심하고 시작한다면, 이 가운데 1년을 지속할 사람이 얼마나 될까? 아마 거의 없을 것이다. 1만 명이 그렇게 시도한다면 어쩌면 한 명쯤 성공할 수 있을지 모르겠다. 명상(명상의 자세)은 그만큼 어렵다.

멈추지 않는 것이 중요하다

만약 우리가 15분씩이라도 10년을 하루도 거르지 않고 명상을 한다면 몸의 내부(황정 근방)가 진동을 계속할 것이다. 이 진동을 이어가는 것 역시 중요한 명상 수련의 목표이다.

이를 주역 괘상으로 표현하면 지뢰복(地雷復, ䷗)인데, 땅속에 양의 기운인 뇌우가 올라온다는 뜻이다. 이 괘상은 오래 정지한 끝에 한 가닥 생명의 기운이 도래하는 것을 상징한다. 마치 겨울을 난 땅 아래에서 새싹이 움트고 있는 것과 같다. 우리 몸은 항상 요동치는 바, 이를 강제로 멈추면(15분 명상을 하면) 그 보상을 하고자 몸의 내부를 진동시키는 것이다.

내부 진동은 아무것도 하지 않고 의자에 앉아서 발을 떨 때와 비슷한 느낌이다. 물론 발을 떠는 행위는 명상을 파괴하는 행위이다. 왜냐하면 그로써 몸의 내부(황정 근방)의 활동을 원천봉쇄하기 때문이다. 다시 명상으로 돌아와서 눈을 감고 단정히 꼼짝 않고 오래 앉아 있으면 배 안이 떨리는 것이다. 이는 곳 선도의 수련이 된다.

명상의 숙달은 하루 15분이면 충분하다는 것은 거듭 강조하고 싶다. 물론 이 말은 20분이나 한 시간 또는 5시간씩 하면 안 된다는 뜻이 아니다. 15분이면 충분하다는 말이다. 15분으로 양이 차지 않으면 더 길게 해도 상관없다. 그럴 때는 확실히 명상답게 해야 한다. 그게 아닐 바에는 15분씩 오랜 세월 숙달해 나아가는 것이 훨씬 낫다.

명상의 목적은 궁극적으로는 모든 것을 초월하는 데 있다. 하지만 몸을 가지고 살아가는 것이 삶일진대 이를 무시하고 초월한다는 것은 죽음과 다름없다. 초월이란 삶을 다치지 않는 범위에서 이루어져야 한다. 즉 물질과 정신의 조화를 이루어야 한다.

주역에서는 이를 음양의 조화라고 말한다. 음이란 우리 몸이고 양이란 영혼을 뜻하는데 명상의 목적은 바로 이것을 발전시키는 데 있다. 그래서 명상을 통해 몸은 신선에 이르고, 영혼은 깨달음에 이른다고 말하는 것이다. 하나에 치우쳐서는 안 된다. 영혼은 양인바 음으로부터 고요의 힘을 얻어야 한다. 그리고 몸은 음인바 양으로부터 생동하는 힘을 얻어야 한다.

생동하는 힘은 영혼의 맑음에서 나온다. 명상은 맑음과 고요를 목표로 삼음으로써 몸과 영혼이 추구해야 할 바를 모두 성취할 수가 있다. 이는 생의 한계를 초월하기 위해 거쳐야 할 필연적인 관문이다.

49

즉시, 단숨에 깨닫는다

내가 현재 앉아 있는 바닷속 깊은 곳에는 무엇이 있는가? 그곳에는 아름다운 빛이 있다. 빛? 우리는 지금 명상 중이고 배꼽 아래 있다는 것을 상기하라! 그곳에는 우주 근원의 광채가 있는바, 이것이 밖으로 나오는 것이 소위 '오라'의 빛이다.

이 빛은 명상의 깊은 단계에서 발현되는 것인바, 지금 우리는 북해 바다를 넘어서 광채의 땅에 도달한 것이다. 그것은 번민의 바다를 은은하게 밝혀주고 있는 중이다. 이 단계에 이르는 것을 어렵게 생각할 필요는 없다. 그저 끝없는 바다에서 고립된 자신을 상상하고 그 바닷속을 들여다보면 되는 것이다.

끝없이 넓은 바다 한가운데 떠 있는 존재로서 다른 할 일이 무엇이 있겠는가? 자기가 있는 곳을 발견하는 일만 남았을 뿐이다. 나의 아래, 고독의 바다 깊숙한 곳을 한없이 들여다보면 반드시 빛이 나타나게 되어 있다. 명상 중에는 그저 생각만 하면 된다. '나는 망망한 바다 한가운데 떠다니고 있는데, 저 아래쪽을 바라보니 그곳은 어두운 것이 아니라 오히려 밝은 곳이다'라고. 계속 바라보고만 있으면 된다. 오늘 명상을 끝내고 내일 다시 명상할 때도 이렇게만 하면 된다. 이로써 영혼은 요동을 멈추고 깨달음으로 간다.

그렇게 하다보면 깨달음이 나를 포함하게 된다. 깨달음이란 원래 내가 하는 것이 아니다. 오히려 깨달음이 나를 압도하는 것이다. 깨달음은 나의 마음 안에 없다. 마음 안에 있는 것은 모두 다 허상이다. 깨달음은 저 우주가 나를 덮치듯 찾아온다. 옛날 조산화상(曹山和尙)도 사물을 바라봄에 대해 "(나귀가 우물을 엿보는 것이 아니라) 우물이 나귀를 보는 것 같다[如井覰驢]"고 말한 바 있다.

이는 내가 우주를 바라보는 것이 아니라 우주가 나를 바라본다는 뜻에 다름 아니다. 나를 벗어나는 것이 깨달음인즉, 내가 깨달을 수는 없는 법이다. 깨달음이 나로 변신하는 것이다. 이런 단계에서는 아직은 내가 있을 수밖에 없다. 저 언덕(깨달음의 세계)에 이르는 동안 방편이 있다는 뜻이다.

지금 그것은 저 깊은 곳의 광채로 나타나고 있다. 명상이란 영원한 수련이고 또한 우주의 행사에 참여하는 것이다. 광채가 나타나는 것은(일부러 그렇게 생각해야 한다) 방향을 잘 잡았다고 할 수 있다. 은은한 광채는 바닷물에 덮여 있어도 조금도 퇴색되지 않고 바닷속 전체를 비추고 있다. 이러한 일은 세상의 어떤 빛으로도 불가능한바, 오로지 영혼(정확히는 우주 유일의 영)의 빛으로만 가능하다.

우리는 그것을 그저 바라보는 것을 명상으로 삼으면 된다. 최종 목표는 아무것도 안 하는 것이지만 그것은 아무것도 안 하려 해서 이룩되는 것이 아니다. 오히려 무슨 짓인가를 해야만 된다. 물론 멀고 먼 훗날 명상을 할 필요가 없는 단계에 이르게 될 때는 바다도 빛도 없을 것이다.

그러나 아직 깨달음에 도착하지 못했기 때문에 여러 종류의 길목이 나타나는 것뿐이다. 이것을 억지로 지우려 하지 말아야 한다. 명상을 잘못 배우면 처음부터 저 위대한 경지에 당장 도달하기 위해 모든 것을 내린다는 식의 수련을 하게 된다. 그러나 그것은 가장 큰 번민이다. 일확천금을 꿈꾸지 말고 차분히 단계를 밟아가는 것이 순리이다.

돈오의 경지

깨달음에 이른 선사(禪師)들은 이렇게 말한다. "지금 당장, 즉시, 단숨에 깨달아야 한다!" 이것을 돈오(頓悪)라고 말한다. 돈오는 거저 얻어지는 게 아니다. 실은 그전에 많은 단계를 거쳤던 것이고, 마지막 순간(깨달음이 도래하는 순간)을 극적으로 표현한 것이 돈오이다.

부처도 만생(萬生)을 수련했으며 이번 생에 태어나서도 고된 수련을 하며 필요한 단계를 거쳤다.

돈오라는 것은 순식간에 깨닫는다는 뜻이지만 인간이 그런 경지에 오르려면 사전에 수많은 공부가 쌓여야만 한다. 돈오는 마지막 순간을 극적으로 표현한 것이다. 이를 주역의 괘상으로 표현하면 화지진(火地晉, ䷢)으로, 이는 급부상을 뜻하는 것으로 어둠이 갑자기 밝음으로 바뀌는 순간을 묘사한 것이다. 정전되었다가 갑자기 불이 들어오는 순간도 마찬가지이다. 사람이 깨닫지 못하고 있을 때는 어둠에 비유된다. 그러다가 깨닫게 되면 이는 밝음이 돌연 나탄나 것에 비유되는 것이다.

바닷속의 광채는 좋은 꿈이라고 생각해도 좋다. 하지만 그런 꿈은 꿈을 가장 빨리 깨게 하는 꿈이다. 명상은 급하면 절대 안 된다고 누차 얘기한 바 있다. 재빨리 깨닫고자 애쓰면 영원토록 목표를 이룰 수 없다. 명상이란 참으로 어렵다. 그러나 어렵다는 생각을 할 필요는 없다. 오늘은 오늘 몫의 명상을 하면 된다.

회양선사의 "앉아만 있다고 깨달을 수 있다고 생각하느냐!"는 꾸짖음을 잊으라는 것은 아니다. 명상이 깨달음의 유일한 방법이라는 것은 아니지만 명상은 명상으로서 그저 해나가면 된다. 내가 깨닫지는 못해도 나의 명상으로 인해 저 멀리 명상하는 사람에게 도움을 주고 있을지 누가 알겠는가?

깨달음에는 실은 너와 내가 따로 없다. 세상이 깨달으면 내가 깨닫는 것이고, 내가 깨달음을 얻으면 곧 세상이 깨달은 것이다. 너무 거창한 이야기 같지만 명상은 큰 욕심을 내지 않고 꾸준히 해나가면 된다. 깨달음을 너무 앞세우면 번뇌만 깊어지는 법이다. 마조선사의 제자였던 유관선사(惟寬禪師)는 말했다.

無汝無我 무여무아 阿誰求見 아수구현?

너도 없고 나도 없는데 누가 깨닫는단 말인가?

—『경덕전등록』

명상을 성공적으로 하려면 성공하겠다는 의지마저 망각한 채 현재에 충실하면 된다. 누구에게나 명상을 시작한 계기와 그에 따른 목표가 있겠지만 그것으로 명상의 끝을 보려고 하면 안 된다. 조바심치지 말고 오만한 마음을 갖지도 말고 온순하게 수련을 계속하면 그뿐인 것이다. 삶이 지속되는 한 언제까지라도…….

맺음말

명상과 인생

인생의 종말은 그 누구를 막론하고 미완성이다. 모든 사람의 종말을 살펴보라. 그들은 아쉬움을 남긴 채 세상을 떠난다. 인생이란 원래 그런 것이다. 세상의 목표는 끝이 없고, 미미한 존재인 인간은 모든 것을 이룰 수는 없기 때문이다.

명상도 마찬가지이다. 끝에 가서는 아무리 훌륭하게 수련을 해왔다고 해도 미비한 점이 있게 마련이다. 나도 60년 가까이 명상을 해왔지만 어느 한 번도 잘했다고 말할 수 없었다. 모든 것이 실수였고 꿈이었다. 이 책 또한 아쉬움이 남아 있다. 그것은 명상의 두 가지 큰 목적(깨달음과 신선도)에 대해 어느 한쪽을 선택해 철저히 다루지 못했기 때문이다. 하지만 마무리를 지을 때가 온 것 같아 미완성인 채로 끝을 맺고자 한다.

다만 독자들이 이 책을 읽으면서 조금이나마 도움이 되었기를 기대해본다. 혹은 이 책을 읽는 동안 더 좋은 생각이 떠올라 발전이 있었으면 좋겠다. 단지 이 책에서 무엇인가 얻고자 하는 사람이 있다면 그런 사람에게 몇 가지 충언을 덧붙이고 싶다.

이 책에는 다양한 내용을 수록하려고 애썼다. 명상이란 무술처럼 일정한 틀을 순서대로 제공할 수는 없는 법이다. 어떤 사람에게는 초보적 이론일지라도 다른 사람에게는 고도의 이론이 될 수도 있기 때문이다. 옛사람은 닭의 울음소리를 듣고 깨닫기도 했고 또 어떤 사람은 갑자기 넘어지는 바람에 깨우치기도 했던 것과 같이 말이다.

명상의 길은 멀고도 멀다. 그리고 그 기법도 아주 다양하다. 하지만 알고 보면 깨달음으로 나아가는 길은 오로지 하나일 뿐이다. 우리는 단지 꿈의 여러 가지 상황을 극복해 나아가는 중인 것이다. 명상에는 많은 기법이 있지만 그것들은 꾸준히 수행하다 보면 결국 하나로 모이게 되어 있다. 하나를 수련했을 뿐인데 저절로 다른 하나가 수련된다는 뜻이다. 그 상태로 가는 것이 명상의 최고 경지이다. 허나 가만히 앉아서 명상하는 기분에 취한 채 그저 즐기고 있다면 결코 깨달을 수 없다.

명상의 기법을 여럿 언급했지만 모든 것을 세세하게 다 공부하라는 뜻은 아니었다. 그저 각자에게 맞는 방법으로 선택해서 수련하면 된다. 대도무문(大道無門)이란 말도 있지 않은가? 어느 대목이 독자에게 깨달음이나 혹은 느낌을 주었는지는 알 길이 없다. 어느 것이라도 잡고 생각해보면 틀림없이 도움은 될 것이다.

명상을 하는 목적은 누구나 다를 수 있다. 어떤 사람은 깨달음을 목적으로 하는가 하면 또 어떤 사람은 신선도를 목적으로 할 것이다. 물론 이 두 가지 중에 속하지 않는 사람도 있을 수 있다. 심신의 단련, 절대 휴식, 평정을 얻기 위해 명상을 하는 사람도 있기 때문이다. 나는 명상의 방법(혹은 목적이나 방향)에 대해 특별히 무엇을 권하고 싶지는 않다. 내가 무엇인데 감히 그런 것을 권할 수 있겠는가. 명상의 목적은 각자 정해도 좋고 심지어는 아무 목적 없이 그저 되어가는 대로 해도 좋다.

그럼 나의 목적은 무엇일까? 나는 명상을 통해 전 우주적 소통에 참여하고 싶을 뿐이다. 명상은 그저 하는 것이라는 게 나의 생각이다. 따라서 내게 있어서 명상은 수단이 아니라 그 자체가 목적이다. 일종의 예술 같은 것이다. 물론 아무도 나의 명상을 보고 있지는 않을 것이다. 명상은 한적한 곳에서 몰래 혼자 하는 것이니까. 그러나 나의 명상은 우주가 보고 있다. 나의 명상을 보고 있는 우주는 바로 나 자신인 것이다. 독자 여러분도 마찬가지일 것이라고 믿는다.

앞서 나는 명상이 고도의 중용이라고 말했다. 중용이라는 것 역시 생각해보면 각자의 중용이 존재하는 것이므로 자신에게 맞는 명상법은 본인이 스스로 찾아내야 한다. 그래서 이 책에서는 표준화된 명상법을 제시하고 있지 않다. 애초에 명상법이 하나로 정해지지도 않았거니와 표준화된 명상법을 제시하면 무리하게 따라하다가 일찍 지치는 일도 생길 수 있어서이다. 각자의 삶을 훼손하지 않는 선에서 삶과 조화를 이루는 명상이어야만 제대로 된 명상이라고 할 수 있으며, 또 그래야지만 꾸준히 해낼 수 있다.

나는 이 책에서 오래전부터 명상법의 근간이 되어온 음양의 원리를 설명하려고 애썼다. 무슨 일이든 원리를 알고 나면 모를 때와는 확연하게 발전을 이루는 법이다. 책을 읽고 스스로 실행해보면서 자신만의 명상법을 찾아낼 수 있기를 바란다. 끝으로 부족한 글을 끝까지 읽어준 독자에게 발전과 행운이 있기를 희망한다.

2017년 봄

천진도관에서 초운 김승호

1 **"하다 안 되면 그만두라"고 말한 바 있다** 『논어』〈안연편(安連篇)〉 제23장에 나오는 말이다. '자왈(子曰), 충고이선도지(忠告而善道之), 불가즉지(不可則止), 무자욕언(無自辱焉).' 자공(子貢)이 벗 사귀는 도리를 묻자 공자께서 말씀하시길, "충심으로 일러주어 잘 인도할 것이며, 만일 그가 듣지 않거든 자신이 욕되지 않도록 즉시 그만둘 것이니라."

2 **인간중심원리(人間中心原理, anthropic principle)** 인류원리(人類原理)라고도 불린다. 물리학에서 다중우주가 존재한다면 우리는 그중 지적 생명체의 존재를 허용하는 우주에 존재한다고 특정할 수 있다. 다중우주에서는 우주마다 서로 다른 물리 상수들이 존재하는데, 대부분의 경우 이는 별다른 복잡한 구조가 발생하지 않는, 매우 단순한 우주를 발생시킨다. 그러나 인간을 비롯한 생명체들은 많은 우주 중 적합한 조건을 갖춘 곳에서만 존재 가능하며, 인간이 있는 우주, 즉 생명체가 존재한다는 전제를 통해 여러 물리 법칙을 설명할 수 있다는 원리이다.

3 **거울신경세포(mirror neurons)** 이탈리아의 신경심리학자인 리촐라티(Giacomo Rizzolatti) 교수가 자신의 연구진과 함께 원숭이에게 다양한 동작을 시켜보며 뇌를 관찰하던 중, 해당 동작을 하지 않고 보고만 있어도 같은 부위가 활성화된다는 것을 발견하면서 알려지게 되었다. 인간의 발달과 사회적 학습 및 적응이 가능한 것과, 타인과의 관계에서 감정적 공감이 가능한 것도 이 때문이라고 한다. 거울신경세포는 뇌의 어느 한 곳이 아닌 여러 곳에 분포하고 있다.

4 **『옥허진경(玉虛眞經)』** 도가의 특성상 특정 문파나 수련방법에 구속되지 않은 수행자들이 많고, 소수에게만 전해지는 수행서가 존재한다. 이 책도 그중 하나로 신선도를 다루고 있다. 저자의 다른 책 『주역원론』에 전문이 수록되어 있다.

5 **불확정성원리(不確定性原理, uncertainty principle)** 불확정성 원리는 양자역학에 대한 가정이 아니고 양자역학의 통계적 해석으로부터 얻어진 귀납적 결과이다. 하이젠베르크의 불확정성원리는 위치와 운동량에 대한 불확정성을 다루고 있으며, 입자의 위치와 운동량을 동시에 정확히 측정할 수 없음을 지적했다.

6 **송과선(松果腺, pineal gland)** 송과샘, 송과체라고도 부른다. 척추동물의 간뇌 등면에 튀어나와 있는 내분비선으로 대뇌의 등면을 따라 앞으로 뻗어 두부의 피부를 통과하여 들어오는 빛을 감지하고 받아들일 수 있다. 빛을 감지할 수 있기 때문에 밤과 낮의 일주기와 관련한 호르몬 분비에 관여한다. 해부학적으로 뇌의 가장 중심부에 있기 때문에 과거 뇌 연구 초기에 영혼이 존재하는 자리로 언급되기도 했다.

7 **암흑에너지(dark energy)** 우주에 널리 퍼져 있으며 척력으로 작용해 우주를 가속 팽창시키고 있다. 우주는 중력에 의해 수축해야 하지만 현재 우주는 계속 팽창하고 있으며 심지어는 그 팽창속도가 더 빨라지고 있다. 이는 우주의 물질들에 작용하는 중력을 모두 합친 것보다 더 큰 어떤 힘이 우주를 팽창시키고 있음을 의미한다. 우주의 약 95퍼센트가 아직 밝혀지지 않았으며 그중 65퍼센트가 암흑에너지일 것으로 보고 있다. 암흑은 실체가 밝혀지지 않았다는 의미이다.

8 **타키온(tachyon)** 타키온은 빛보다 느린 입자인 '타디온(tardyon)'의 반대말로 빛의 속도보다 빨리 움직인다는 가설적인 아원자입자이다. 빛보다 빠른 물질에 대한 생각은 독일의 물리학자 아르놀트 조머펠트(Arnold Sommerfeld)가 처음 고안했고 그 뒤 제럴드 파인버그(Gerald Feinberg)가 1960년대에 '빠르다'는 의미의 그리스어 '타쿠스(ταχύς)'로부터 '타키온'이라는 이름을 지었다.

9 **『금강경(金剛經)』** 우리나라의 대표적인 불교 종단인 조계종에서 근본으로 여기는 소의경전(所依經典)이다. 『금강반야바라밀경(金剛般若波羅蜜經)』 또는 『금강반야경』, 『반야경』이라고도 부른다. 석가모니의 가르침 중 공(空) 사상을 깊이

있게 다룬 대승불교의 대표 경전이다. 402년 중국의 구마라집(鳩摩羅什)에 의해 한자로 번역된 것이 가장 널리 읽힌다.

10 **빅뱅이론(big bang theory)** 우주 기원에 관한 이론에 관한 가설의 하나. 대폭발우주론이라고도 한다. 우주의 최초기 상태에 엄청나게 높은 밀도와 온도의 상태 혹은 그 상태로부터 팽창함으로써 우주가 생겨났다는 이론이다.

11 **『석씨계고략(釋氏稽古略)』** 『계고략』으로도 불린다. 1354년 중국 원나라의 각안(覺岸)이 편년체로 쓴 불교 사서(史書)로 4권으로 되어 있다. 송나라까지의 중국 역사를 제왕 중심으로 정리하고, 선(禪)의 입장에서 불교의 계승과 전파에 관한 사적을 엮은 것이다.

12 **『황정경(黃庭經)』** 신선(神仙)의 장생법(長生法)을 다룬 도가(道家)의 경전(經傳)으로, 칠언시로 되어 있다. 위부인(魏夫人)이 전한 『황제내경경(黃帝內景經)』, 왕희지가 베껴서 거위와 바꾸었다는 『황제외경경(黃帝外景經)』, 『황정둔갑연신경(黃庭遁甲緣身經)』, 『황정옥축경(黃庭玉軸經)』의 네 가지가 있다. 당대의 의학지식을 볼 수 있는 자료로 주목받아왔다.

13 **『도덕경(道德經)』** 도가의 경전으로 『노자(老子)』로도 불린다. 노자가 처음에 지었다고 알려져 있으며 이후 여러 편집자에 의해 전국시대 말기까지의 도가 철학이 집대성된 책이다. 노자는 이 저서에서 전체적으로 자연에 순응하는 무위(無爲)의 삶을 살아갈 것을 역설했다.

14 **『장자(莊子)』** 도가 계열의 책으로 33편이 현존하며, 내편(內編), 외편(外編), 잡편(雜編)으로 나뉜다. 전통적으로 장자 본인이 내편 7편을 썼고, 그의 제자와 그 외 철학자들이 외편과 잡편을 썼다고 본다. 장자 자신이 어느 부분을 직접 저술했다는 명백한 증거는 찾기 어려우나 내편의 〈소요유(逍遙游)〉, 〈제물론(齊物論)〉, 〈대종사(大宗師)〉편이 장자 자신의 사상을 보여주는 것으로 분석된다.

15 **『육도(六韜)』** 중국의 대표적인 병법서로, 무경칠서(武經七書) 중 하나이다. 주로 『삼략(三略)』과 함께 불린다. 〈문도(文韜)〉, 〈무도(武韜)〉, 〈용도(龍韜)〉, 〈호도(虎韜)〉, 〈표도(豹韜)〉, 〈견도(犬韜)〉 등 6권 60편으로 구성되어 있다. 여기서 '도(韜)'는 검이나 활 등을 넣는 봉투의 의미이다. 모든 편목이 태공망(太公望) 강상(姜尙)이 주나라의 문왕, 무왕에 병법을 전수하는 내용으로 구성되어 있다.

16 **『증일아함경(增一阿含經)』** 불교의 대표 경전인 『아함경』에 석가모니의 교법을 법문의 수에 따라 정리 · 편찬하여 하나하나의 갈래를 더했다는 뜻에서 증일(增一)이라 한다. 한역에는 두 가지의 번역이 있는데, 담마난제(曇摩難題)가 번역한 것과 승가제바(僧伽提婆)가 번역한 것으로 이 중에서 승가제바 역본이 주로 전해지고 있고 때로는 역자가 혼동되기도 한다.

17 **수미산(須彌山)** 불교에서 세계의 중심에 솟아 있다고 하는 성산(聖山). 산스크리트어로는 '수메루(Sumeru)'이다. 높이는 8만4천 유순(由旬, 고대 인도의 단위로 1유순은 약 8킬로미터로 추정)으로 바다 한가운데에 있으며, 이 산으로 해가 뜨고 짐에 따라 낮과 밤이 된다고 믿었다. 황금과 은, 유리, 수정으로 이루어져 있으며 산의 중턱에는 사천왕, 정상에는 제석천이 살고 있다고 한다. 불경에서 번뇌와 수미산은 서로 단짝 같은 존재로 다뤄진다.

18 **황벽선사(黃檗禪師) 희운(希運)** 중국 선종은 당대에 이르러 꽃을 피우는데 초조인 보리달마(菩提達磨)를 시작으로 6대 육조혜능(六祖慧能), 7대 남악회양(南嶽懷讓), 8대 마조도일(馬祖道一) 9대 백장회해(百丈懷海)를 이어 10대 조사가 되었으며 이후 11대 임제의현(臨濟義玄)에게 전등하였다. 시호는 단제이며 임제종(臨濟宗)의 기초를 세웠다.

19 **『전심법요(傳心法要)』** 희운선사(希運禪師)의 어록. 원제는 『황벽산단제선사전심법요(黃檗山斷際禪師傳心法要)』이고, 『단제선사전심법요』 또는 『황벽선사전심법요』라고도 한다. 예로부터 매우 중시되어온 선종의 문헌으로 선의 이치를 논

리적으로 풀어낸 어록집이다.

20 서산대사(西山大師) 휴정(休靜) 조선 중기의 고승, 승장(僧將)이다. 법명은 휴정(休靜), 호는 청허(淸虛)이고 묘향산에 오래 살았기에 서산대사라고 하였다. 금강산 백화암에 있었기 때문에 백화도인(白華道人)이라고도 하고, 퇴은(退隱) 등으로도 불렸다. 임진왜란 당시 제자인 사명대사(四溟大師) 유정(惟正)과 함께 승병을 일으켜 전공을 세웠다.

21 『선가귀감(禪家龜鑑)』 서산대사(西山大師) 휴정(休靜)이 지은 책으로 말 그대로 선가에서 거울로 삼을 수 있는 지침서이다. 선의 진수와 불교를 배우고 수행하는 사람에게 본보기가 되게 하고자 대장경과 선사의 어록을 추려 직접 주해를 달고 간혹 송(誦)과 평(評)을 붙인 형식이다. 서산대사의 서문과 그 제자인 사명대사의 발문이 수록되어 있다. 중국과 일본에서도 널리 읽히는 명저이다.

22 『잡아함경(雜阿含經)』 다른 아함경에 들어 있지 않은 아함부 경전들을 모은 것으로 고(苦), 무상(無常), 무아(無我), 팔정도(八正道)에 관한 교리를 아주 간단한 형태로 싣고 있다. 석가모니와 여러 제자들의 인간적이고 소박한 모습과 불교 사상의 원형을 볼 수 있다. 총 50권 1,362경으로 이루어져 있으며 인도 출신의 승려 구나발타라(Gu abhadra)가 435년경 중국에 번역 소개했다.

23 서원사명(西院思明) 중국 당나라 말기에 활동한 선승. 임제종의 창시자이자 동양 선불교에 큰 영향을 준 임제의현의 제자인 보수(寶壽)의 법을 이어받았다.

24 『손자병법(孫子兵法)』 중국 오나라의 손무(孫武)가 편찬한 병법서로 『손자』라고도 부른다. 무경칠서의 하나로 전략 전술과 준거를 상세하게 설명하고 중국의 전쟁 체험을 집대성한 것으로, 간결한 명문(名文)으로 유명하다.

25 조주종심(趙州從諗) 남전보원(南泉普願)의 제자이다. 산동성(山東省) 조주

(曹州) 출신이라 조주선사(趙州禪師)라고 부른다. 남전보원에게서 깨우침을 얻고 그의 가풍을 이었다. 계속하여 황벽(黃檗), 보수(寶壽), 염관(朴官), 협산(夾山) 등에게 배웠다. 조주종심은 후대 간화선에서 제시하는 화두에 가장 자주 등장하는 인물이다. 그가 활동하던 당시 선기(禪機)가 활발하였음을 알 수 있다.

26 **『무문관(無門關)』** 선종5가(禪宗伍家)의 일파인 임제종(臨濟宗)에 속하는 남송(南宋)의 무문혜개(無門慧開)가 1228년 수행자를 위하여 고칙48칙(古則四八則)을 정하고, 평창(評唱)과 송(頌)을 더하여 간행했다. 『벽암록』, 『종용록』과 함께 화두를 던지는 중요한 책으로 다뤄졌으며, 다른 두 서적보다 내용이 명료하며, 한 사람이 편찬하였기 때문에 일관성이 있어 널리 애용되었다.

27 **태양신경총(太陽神經叢)** 다른 말로 복강신경총이라고도 한다. 명치 바로 안쪽에 있는 신경다발로 마치 태양이 방사하는 모양과 비슷해 붙여진 이름이다.

28 **봉래섬(蓬萊島)** 원문은 '봉도(蓮島)'로 봉래산(蓬萊山)을 가리킨다. 은 방장산(方丈山), 영주산(瀛洲山)과 함께 중국 전설상에 나오는 삼신산(三神山)의 하나이다. 삼신산이 일반에 널리 알려지게 된 계기는 진시황이 불로초를 구하려 삼신산으로 사람을 보냈다는 데서 유래한다. 이 산에는 신선이 살며 불사의 영약이 있고, 짐승은 모두 빛깔이 희며, 금은으로 지은 궁전이 있다고 한다.

29 **곤륜산(崑崙山)** 중국의 신화나 전설에 영험이 강한 신선들의 땅이라 일컬어지는 산으로, 중국 북서쪽 끝에 있다고 전한다. 실제로 존재하는 타클라마칸 사막과 티베트 고원 사이에 위치한 쿤룬산맥과는 무관하다. 곤륜이라는 단어는 원래 혼륜(渾淪), 즉 카오스(혼돈)를 뜻하는데, 고대 중국에서는 모든 중국인의 뿌리인 황하강의 원류가 이 산에서 시작된다고 생각했다. 또한 이 산의 정상은 북극성과 마주보고 있다고 한다.

새벽에 홀로 깨어 나를 만나는
명상 인문학

초판 1쇄 발행 2017년 4월 4일
초판 3쇄 발행 2021년 12월 15일

지은이 김승호
펴낸이 김선식

경영총괄 김은영
책임편집 이수정 **크로스교정** 최세정 **디자인** 유미란 **책임마케터** 박태준
콘텐츠사업4팀장 김대한 **콘텐츠사업4팀** 황정민, 임소연, 박혜원, 옥다애
마케팅본부장 권장규 **마케팅4팀** 박태준
미디어홍보본부장 정명찬 **홍보팀** 안지혜, 김재선, 이소영, 김은지, 박재연, 오수미, 이예주
뉴미디어팀 허지호, 박지수, 임유나, 송희진 **리드카펫팀** 김선욱, 염아라, 김혜원, 이수인, 석찬미, 백지은
저작권팀 한승빈, 김재원 **편집관리팀** 조세현, 백설희
경영관리본부 하미선, 박상민, 김민아, 윤이경, 이소희, 김소영, 이우철, 김혜진, 김재경, 오지영, 최완규, 이지우

펴낸곳 다산북스 **출판등록** 2005년 12월 23일 제313-2005-00277호
주소 경기도 파주시 회동길 490 다산북스 파주사옥 3층
전화 02-702-1724 **팩스** 02-703-2219 **이메일** dasanbooks@dasanbooks.com
홈페이지 www.dasanbooks.com **블로그** blog.naver.com/dasan_books
인쇄·제본·종이 갑우문화사

ISBN 979-11-306-1173-0 (03180)

• 책값은 뒤표지에 있습니다.
• 파본은 구입하신 서점에서 교환해 드립니다.
• 이 책은 저작권법에 의하여 보호를 받는 저작물이므로 무단 전재와 복제를 금합니다.

다산북스(DASANBOOKS)는 독자 여러분의 책에 관한 아이디어와 원고 투고를 기쁜 마음으로 기다리고 있습니다.
책 출간을 원하는 아이디어가 있으신 분은 이메일 dasanbooks@dasanbooks.com 또는 다산북스 홈페이지 '원고투고'란으로 간단한 개요와 취지, 연락처 등을 보내주세요. 머뭇거리지 말고 문을 두드리세요.